河南省产业结构
优化升级研究

基于承接产业转移的视角

李纲 张曦 编著

社会科学文献出版社
SOCIAL SCIENCES ACADEMIC PRESS (CHINA)

前 言

随着中部崛起发展战略的提出和实施,以及建设中原经济区上升为国家战略,中部地区迎来了良好的发展机遇。而东部地区经过30多年的改革开放,已经形成比较完整的工业体系以及与经济发展相适应的国民经济体系。然而,在其经济发展的过程中,也出现了生产要素价格上涨、环境承载能力有限和投资回报率下降等问题。为此,东部地区在经济快速发展的同时,面临着产业结构调整的压力。一些在东部地区丧失竞争力的产业急需向外转移,这为中西部地区通过承接产业转移调整产业结构带来了历史机遇。在承接产业转移方面,中部地区与西部地区相比,具有明显的区位优势以及较好的市场优势。因此,利用承接产业转移推动区域产业结构升级,成为中部地区经济发展的一个重要手段,也成为中部地区调整和优化产业结构的重要战略。但是,现有文献对产业转移的研究主要集中在国家层面,主要探讨一国的产业转移对另一国的影响,较少从一国境内区域层面进行研究,针对发展中国家内部区域层面的研究更少,针对产业转移与产业结构关系的实证研究尤其不足,无法解释目前在发展中国家内部出现的产业转移现象,以及承接产业转移对落后地区产业结构优化升级的影响。本书的出版对于进一步提升人们对中国内部产业转移现象的认识、推动中部地区积极承接产业转移、促进产业结构优化升级、推动经济发展方式转变具有重要的指导作用。

本书以促进河南省产业结构调整为研究目标，以承接产业转移促进其产业结构优化升级为主线，围绕河南省产业结构存在的问题—承接产业转移与产业结构的关系—承接产业转移促进产业结构优化升级的路径—实现产业结构优化升级的政策建议这一逻辑思路展开研究。本书首先从实践和理论发展两个方面介绍了有关研究背景和现有研究中存在的问题，阐明了研究的具体问题，提出了研究思路、方法和内容框架；随后，在回顾国内外学者关于产业转移、产业结构以及二者之间关系研究的基础上，分析了河南省产业发展的特征和产业结构存在的问题，揭示了影响河南省产业结构优化的原因，阐述了河南省承接产业转移的具体状况，重点分析了进一步承接产业转移的必要性和可行性，提出了利用产业转移对产业结构进行优化升级的具体思路，并利用1998~2012年的历史数据实证检验了承接产业转移对河南省产业结构优化升级的具体影响。然后，详细解释了河南省承接产业转移促进产业结构优化升级的具体路径，包括承接产业转移和产业结构优化的目标，承接转移的主导产业选择、产业定位和产业空间布局等。最后，从完善投资环境、加强产业集聚区建设、转变政府职能、创新承接产业转移模式、优化产业转移的吸纳结构、加大技术引进和吸收、加强人力资源开发、扩大招商引资规模以及申请郑州自贸区等九个方面，提出了河南省承接产业转移促进产业结构优化升级的政策建议。

在本书的写作过程中，谌莉、郑野、陈静静、仝凤鸣、白玉慧、冯水静和杨筱，在资料收集、图表整理与绘制、文字校对以及部分章节的撰写等方面做了大量工作，感谢他们付出的辛苦努力。同时，本书的出版得到社会科学文献出版社责任编辑韩莹莹和有关领导的大力支持和热情帮助，在此深表谢意。另外，本书的编写还参阅了国内外许多专家在产业结构优化升级方面的研究成果，在此一并致谢！

本书得到教育部人文社会科学研究青年基金项目（11YJC-630095）、河南省高等学校哲学社会科学创新团队基金（2013-CXTD-08）和河南省哲学社会科学规划项目（2013BJJ074）的资助，谨此致谢。由于作者水平有限，本书的疏漏和不妥之处在所难免，还望各位专家和学者批评指正。

目 录

第1章 绪 论 1

  1.1 问题的提出及研究意义 1

  1.2 文献综述 4

  1.3 研究思路和方法 17

  1.4 研究框架 19

  1.5 创新点 21

第2章 产业转移与产业结构的基本理论 23

  2.1 产业转移的基本理论 23

  2.2 产业结构的基本理论 42

  2.3 产业转移与产业结构之间的关系 57

  2.4 政府和企业在承接产业转移中的作用 59

  2.5 本章小结 67

第3章 河南省产业结构的现状 68

  3.1 河南省产业发展的特征 68

  3.2 河南省产业结构存在的问题 89

3.3 影响河南省产业结构优化的原因 …………………………… 97
3.4 本章小结 ……………………………………………………… 105

第 4 章 河南省承接产业转移的现状 …………………………… 106
4.1 河南省承接产业转移的现状 ………………………………… 106
4.2 河南省承接产业转移的必要性和可行性 …………………… 121
4.3 河南省承接产业转移的 SWOT 分析 ………………………… 126
4.4 河南省承接产业转移的思路 ………………………………… 140
4.5 本章小结 ……………………………………………………… 149

第 5 章 河南省承接产业转移对产业结构升级影响的实证分析 … 151
5.1 承接产业转移对河南省产业结构的影响 …………………… 151
5.2 承接产业转移对河南省产业结构影响的综合评价 ………… 162
5.3 本章小结 ……………………………………………………… 178

第 6 章 河南省承接产业转移促进产业结构优化升级的路径 … 180
6.1 河南省产业结构优化升级的目标 …………………………… 180
6.2 河南省承接产业转移的主导产业选择 ……………………… 185
6.3 河南省承接产业转移的产业定位 …………………………… 190
6.4 河南省承接产业转移的主导产业空间布局 ………………… 202
6.5 本章小结 ……………………………………………………… 207

第 7 章 河南省承接产业转移促进产业结构升级的政策建议 … 209
7.1 不断改善投资环境，进一步增强承接产业
   转移的吸引力 ………………………………………………… 209

7.2 加强产业集聚区建设,以产业集聚承接产业转移 ……… 212
7.3 转变政府职能和创新承接产业转移模式,促进产业
结构升级 ……………………………………………… 217
7.4 不断加大对技术的引进、吸收和创新,以创新促进
产业结构升级 ………………………………………… 223
7.5 着力加强人力资源的开发力度,促进产业结构升级 …… 227
7.6 优化产业转移的吸纳结构,提高承接产业的质量 …… 229
7.7 多策并举,全力促进工业经济稳中向好发展 ……… 233
7.8 全面深化改革,扩大开放,扩大招商引资规模 …… 234
7.9 找准定位,加快推进申请郑州自贸区建设的步伐 …… 238

第8章 结论及展望 …………………………………… 241
8.1 主要研究结论 ………………………………………… 241
8.2 研究展望 ……………………………………………… 244

参考文献 …………………………………………………… 247

第 1 章

绪 论

1.1 问题的提出及研究意义

1.1.1 研究背景

改革开放 30 多年来，中国经济实现了年均 9% 的高增长率，一跃成为世界第二大经济体。伴随着经济的快速发展，中国的产业结构也面临着新的调整。产业结构的优化与调整既是国民经济持续健康发展的客观要求，也是顺应国民经济发展向纵深推进的需要。而 2008 年席卷全球的金融危机的倒逼，进一步加速了中国"调结构"和"经济发展方式"转变的进程。一方面，从计划经济向市场经济转轨的过程中，中国国民经济保持了长时间的高速增长，但长期以来，这一高速增长伴随着高污染、高耗能、低附加值，可以说，中国为国民经济的这种粗放型高速增长方式付出了昂贵的代价。要改变这种粗放型的经济增长方式，必须通过产业结构优化和调整加速越过这一特殊的发展阶段。另一方面，驱动中国经济增长的"三驾马车"过于依赖投资和对外贸易，内需不足的局面依然对中国宏观经济产生着重要的影响，产业结构扭曲、宏观经济运行的输入性风险增大，这些风险的存在倒逼中国必须调整产业结构，实现经济发展方式的转变。

随着"中部崛起"发展战略的提出和实施，中部地区迎来了良好的发展机遇，而东部地区经过30多年的改革开放，已经形成比较完整的工业体系以及与经济发展相适应的国民经济体系，但在经济发展的过程中，也存在着生产要素价格上涨、环境承载能力有限、投资经营回报率下降等问题。随着东部地区经济的快速发展，一些在东部地区丧失竞争力的产业（主要是一些劳动密集型产业）急需向外转移，东部地区这些丧失优势产业的转移，为中西部地区产业结构的调整带来了良好机遇。在承接产业转移的问题上，中部地区与西部地区相比，具有明显的区位优势以及较好的市场优势，因而，在承接东部地区产业的过程中，以劳动密集为特征的出口导向型产业成为中部地区承接的重点，尤其是在国务院于2010年8月31日出台了《关于中西部地区承接产业转移的指导意见》后，中部地区的安徽省成为承接产业转移的领头羊，皖江城市带承接产业转移示范区成为国家级示范区，通过承接产业转移推动地区产业结构升级成为中西部地区经济发展的一个重要手段，也成为中西部地区调整和优化产业结构的重要战略。承接产业转移，推动产业结构优化和调整，顺应了世界产业结构调整以及东部地区产业转移的需要。

河南省是人口大省、粮食和农业生产大省、新兴工业大省。经过多年的建设和发展，河南省的基础设施逐渐完善，投资的软环境不断优化，在承接产业转移方面的优势也在不断提升。随着以河南省为中心的中原经济区上升为国家战略，建设中原经济区、加快中原崛起、实现河南振兴，必须充分发挥新型工业化的主导作用。要走新型工业化道路，需进行产业结构升级，而要实现河南省产业结构升级，承接产业转移是最优选择。因此，采取何种战略决策，积极承接产业转移，优化现有产业结构，已经成为河南省产业发展所必须解决的问题和挑战。

1.1.2 研究意义

承接产业转移对产业结构的优化升级具有十分重要的影响，对于经济处于上升阶段的中西部地区来说，尤其重要。通过积极承接产业转移，有利于吸收产业移出区域的先进技术、先进生产管理经验和资金，从而促进产业移入区域的产业结构升级换代。尽管这些产业对于产业移出区域来说不具备竞争力，但对于产业移入区域来说，都是承接地非常需要的产业。总而言之，积极承接产业转移，对于欠发达地区而言，能以较低的成本引进对其自身来说相对先进的产业与技术，从而以"后发优势"提升产业整体水平，促进产业结构优化，甚至产生"逆梯度转移"效应，最终使产业转移和产业结构呈现"螺旋式"上升的格局。承接产业转移对产业结构升级的意义，主要体现在以下三个方面。

第一，中国经济具有典型的发展不平衡特征。如何在中国经济快速发展的大潮中尽快缩小地区差距，实现经济的持续、健康、协调、和谐发展，是当今中国必须面临的重要问题。目前，中国东部地区和中西部地区之间的经济差距明显。一方面，东部地区面临着新一轮的发展难题，经济发展速度放缓，一些产业在当地由于不具备竞争优势，面临被淘汰的危险，东部地区如何在产业结构调整中继续保持快速增长？另一方面，中西部地区面临着新一轮的发展机遇，但由于受自然资源、生产技术、资金等方面的制约，缺少推动地区经济发展的动力。东部地区的产业转移为中西部地区的产业结构优化升级带来了难得的发展机遇。

第二，对于处在中部地区的河南省来说，其在承接产业转移中具有承东启西、南通北达的有利位置，并且处于产业梯度转移的重要节点。探讨河南省如何在新一轮的产业转移中抢得先机、避免弯道，实现中原崛起，是本研究的意义所在。同时，本研究试图为河南省积极承接产业转移，实现产业结构的优化升级提供有益的建议，为河南省经济的可持续发展提供决策参考。

第三，河南省在承接产业转移的过程中，与中部其他省份相比，在人口、三农、资源禀赋和某些产业结构特征等方面，具有缩微中国的特征，即所谓"看中原，知天下"。河南是第一农业大省、第一人口大省和第一劳动力输出大省，三农问题在河南经济中分量很重。处理不好三农问题，区域工业化和现代化就无从谈起，全国的现代化也无从谈起。此外，河南的传统优势工业门类中，相当一部分集中在能源、原材料等低端领域，如煤炭、有色金属、钢铁、装备制造等，具有高排放、高污染特征，其中有大量的落后产能和过剩产能。同时，河南的第三产业还处于较低的发展水平。因此种种，河南产业结构优化升级已是势所必然。

1.2 文献综述

本书从承接产业转移的角度，分析了承接产业转移和产业结构升级之间的关系，因而有关研究综述主要包括产业转移方面的研究、产业结构方面的研究以及二者之间关系的研究，下面将从这三个方面进行综述。

1.2.1 国内外关于产业转移方面的文献综述

1. 国外关于产业转移方面的文献综述

对于产业转移的基本理论，国外的研究主要包括新古典主流经济学的区际与国际贸易理论和新经济地理学。这两大理论主要从三个方面来分析关于产业的转移问题：其一，为什么会发生产业转移？其二，产业转移怎样才能实现？其三，产业转移具体流向的区域有哪些？因而，有关产业转移理论也被称为3W（why, how, where）理论。

（1）关于产业转移的动因

对于产业转移的动因，国外学者在这个领域的研究比较多，如Lewis（1984）针对20世纪60年代密集型产业的跨国转移，提出了劳动密集型产业转移理论。在Lewis的基础上，Pennings & Sleuwaegen（2000）以大量国际跨国公司的转移产业和比利时的大量转移产业为研究对象，其研究结果表明，在开放经济条件下，劳动密集型产业比资本密集型产业更容易发生转移。Kojima（1978）的边际产业扩张理论从比较优势的视角更好地解释了产业转移的动因。Vernon（1966）认为由于产品处在生命周期的不同阶段，其在生命周期阶段的变化是产业转移的根本动因。Lecraw（1993）在Vernon的基础上，对产品生命周期模型进行了进一步的分析。与Vernon不同的是，Lecraw侧重于利用生命周期理论解释发展中国家为什么会出现产业转移。他认为发展中国家的对外直接投资通常发生于产品生命周期的成熟期，一般来说，发展中国家的产业转移倾向于转向经济发展水平更低的国家。与 Vernon 和 Lecraw 不同的是，Tan（2002）侧重于建立模型来解释产业转移。以上这些理论一般都是从宏观视角分析产业转移。与上述理论从宏观的角度解释产业转移不同的是，Rawstron & Smith（1958）侧重于从微观的角度来探讨产业转移的动因。

20 世纪 80 年代以后，随着发展中国家的崛起，出现了一些发展中国家向发达国家进行小规模的产业转移现象。以 Prebisch（1981）为首的经济学家开始用新理论来解释产业转移现象。Prebisch 认为发展中国家出于发展的要求，被迫实行国内工业化替代大量进口工业品的进口替代战略，是产业转移发生的根源。Cantwell & Tolentino（1990）则从技术的角度分析了产业转移的演进过程。

（2）关于产业转移的模式以及目的地

对于产业转移的模式，其划分的标准没有统一的界定。Dunning（1981）从微观的视角对产业转移进行了分析。在其理论中，他把一国的对外直接投资和其经济发展阶段相联系，从而为发展中国家的产业转移奠定了理论基础，但该理论没有涉及产业转移的整体规律及其所受宏观经济政策的影响。

关于产业转移模式，日本学者 Akamatsu（1935）提出了著名的雁型模式。该模式阐明了产业由梯度高的发达国家向发展中国家转移，最后转移到产业梯度更低的国家这一过程，认为产业转移总是从成熟区域转移到产业的潜力区域。Ozawa & Castello（2001）引入跨国公司的直接投资因素，认为可以直接通过产业转移帮助东道国建立起有竞争力的产业，而不需要通过出口开发通道来开发东道国市场这一过程。

在全球金融危机的大背景下，产业转移研究呈现出新的分析视角。首先，国家产业转移研究逐渐从宏观层面向微观层面转变，跨国公司逐渐成为研究产业转移的重点。George & Beamish（2007）通过引入新的理论来分析产业转移，即通过生态学的密度依赖理论分析了产业转移中投资战略的选择问题。Du、Lu 和 Tao（2008）从新经济地理学的视角分析了产业的定位问题。Thomas Hutzschenreuter & Florian Grone（2009）利用跨国公司的数据，采用面板数据分析模型来研究产业转移，其研究结果表明，垂直的整合策略有利于缓解国外竞争的压力。Isabel Faeth（2009）全面分析了对外直接投资的决定因素。其次，对发展中国家产业转移的研究受到重视。Andrew & Wang Pien（2006）分析了产业转移中，国外产业对中国的知识溢出效应。Ojelanki Ngwenyama & Olga Morawczynski（2009）研究了信息通信技术产业转移的制约因素。

2. 国内关于产业转移的文献综述

（1）关于产业转移的界定

国内学者对于产业转移未达成统一的意见。比如，陈建军（2002）认为产业转移是由于一些条件（如资源供给、产品需求）发生变化后，一些产业从一国（地区）转移到另一国（地区）。简新华（2002）从比较优势的视角对产业转移进行了重新界定。他认为产业转移的过程实质是一国（地区）把没有比较优势的产业向另一国（地区）转出去，而把本国（地区）具有比较优势的产业从外部转入的过程。魏后凯（2003）从空间调整的视角对产业转移进行了界定。他认为产业转移就其实质来说，就是企业的空间扩展过程，是企业的区位重新调整过程。羊绍武（2008）从生产要素、产业区域两个层面界定了产业转移。他认为，产业转移的第一个层面应该是生产要素在产业间转移，第二个层面应该是产业在区域间转移。

（2）关于产业转移的动因

卢根鑫（1997）运用马克思政治经济学理论，分析了产业转移的基础条件和必要条件。聂华林（2000）针对中国中西部地区承接东部地区产业转移过程中存在的问题（如环境污染问题），提出了一些相应的政策建议。任太增（2001）认为除了地区区位优势外，地区制度环境的差别也是产业转移的重要因素。石奇（2004）认为产业转移是企业实现市场集成的手段，从企业层面来说，产业转移是企业寻求集成经济的目的。张少军等（2009）从成本学的视角出发，分析了处于封闭条件和开放条件下全球价值链模式下的产业转移。周江洪等（2009）认为要实现产业跨区域转移，必须增强产业转出地的推力、承接产业转移地的拉力和减少产业转移的阻力。祖强（2003）针对发展中国家承接产业转移所遇到的阻力，提出发展中国家应从本国国情出发，制定符合国情和与工业化发展相适应的法规和政策。杨桃珍（2005）认为应发挥政府在承接产业转移中的作用，通过政府的政策引导和法律规范促进产业结构优化和资源配置。陈有禄等（2007）着重对西部地区承接产业转移促进产业结构优化升级的重要性进行了分析，认为观念更新、制度创新、改善投资环境、扩大对外开放、技术创新是西部地区承接产业转移，实现产业结构优化升级的关键。

（3）关于产业转移的模式和目的地

蒋文军等（1999）认为落后地区在承接产业转移时，应结合本地区的产业结构特点和产业发展水平状况,选择适合本地的产业转移模式。张洪增(1999)提出了产业转移的"移植型产业的转移模式"。该模式受垄断力量的影响,发展速度很快,但受到产业同构性等缺陷的限制。赵张耀等(2005)提出了较为完整的价值链产业转移模式和工序型价值链产业转移模式。赵楠(2007)对国际产业转移的模式进行了总结,认为服务业将是未来承接产业转移的主导产业,而服务外包的模式将是今后承接产业转移的重点。

对于产业转移目的地的研究,夏禹龙等(1983)将生命周期理论引入区域经济发展研究中,创立了区域经济梯度转移理论。郭凡生(1985)和谭介辉(1998)基于梯度转移理论,指出低梯度地区也可以通过直接引进先进技术,实现经济的加速发展,并最终实现将先进技术消化、吸收、革新后向高梯度地区转移。江小涓等(2004)对中国承接产业转移的趋势进行了分析,认为中西部在承接产业转移的过程中呈现出:虽然中部地区承接产业转移的速度在加快,但产业转移的速度在逐渐下降;而对于西部地区,尽管其承接产业转移的力度加大,但产业转移地主要集中于西部地区的中心城市。

1.2.2 国内外关于产业结构的文献综述

1. 国外有关产业结构研究的文献综述

对于产业结构理论的研究,国外学者从不同的视角进行了分析,归纳来说,主要包括产业结构演进趋势方面的研究、产业结构优化调整方面的研究。有关产业结构演进趋势方面的研究,主要包括产业结构理论的形成阶段、成熟阶段、发展阶段;产业结构优化调整方面的研究，主要包括产业结构优化内涵方面的研究、产业结构优化标准判定方面的研究、产业结构优化制约因素方面的研究。

（1）关于产业结构演进趋势方面的研究

在产业结构理论的形成阶段，产业结构理论的思想渊源来自 Petty。Petty（1672）首先发现了国民收入水平的差异和经济发展阶段不同的关键原因是产业结构的不同。[①] 20 世纪 30～40 年代是产业结构理论的形成时期，这一时期对产业结构理论贡献最大的是 Clark，Kuznets，Akamatsu，Hoffmann。Hoffmann（1931）主要对一国（地区）工业化过程中的工业结构演进规律进行了总结，研究发现，随着一国（地区）工业化进程的加快，该国（地区）的产业结构将会由侧重第二产业向侧重第三产业转变。Akamatsu（1932）提出了关于产业结构的"雁型理论"（关于雁型理论的详细介绍见第 2 章），Clark（1940）提出了著名的 Clark Law（克拉克法则），即劳动力在三次产业中的结构变化与人均国民收入的提高之间呈现一定的规律性。Kuznets（1941）在 Clark 的基础上，从一、二、三次产业占国民收入比重变化的角度分析了产业结构的演进规律，认为第一产业在整个国民收入中的比重会随着经济的发展呈现下降的趋势，第二、三产业在国民收入中的比重呈现上升趋势。

20 世纪 50～60 年代是产业结构理论的发展阶段，Leontief，Kuznets，Tinbergen 等沿着主流经济学经济增长的思路，分析了产业结构与经济增长之间的关系。Leontief（1953，1966）通过建立

---

① Petty 的产业结构思想引自网站：http://baike.baidu.com/view/1380443.htm。

投入产出分析表，研究了产业结构与经济增长之间的关系。Lewis，Chenery，Rostow 的产业结构理论则沿着发展经济学的思路进一步延伸。Rostow 认为产业结构对经济增长具有十分重要的作用，要注重主导产业对经济增长的扩散效应。以上产业结构理论的分析忽视了国际因素，即没有考虑到国际分工和国际贸易对产业结构的影响，筱原三代平（1955）最大的贡献在于指出产业的发展是一个动态过程，即在某一时点处于劣势的产业可以转化为优势的产业。

20 世纪 80 年代以后，国外学者对产业结构的研究开辟了新的研究领域，主要集中在对产业集群的研究和对经济全球化产业链的研究。在产业集群的研究方面，Storper（1989）认为企业应向新产业区集聚（"新产业区"的概念首次被提出），这样企业在新产业区通过共享资源，可以保持地方竞争力；以此为基础，Porter（1998）提出了"产业集群"的概念，并对产业集群进行了详细的分类。在经济全球化产业链的研究方面，Gereffi（1999，2003）从商品链的视角系统性解释了全球经济的生产、贸易、消费，并通过生产者驱动和购买者驱动的模式探究了产业结构中的状态。Humphrey（2000）根据全球产业链中不同国家所处的位置，有针对性地提出了不同国家产业链升级的模式。

（2）关于产业结构优化调整方面的研究

对于产业结构优化调整方面的研究，主要侧重于实证方面。Dekle（2002）利用日本 1975～1995 年近 20 年金融行业、批发零售行业、服务行业、制造行业的数据，选取全要素生产率作为衡量动态外部性的指标，研究这些行业是否存在着动态性，是否使得这些行业的产业结构出现了优化和调整。Bun & Makhloufi

(2007)利用摩洛哥1985~1995年6个地区18个行业的数据,采用动态面板分析法分析了动态外部性对摩洛哥产业结构的影响,研究发现,动态外部性对一国(地区)产业结构具有较大的影响,对一国(地区)产业结构的优化起到积极的作用。Neffke(2008)利用1841~1971年英国48个地区的面板数据,采用动态面板分析法研究了产业结构是否受到动态外部性的影响,研究结果表明,1841~1971年,英国48个地区的动态外部性对产业结构的影响随着时间的变化而不断变化。

2. 国内有关产业结构研究的文献综述

张宗庆(2000)从中国产业结构存在的问题入手,深入分析了造成中国产业结构不合理的原因,在此基础上,提出了中国产业结构优化和调整的对策。宋锦剑(2000)构建了产业结构优化升级的测度指标群,从统计的角度对产业结构的演进和调整做了全面的分析。王俊鹏等(2006)构建了产业结构评价指标,其目的是对一国(地区)的产业结构现状进行分析,并为此提出针对性的建议。

在产业结构优化内涵的研究方面,周振华(1992)首先提出产业结构优化应包括产业结构的高度化和产业结构的合理化两方面的内容。李红梅(2000)认为产业结构的优化过程是产业的技术、资本密集程度提升的过程。周启良等(2011)对产业结构的高度化和合理化进行了详细的解释。

关于产业结构与经济增长的研究主要集中在区域层面和全国层面,分析产业结构变动对一国(地区)经济增长的影响。基于区域层面的研究,胡琦等(2004)利用上海1981~2002年的数据,分析了上海市的产业结构对经济增长的影响,研究结果表明，上海市必须通过优化第三产业实现经济增长。高更和等（2005）利用河南省 1952~2003 年的数据，分析了河南省产业结构变动对其经济增长的影响，研究结果表明，河南省产业结构变动对经济增长的贡献在下降。基于全国层面的研究，汪红丽（2002）利用中国改革开放以来的数据，分析了中国产业结构的变动对经济增长的影响，研究结果表明，中国产业结构的变动推动了经济增长。陈华（2005）利用中国 1978~2003 年的数据，分析了中国产业结构的变化与经济增长之间是否存在关系，研究结果表明，中国产业结构与经济增长之间存在着长期的均衡关系。纪玉山等（2006）在陈华的研究基础上，进一步证实了中国产业结构与经济增长之间既存在短期的波动关系，也存在长期的均衡关系。王伶（2007）利用灰色关联法，分析了中国三次产业结构与经济增长之间的关联度，研究结果表明，中国第二、第三产业与经济增长之间的相关度最高，这也进一步论证了中国经济的增长主要依赖于第二产业和第三产业。汪茂泰等（2010）利用中国 1992~2007 年的投入产出数据，分析了中国产业结构对经济增长的影响，得出了与王伶（2007）相同的结论，即中国经济的增长主要依赖于第二产业和第三产业。

1.2.3 国内外有关产业转移和产业结构关系方面的研究进展

对于产业转移和产业结构关系的研究，主要集中在两个方面：一是侧重于国际产业转移和产业结构之间的关系；二是侧重于国内产业转移和产业结构之间的关系。

1. 国际产业转移与产业结构优化关系的研究

于治贤（2000）认为世界范围的产业结构调整和产业转移将

使中国参与国际分工的格局处于非常复杂的局面。崔新健（2002）认为应因地制宜地选择适合本地的政策，引导FDI实现本地的产业结构优化升级。郭秀君（2002）认为FDI对产业结构的优化是一把双刃剑，FDI对一国（地区）产业结构的优化调整既有利也有弊，因此，必须把FDI调整和优化产业结构的政策用好用足。王培县（2005）提出了通过承接产业转移实现一国（地区）产业结构升级的五种模式。叶燕（2005）提出了承接产业转移实现产业结构升级的思路与对策。王云平（2008）指出了承接产业转移对一国（地区）产业结构调整的必要性，认为一定要正确处理承接产业转移过程中存在的技术引进、消化和吸收问题。刘力（2009）主要探讨了国际产业转移对珠三角地区尤其是广东产业结构的影响，认为通过承接国际先进的制造业、现代服务业，可实现产业结构的优化升级。严薇等（2009）认为发展中国家可以通过承接产业转移的途径，促进其对外贸易的发展，从而实现产业结构升级和经济发展。马云俊（2010）认为通过嵌入全球价值链，并沿着全球价值链向两端延伸，就能实现产业结构的升级。

2. 国内产业转移与产业结构优化关系的研究

针对国内产业转移与产业结构优化的关系，现有文献既有定性方面的研究，也有实证方面的研究。在定性的研究方面，江世银（2009）认为，必须通过承接大产业的方式，才能实现产业结构升级。冯登艳（2010）认为通过承接产业转移实现产业结构升级，既需要市场的作用，也需要政府的引导和推进。王贵民（2010）对承接产业转移实现产业结构升级的路径进行了分析，认为通过增加资本存量、激发投资的途径，可实现产业结构升级。在实证的研究方面，廖文龙等（2009）采用 AHP 分析法对广西产业转移与产业结构之间的关系进行了实证分析，研究表明，产业转移对广西的产业结构具有明显的促进作用。刘岩（2011）认为中西部地区可以通过承接产业转移，吸收一定的资金和技术，促进其产业结构升级。黄利春（2011）认为无论是产业移入地还是产业移出地，产业转移会实现产业空间的重组，最终促进产业结构的优化。

1.2.4 现有文献研究的不足

对于产业转移和产业结构之间关系的研究，尽管已有很多，但对二者关系的研究仍存在着不足。下面将从产业转移和产业结构两个方面进行分析。

在产业转移的研究方面，现有文献主要集中于产业转移的动因、转移效应、转移的发展趋势等方面，其视角呈现多样化，研究呈现深入化。但总体来说，仍存在以下不足：其一，国家层面的研究较多，即产业转移的视角主要是从国家的角度（一国的产业转移对另外一国的影响）来分析的，而一国境内区域层面的研究不多，特别是关于发展中国家境内区域层面的研究较少。目前，针对发展中国家内部出现的产业转移现象，如何进行解释，值得深思。其二，关于产业转移与产业结构关系的实证研究较少。中国是一个发展中国家，各个区域的经济发展程度不一致，随着一些区域经济发展程度的提高，出现有些产业在当地竞争力不强的现象，而通过将产业转移到其他经济落后区域，就能促进经济落后区域的产业结构优化和调整，但对于落后区域承接产业促进产业结构优化升级的实证研究明显不足。其三，关于河南省承接产业转移与产业结构调整之间关系的分析不多。河南省处于中国中部,是中国重要的农业大省和粮食主产区。但近年来,河南省工业的发展呈现欣欣向荣的景象。[①] 河南省通过承接产业转移,在产业结构优化方面取得了巨大的成就。但二者到底存在何种关系,承接产业转移是否促进了河南省产业结构的升级?目前有关这方面的研究较少,尤其是利用最新的数据对河南省承接产业转移促进产业结构优化升级方面的实证研究更少。针对现有文献的不足,本实证研究是二者关系研究的一个重要补充。

在产业结构的研究方面,现有文献主要存在如下不足:其一,作为一个完整的理论体系,现有文献的研究者认为,产业结构的调整是一个自然的历史过程,但其对影响产业结构调整的宏观经济发展战略缺乏实际的认识,从而在研究过程中,对于影响产业结构调整的参与主体也缺乏认识。其二,在现有文献中,对于产业结构中不合理的现象及形成产业结构调整的根源也未做太多的分析。实际上,产业结构的调整是影响产业结构调整的各经济主体的利益重新洗牌的过程,但现有文献中鲜有分析。

---

① 2011年,河南省工业增加值达到1.44万亿元,居全国第五位、中部第一位,占全省GDP的比例达到52.1%,工业对全省经济增长的贡献率达到71.9%。规模以上工业实现主营业务收入47759.83亿元,同比增长35.9%,实现利润4066.13亿元,同比增长32.8%。目前,河南省工业拥有39个行业大类182个行业中类,形成了门类齐全、结构合理的工业体系,原煤、铝、黄金、十种有色金属、平板玻璃、水泥、拖拉机、纱、化纤、卷烟等工业品产量居全国前列。河南省的产业结构也呈现了合理化分部的格局。2012年《河南统计年鉴》的统计数据表明,河南省三次产业结构的分布比例为13∶57.3∶29.7。河南省商务厅的统计资料表明,2012年河南省实际利用外资120亿美元,是2007年的近4倍,是2002年的24倍;2008~2012年累计实际利用外资371亿美元,是2003~2007年的4.7倍;实际到位省外资金5000亿元,是2007年的3.3倍;进出口480亿美元,是2007年的3.8倍,是2002年的15倍;2008~2012年累计进出口1294亿美元,是2003~2007年的3倍多。

1.3 研究思路和方法

1.3.1 研究思路

推进产业结构优化升级、提高产业的核心竞争力，是中国加快经济发展方式转变的重要途径，可为中国新一轮的经济增长和区域竞争力提升构筑强势产业支撑。通过承接产业转移，可以吸收产业转出地的先进技术、先进的生产管理经验，推进产业转入地的产业技术效率，实现产业转移区域的产业结构优化与调整，最终促使产业转移区域的经济增长。

本研究提出以承接产业转移促进当地产业结构升级为主线，通过承接转移符合当地产业升级的主导性产业，进而促进当地产业结构实现优化升级，提出了承接产业转移区域主导产业结构升级的新路径。因此，本研究沿着承接产业转移—承接主导产业的选择—产业结构优化升级—实现产业结构优化升级的政策建议这一逻辑思路而展开。

1.3.2 研究方法

对于产业转移和产业结构之间的关系，本研究采取了定性分析和定量分析相结合的研究方法。在定性分析方面，主要对河南省承接产业转移和产业结构的现状及存在的问题进行分析；而在定量分析方面，则采用因子分析法对河南省产业结构升级、主导产业的选择进行分析。下面将对本研究采用的研究方法进行详细的说明。

1. 实证分析与规范分析相结合

在实证分析上，运用河南省的微观和宏观数据，采用因子分析和协整检验等实证方法，分析承接产业转移与产业结构之间的关系。

在规范分析上，在分析承接产业转移对于产业结构升级的作用时，针对河南省的实际情况，着眼于承接产业转移对产业结构升级的作用的价值判断上，即河南省承接产业转移应符合本地的实际，从而选择适合当地发展的主导产业，而不应该在主导产业的选择上处于一种盲目的状态。在此基础上，针对河南省承接产业转移主导产业的选择和产业结构升级，给出相应的符合河南省实际的政策建议。

2. 采用因子分析法对河南省承接产业转移后的产业结构进行综合评价

在定量分析上，采用因子分析法对河南省承接产业转移后的产业结构情况进行综合评价，主要体现在：利用因子分析法对河南省承接产业转移的承载力进行评价；在此基础上，对河南省产业结构的转换能力、转换速度、转换方向进行综合分析；最后，对河南省承接产业转移的主导产业选择进行定量分析。

3. 纵向和横向比较的分析方法

纵向的比较分析中，从整个宏观的视角分析产业转移和产业结构升级之间的关系；横向的比较中，主要比较分析河南省和中部其他省份（如湖北）之间的产业转移与产业结构升级之间的关系。

本研究采用横向和纵向比较的分析方法，从不同的角度考察了承接产业转移和产业结构升级之间的关系。从横向比较的角度来看，分析了中国不同地区间承接产业转移对产业结构升级的作用；从纵向分析的角度来看，主要分析了河南省不同发展阶段中承接产业转移在产业结构升级中的不同作用，从历史的视角考察了承接产业转移在产业结构升级中的作用。

1.4 研究框架

根据以上的研究思路和研究方法，在对相关理论进行阐述的基础上，本研究阐述了承接产业转移对河南省产业结构的影响，实证检验了承接产业转移对河南省产业结构转移和优化升级产生的具体影响，并基于实证研究的结果，对河南省承接产业转移、提升产业结构升级提出了相应的政策建议。

针对主要研究内容，本书依照以下结构进行逐步论述，如图1-1所示。

第1章为研究背景，主要从实践和理论发展两个角度介绍有关研究背景和研究中存在的问题，进而阐明和归纳出本书的研究问题，说明本书的研究意义，提出研究思路和框架。

第2章为基本理论，重点阐述国内外有关产业转移和产业结构的基本理论，解释产业转移与产业结构的关系，分析政府和企业在承接产业转移中的作用，为本研究奠定理论基础。

第3章主要探讨河南省产业结构的现状。通过分析河南省产业发展的特征和产业结构存在的问题，揭示影响河南省产业结构优化的原因。

第4章阐述河南省承接产业转移的具体状况。通过分析河南

结构安排	主要内容
第1章	研究的实践背景 → 研究的理论背景 → 研究思路、内容和框架的提出
第2章	基本理论 → 产业转移的基本理论 / 产业转移对产业结构的影响 / 产业结构的基本理论
第3章	河南省产业结构的现状
第4章	河南省承接产业转移的现状 → 承接产业转移的特征和存在的问题 / 进一步承接产业转移的必要性和可行性 / 利用产业转移对产业结构优化升级的思路
第5章	河南省承接产业转移对产业结构优化升级影响的实证研究
第6章	承接产业转移的目标 / 承接产业转移主导产业选择 / 承接产业转移主导产业定位 / 承接产业转移主导产业布局
第7章	河南省承接产业转移促进产业结构优化升级的政策建议
第8章	研究结论和研究展望

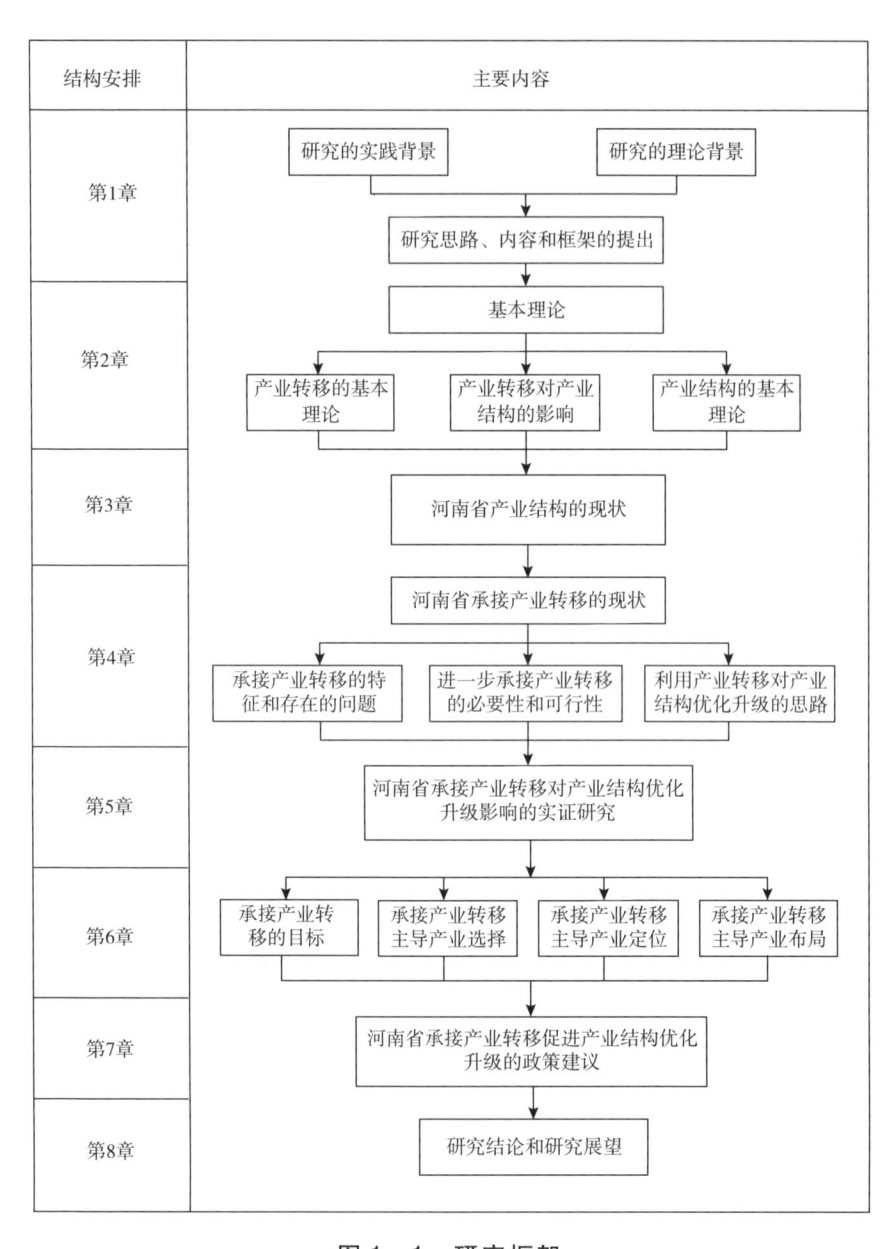

图 1-1 研究框架

省承接境内外产业转移的现状、特征和存在的问题，指出河南省进一步承接产业转移的必要性和可行性。并通过 SWOT 分析，提出利用产业转移对产业结构进行优化升级的具体思路。

第 5 章实证检验了承接产业转移对河南省产业结构优化升级的具体影响。

第 6 章详细解释了河南省承接产业转移促进产业结构优化升级的目标、主导产业选择、主导产业定位和主导产业的空间布局。

第 7 章从投资环境、产业集聚区建设和政府职能转变等九个方面，提出了河南省承接产业转移促进产业结构优化升级的政策建议。

第 8 章总结了本研究的结论，并说明了本研究的不足及未来的研究方向。

1.5　创新点

本研究拟在如下方面进行一定的创新。

1. 采用定性和定量相结合的方法对产业结构优化方向进行选择

在产业结构的升级方面，对于主导产业的选择，采用定量分析和定性分析相结合的方法。定性分析方面，紧密结合河南省"十二五"规划的发展要求，并根据其对主导产业选择的客观要求，选择一些需要进行产业结构升级的主导产业；定量分析方面，运用因子分析法对进行产业结构升级的主导产业进行定量分析，分析其结果与河南省"十二五"规划的主导产业是否吻合。

2. 提出了承接产业转移主导地区产业结构升级的新路径

通过分析中国产业转移的一些特征和发展趋势，以及河南省在承接境内外产业转移上的一些优势，提出了通过承接境内外产业改造，提升河南省传统优势产业，进而推动河南省战略新兴产业的发展，从而实现河南省产业结构升级和经济发展方式转型的新路径。

3. 运用定量方法检验了承接产业转移与产业结构之间的关系

鉴于现有文献对于承接产业转移与产业结构之间关系的研究，大多数建立在定性分析的基础上，运用的定量分析方法不完善，本研究综合现有的文献，运用计量模型方法，首先探讨了河南省承接产业与产业结构之间的关系，在此基础上分析了河南省产业结构转换的基本情况、产业结构转换的速度、产业结构转换的方向，从而为河南省对于承接转移主导产业的选择奠定了基础。通过实证方法选择河南省主导产业更具说服力。

第 2 章

产业转移与产业结构的基本理论

在对有关产业转移和产业结构的研究进展进行综述的基础上，本章将着重对产业转移和产业结构的基本理论进行阐述，并在此基础上，对产业转移与产业结构之间的关系进行分析。

2.1 产业转移的基本理论

2.1.1 产业转移的内涵与特点

产业转移是指产业在发展过程中，一些企业为顺应区域宏观经济政策的变换，通过将一些产业转移到发展中区域，从而导致产业在空间上呈现出向发展中区域转移的一种现象，本质上是现有生产能力在空间上的整体或部分转移，是经济结构的调整和重新布局（邹积亮，2007）。其构成要素主要包括转移国或地区、承接国或地区、转移产业、转移企业、转移技术等等。依据产业在主体性质、动机上的差别，产业转移可以分为两类，即扩张性产业转移和撤退性产业转移。扩张性产业转移是指通过扩大其产业的规模而进行空间的转移；撤退性产业转移主要是由于受到激烈的市场竞争压力，而做出的战略性调整，撤退性产业转移是产业区位重新选择的结果（丁金刚，2010）。在空间上，产业转移可分为国际区域间的产业转移和国内区域间的产业转移。在实践中，产业转移呈现如下特征。

1. 具有一定的综合性特点

产业转移不是单一的转移，在产业转移的过程中，资本、劳动力、技术等生产要素也随之转移。

2. 具有一定的阶段性

产业转移的一般规律是，其与地方的产业结构演变呈现一定的相关性。这个结论可以从发达国家转移的事实得出，如在20世纪60年代，发达国家的产业结构调整后，一些劳动密集型产业向发展中国家转移；到了20世纪80年代，随着发达国家在高新技术产业方面的不断发展，其家电、汽车等产业向发展中国家转移。

3. 具有一定的梯度

在一般的情况下，产业转移总表现为产业从发达区域向发展中区域转移，但很少出现产业从发展中区域向发达区域移动的现象，即使出现了，也只是一些生产要素（如资本、劳动力等）从发展中区域向发达区域转移。

2.1.2 产业转移与相关概念的联系与区别

对于产业转移，由于存在一些认识上的误区，因而在分析过程中，应与一般的概念区分开来。这对于更好地理解和掌握产业转移，具有十分重要的意义。在现有文献中，对于产业转移，主要存在以下几个误区：其一，认为产业转移就是产业空心化；其二，认为产业转移就是技术转移；其三，认为产业转移就是跨区域直接投资。可以这样说，产业转移与产业空心化、技术转移、跨区域直接投资之间既有联系，也存在区别。

产业转移与产业空心化之间存在联系。而对于两者之间的联系，存在三种争论：第一种观点认为，产业转移使产业移入地的制造业失去竞争力，从而导致产业移入地的第三产业即服务业比例上升，而第一和第二产业比例下降，从而使产业移入地产业空心化。第二种观点认为，随着产业转移的增加，产业移入地的制造业比例下降，从而使产业移入地的制造业出现了空心化。第三种观点认为，产业转移所带来的影响包括第一种观点和第二种观点中的影响。从这三种观点的分析来看，产业空心化理论的弊病在于只分析了产业转移对产业移入区域的影响，而且这种影响只是国家与国家之间的影响。如果说得更具体一些，就是只分析了发达国家与发展中国家之间的影响，而没有分析国家之间（如发达国家之间或发展中国家之间）的产业转移是否会造成产业空心化的影响。

产业转移与技术转移之间既存在联系，又存在区别。产业转移分析产业的整体转移过程，产业转移包括技术转移，而技术转移不包括产业转移。

产业转移与跨区域直接投资方面，跨区域直接投资是指企业通过跨区域投资建厂的方式，进行生产和销售。在这里，跨区域直接投资的投入既可以是有形资产，也可以表现为无形资产，如一定的生产管理经验。产业转移的投资形式与跨区域投资一样，既包括有形的资产，也包括无形的资产。但二者在投资动机上存在本质的区别,产业转移的投资带有成本导向性质,之所以会发生产业转移,主要原因在于该产业在当地不具备竞争优势,出于节约成本的考虑,产业开始向其他区域转移;而跨区域直接投资存在市场导向的性质(郑燕伟,2000)。

2.1.3 产业转移的相关理论

1. 国外关于产业转移的相关理论

对于产业转移相关理论的研究,主要有普雷维什的中心-外围理论、弗农的产品生命周期理论、刘易斯的劳动密集型产业转移理论、小岛清的边际产业扩张转移理论,以及邓宁的国际生产折中理论。这些理论从不同的角度解释了产业转移的原因。

(1) 中心-外围理论

阿根廷著名经济学家劳尔·普雷维什(Raúl Prebisch)在其 *The Economic Development of Latin America and Its Principal Problems* 报告中,系统、完整地阐述了他的中心-外围理论。根据19世纪的国际分工,首先实现技术进步的国家是世界经济体系的"中心",处于落后地位的国家则沦落为这一体系的"外围"。该理论从中心(发达资本主义国家)和外围(发展中国家)之间的经济依附关系出发,解释了产业转移的过程。发展中国家是原材料和初级产品的外围产地,而发达国家是生产工业制成品的中心产地。由于原材料和初级产品的需求弹性低、工业制成品的需求弹性高,发展中国家和发达国家之间的贸易条件出现恶化,造成发展中国家的巨额贸易逆差,迫使发展中国家通过引进外资,加速实施大量进口工业品的替代战略,因此进口替代战略成为产业转移发生的根源。在这个过程中,发达国家攫取了巨额利润,而发展中国家虽然获得了发达国家的技术,其资本积累进程却被阻碍。

普雷维什的中心-外围理论强调了发展中国家为迅速实现工业化而产生的被迫性产业移入需求,一方面反映了发达国家和发展中国家之间产业转移的现实过程,另一方面也较早反映了发达国家和发展中国家之间这种产业转移过程存在的消极影响。但是普雷维什没有认识到产业转移是区域间经济关系发展变化的必然产物,其对于产业转移能够加快欠发达地区经济发展的积极影响认识不足(Raúl Prebisch,1962)。

(2)产品生命周期理论

美国哈佛大学教授雷蒙德·弗农(Raymond Vernon)于1966年提出了产品生命周期理论。该理论是针对第二次世界大战之后美国的对外直接投资模式而创立的,阐述了产业由发达国家逐渐向发展中国家转移的过程,并认为产生产业转移的原因在于产品生命周期的变化(如图2-1所示)——发达国家向发展中国家转移产业在于企业为了顺应产品生命周期的变化,回避某些产品在生产上的劣势。

弗农认为产品生命和人的生命一样,需经历形成、成长、成熟、衰退这样的周期。就产品而言,也就是要经历起步、成长、成熟、衰退四个不同阶段。产业转移开始于产品和技术完全标准化、国内市场基本饱和的产品成熟期;到了标准化阶段,技术发明国的生产和出口竞争优势受到技术模仿国的劳动成本优势和其他成本优势的重大挑战,技术发明国将大规模进行产业转移。尽管弗农并没有提到产业转移的概念,但从产品整个生命周期中出现的产品转移过程来看,其实质是一种产品的梯度转移。"新产品的开发—占领国内市场—产品出口到国外—资本等生产要素出口到国外—开发新产品"这一过程不断循环往复。

在生命周期的第一阶段,产品生产主要是占领国内市场,直到国内市场饱和;在生命周期的第二阶段,成熟的产品出口到国外;在生命周期的第三阶段,厂商为了使出口的产品在国外形成一定的市场,将资本等生产要素都出口到国外;在生命周期的第四阶段,产品在国内和国外市场得到进一步开拓后,产品的生产相对成熟,从而其价格进一步降低,使得厂商进一步开发新产品。

该理论将比较优势从国际贸易领域延伸到对外直接投资,引入了动态的区位条件分析,是对早期产业和产品转移理论的系统描述和总结。但是,弗农的学说是一种对被动性产业转移的研究。随着许多主动性产业转移行为的出现,该理论无法解释存在于经济发达国家之间的投资行为以及没有技术优势的发展中国家的对外投资(Raymond Vernon,1966)。

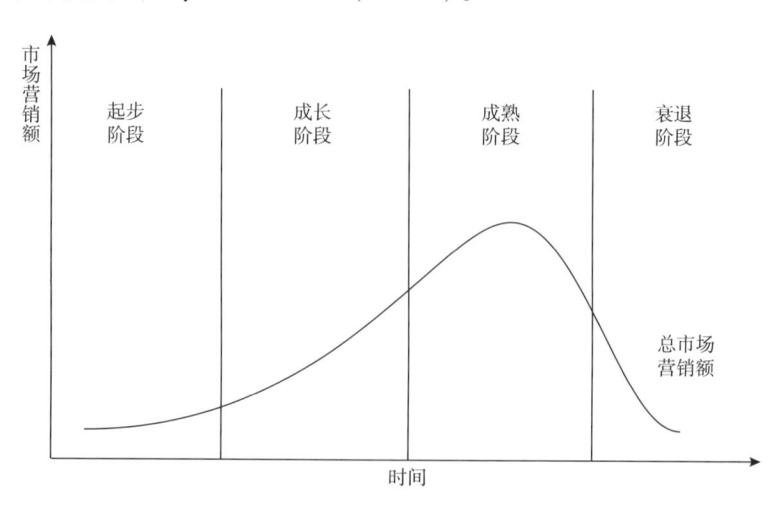

图 2-1 产品生命周期

之后，Zixiang Alex Tan 在产品生命周期理论基础上，从产品系列的角度解释了产业转移现象。他将产品分为高、中、低三个档次，并将对应的市场结构分为直接出口（DS）、中间产品出口和当地组装（IL）、当地生产（LP）三种。高档产品对应的市场结构以 DS 为主，IL 为辅；中档产品则以 IL 和 LP 为主，辅之以 DS；低档产品则以 LP 为主。市场结构相对保持不变，而高、中、低档产品系列将不断变化，新的产品不断充实到高档产品系列中，一部分高、中档产品降级并充实到中、低档产品系列中去。与 Zixiang Alex Tan 的模型相对应，就产业转移而言，外国直接投资者将高档产品的生产主要放在本国进行，辅之以中间产品出口和国外组装；就中档产品而言，产品在国外组装的同时，产业逐步向国外转移；低档产品的生产则完全转移到国外进行（Zixiang Alex Tan，2002；李锋，2004）。

(3) 劳动密集型产业转移理论

1978 年，美国经济学家威廉·阿瑟·刘易斯（William Arthur Lewis）在其 *The Evolution of International Economic Order* 一书中提出了劳动密集型产业转移理论。当时，国际产业转移主要发生在劳动密集型产业中，因而影响产业转移的主要因素就是发达国家和发展中国家之间在非熟练劳动力富裕程度上的差别。该理论以瑞典经济学家赫克歇尔（Eli F. Heckscher）及其学生贝蒂·俄林（Bertil Ohlin）提出的资源禀赋理论（H-O 理论认为当生产中投入劳动力和资本等多种生产要素时，国家间要素禀赋差异将使各国在不同的商品生产上具有相对优势）为基础（赫克歇尔和贝蒂·俄林，1986），主要研究产业转移机制问题。刘易斯把劳动密集型产业作为产业转移的主体，并将产业转移与比较优势的变化联系在一起，认为在20世纪60年代人口自然增长率下降的情况下，由于非熟练劳动力得不到及时补充，造成劳动力成本上升，发达国家某些劳动密集型产业的比较优势逐步丧失，呈现出劳动密集型产业下降的趋势。在这种情况下，发达国家将这些劳动密集型产业向发展中国家转移。然而，刘易斯仅仅解释了劳动密集型产业转移，对资本密集型与技术密集型产业转移问题没有涉及，没有建立起关于产业转移的完整理论（William Arthur Lewis，1978）。

在刘易斯之后，Pennings 和 Sleuwaegen 以比利时的大量企业和国际性跨国公司为研究对象，认为在工业化程度较高的开放经济体系中，劳动密集型产业比资金密集型产业更容易发生转移。公司规模和公司的创新速率对产业转移产生积极影响，而未来的不确定性对产业转移具有阻碍作用。大规模的跨国公司要比小规模的公司更容易通过对外投资进行产业转移，尤其是营利性跨国公司更容易做出产业转移行为（Pennings & Sleuwaegen，2000）。

（4）边际产业扩张转移理论

边际产业扩张转移理论是日本经济学家小岛清（Kojima）于1978年以日本厂商20世纪50~70年代对外直接投资情况为背景提出的。该理论以投资国为主体，认为产业的对外投资是从具有比较劣势的产业开始的，"对外直接投资应从本国（投资国）已经处于或即将陷入比较劣势的产业——可以称为边际产业（这也是对方国家具有显在、潜在比较优势的产业）——依次进行"，通过产业的空间移动，以回避产业劣势或者说扩张边际产业，显现其潜在的比较优势。

边际产业扩张转移理论阐明了对外直接投资的原因，也对发达国家对发展中国家进行直接投资的动机和形式进行了很好的解释。但该理论对企业本身对投资的影响欠缺考虑,在某种程度上抹杀了企业的个性。此外,该理论仅对经济发达国家向发展中国家方向的产业转移现象进行解释,而且时间范围局限在日本的20世纪70年代,不能在时空范围内很好地解释发展中国家逆贸易导向型直接投资(Kojima,1978)。

(5)国际生产折中理论

英国经济学家约翰·哈里·邓宁(John Harry Dunning)将海莫、金德尔伯格和尼克尔博克三人关于国际直接投资的理论进行折中,提出了国际生产折中理论,因此又被称为"国际生产综合理论"。该理论从微观方面对产业转移进行了分析,认为通过企业对外直接投资所能够利用的是其所有权优势(Ownership Advantage)、区位优势(Location Advantage)和内部化优势(Internalization Advantage),这就是所谓的O-L-I模型。

在所有权优势方面,邓宁认为专利、商标、品牌等无形资产具有所有权优势,企业规模经济能够使某些企业拥有东道主企业所不具备的比较优势,从而在对外投资上占有优势。在区位优势方面,邓宁认为,一国的自然资源、地理位置、基础设施等因素影响外资给予投资的布局,从而影响国际产业转移的力度。它包括两个方面:一是东道国不可移动的要素禀赋所产生的优势,如自然资源丰富、地理位置方便等;二是东道国的政治经济制度、政策法规灵活等形成的有利条件和良好的基础设施等。在内部化优势方面,邓宁认为,企业要发生产业转移,必须通过内部化交易,以节约或消除其交易成本,从而实现对外扩张。只有当企业同时具备这三种优势时,才完全具备了对外直接投资的条件。由此,邓宁提出了不同优势组合情况下产业转移的不同方式(John Harry Dunning,1988),如表2-1所示。

表2-1 O-L-I模型

优势组合	缺少的优势	产生后果	策略选择
所有权优势+内部化优势	区位优势	缺乏有利的海外投资场所	企业只能将优势在国内加以利用,而后依靠产品出口来供应当地市场
所有权优势+区位优势	内部化优势	企业拥有的所有权优势难以在内部利用	企业只能将其所有权优势转让给外国企业
内部化优势+区位优势	所有权优势	企业缺乏对外直接投资的基本前提	海外扩张无法成功

2. 国内学者关于产业转移相关理论的研究

由于国内学者对产业转移理论的研究起步较晚,因而其在相关研究上还处于落后的地位。1997年,卢根鑫博士对国际产业转移的研究,开启了中国学者对产业转移问题进行研究的先河。随后,国内众多学者从不同层面对产业转移问题进行了探究。

(1)产业转移的效应

1997年,卢根鑫博士从马克思主义经济学理论的角度提出了"重合产业"的概念。他认为产业转移表现为产业贸易和产业投资两种基本形式,二者促进了具有技术构成相似性与价值构成相异性的重合产业的成长,而重合产业的存在是导致国际产业转移的基础。由于价值构成的相异性导致了重合产业绝对成本的高低落差,当产业深化不能抵消别国相对较低的成本优势时,发达国家不得不调整产业结构,进行重合产业的国际转移,以摆脱重合产业绝对成本较高的不利地位，实现重合产业的再次价值增值。

1998年，王先庆认为因不同经济－地理空间存在的"成长差"与不同区域产业主体之间的相关"利益差"共同构成"产业差"是产业转移的基础，正是由于"利益差"的存在，各类产业总是向着能获取最大利益的区域转移。产业转移通过资本和技术转移表现出来，但其实质是资本，其主轴是技术（王先庆，1998）。

（2）产业转移的原因

2002年，陈建军通过产业转移和对外贸易之间的关系，分析了产业转移的规律。他认为产业转移之所以从沿海地区开始，主要是由于沿海地区经济化程度高，并且市场经济非常活跃。

2003年，戴宏伟等学者认为产业转移呈现出一定的梯度转移规律，由于各区域在资源禀赋、经济发展程度上存在差异，因而其在产业层次上呈现一定的差距，产业总是从高梯度的区域向低梯度的区域转移。

（3）产业转移的模式

2001年，汪斌从国际区域间产业结构的互动机制（包括国际贸易、国际直接投资、国际金融、技术与信息的跨国传递、跨国公司和经济周期）角度，对东亚区域内产业转移进行了分析，并认为世界产业结构的调整是战后四次国际产业转移的主要动力。他以产业结构与产业转移之间关系的视角，分析了产业转移对产业结构调整的影响。

（4）产业转移的对策措施

2001年，张可云从汤普森的"区域生命周期理论"与弗农的"产品生命周期理论"两个角度，探讨了区域产业转移的客观必然性，从中推导出两个基本结论：一是经济与技术发展的区域梯度差异是客观存在的；二是产业与技术存在由高梯度地区向低梯度地区扩散与转移的趋势，产业转移的作用在于加强了区域之间的经济联系。

王楠（2009）在《东北经济区产业转移研究》一文中，对东北经济区产业转移进行了研究，并从产业转移的载体、主要内容以及采取的形式三个方面提出了意见及对策。

2.1.4　产业转移的动因分析

产业转移是具有转移动力的经济主体的一种经济行为。企业迁移的动力是区位推力和吸力的合力。其中，推力主要有企业内部原因和外部原因。内部原因主要与企业扩张有关，即在当前区位限制了企业扩张，或者当前区位的代表性有限时，企业就有了迁移的要求。外部原因主要包括到达企业所在地较困难、远离市场、现有建筑物损坏、政策环境不好、劳动力供给不充足、房屋购买和租用成本过高，这些因素都会成为企业迁出的动力。吸引企业迁入的因素与推力正好相反：有足够的空间，接近分销商、供应商和顾客，劳动力供应充足，生产成本低，并且房地产价格合适、适宜居住等（沈晓，2009）。

1. 产业移出的动因

产业转移之所以采取在外建立产业基地而不是原地生产、直接贸易的方式以实现扩大市场销售份额的目的，其原因或者是要绕过市场壁垒，或者是节约流通费用乃至交易费用，或者是解决产品当地化的问题。产业移出发生的具体原因主要有如下几个方面。

(1) 企业内因

一是企业有限的市场发展前景。市场的大小及其发展前景如何，是产业转移时首先考虑的问题。市场发展前景的大小取决于两个因素：消费群体的大小和收入水平的高低。从收入水平上看，产业总是青睐人口基数大，消费总量也大的地区。而收入水平的差异正反映了消费结构的差异。产业移出某一地区往往是因为该地区市场已经饱和的一些传统产品，在移入地区的市场潜力还很大，市场前景还很好。因此，基于这种原因进行产业移出的企业，考虑的主要是市场增量而非市场存量。

二是企业发展环境变化。无论是国家产业转移还是区域内产业转移，通常来讲，发达国家或地区向欠发达国家或地区转移产业，是因为前者因自身长期发展过程中累积的环境污染、交通拥堵等负面后果严重制约了企业在当地的发展。为寻得更广阔、更健康的环境，企业必然会转移出去。

三是企业运输费用大小。如果单位产品的运输费用加上原产地单位产品生产成本大于当地投资建厂而生产的单位产品成本，企业就会选择资本转出的办法；因历史建厂原因，当前离分销商、供应商和顾客较远，因而运输费用比重高的企业和产业更是如此（吴晓军、赵海东，2004）。

(2) 企业外因

一是市场的开放程度。在国际上，通常把外贸依存度作为开放度评估和测量的指标。它反映了一个地区的对外贸易活动对该地区经济发展的影响和依赖程度，同时也反映了一个地区的外向程度。如果该地区的外向程度明显低于别的地区，说明它的开放程度低，其企业越容易转移出当地，以求得更好的生存并发展；

而外向程度越高的地区吸引以外资为主的产业发生转移的能力也越强。

二是市场的竞争程度。一个条块分割、市场封锁、政府干预市场、寻租现象严重，甚至出现权力资本侵占经济资本和私人资本的地区，即使其市场潜力巨大，产业资本因种种发展障碍，即使一不小心进入了也会迅速撤退。

三是产品的差异化需求。如果由于文化、风俗习惯、消费习性等原因，欠发达地区对产品的需求超出原产地所提供的，原产地企业往往会选择移出现所在地而在该欠发达地直接布点，来研究和开发适应当地消费要求的产品。

2. 产业移入的动因

无论是主张由于空间区域收入的限制，还是主张由于成本的压缩导致了一定区域已经不能满足企业拓展利润空间的需求，两种主张都认为产业必须寻找新的发展区位，而具备生产成本和交易成本比较优势的区域便成为重要的产业移入地。

生产成本方面。一方面，随着某一地区产业的集聚、经济的发展，该地区土地、环保、劳动力等要素成本呈现攀升趋势，导致当地一些产业或产品的竞争优势逐步丧失、利润空间逐渐缩小，从而形成区域产业结构调整的巨大压力。另一方面，还有一些地区往往由于基本发展条件已经具备、要素（原材料、劳动力、土地等）价格低廉、投资回报率较高以及政策优惠等因素，日益成为那些衰退产业的理想生产场所，从而形成吸引产业转移的"拉力"。这样，衰退产业会出于保持、提升竞争优势的动机而寻求在空间上的位移。

交易成本方面。从宏观角度看，交易成本的大小主要决定于制度环境，制度环境是影响企业交易成本的决定性因素。制度环境包括市场经济制度的发育状况、市场经济观念的差别、投资和税收等方面的优惠政策、政府的职能及办事效率等等。无疑，一些地区在这些方面的先进性决定了企业较低的交易费用，大大增强了欠发达地区对产业转移的吸引力，加大了发达地区产业移入的规模，并加快了其速度（谢江南，2008）。

此外，还有学者总结国际产业转移的动因主要是需要满足适应全球化经营的载体和环境。比如：产业集聚论——产业需要集聚化发展，产业集聚可以形成外部经济效应，当某一产业关键环节在某一区位形成生产能力后，上下游配套生产能力就会围绕主导产业环节产生集聚，形成集群式转移；竞争布局论——当某一企业在一个区域进行了生产基地布点，另一竞争对手也会在其附近区域进行生产基地布点，形成产业转移现象；等等（丁金刚，2010）。

综上所述，随着经济的发展和全球经济一体化进程的加快，产业转移的动因是多方面的、相互交叉的。对于不同的国家和地区、产业来说，产业转移的动因也不尽相同。总体而言，产业转移的动因呈现多元化的趋势。当存在产业转移的条件时，产业转移的动力系统总是会促使企业或产业积极调整自身的行为，寻找合理的转移方式，实现产业转移行为。

2.1.5 产业转移的模式

模式通常是指事物的标准样式，可以看作解决某一类问题的方法论。因而，"产业转移模式"可被理解为产业转移活动所呈现的基本样式和一般规律。作为一种参照性指导方略，产业转移模式应能回答六个关乎产业转移的基本问题——"5W1H"，即转移的主体（Who）、转移的客体（What）、转移的动因（Why）、转移的空间路径（Where）、转移的时代背景（When）以及转移的实现方式（How）。可见，对产业转移模式的研究是一项巨大的工程，系统而复杂。国内外学者很早就开始了对产业转移的研究，初步归纳起来，目前具有系统理论依据的产业转移模式主要有以下几种。

1. 国际产业转移模式

（1）产业跨国梯度转移的雁型产业发展模式

20世纪30年代，日本著名经济学家Akamatsu（1962）以后起国某一特定产业（如19世纪日本棉纺工业）的产生和发展为视角，通过对日本第二次世界大战前工业发展的统计研究，最早提出了"产业的雁型形态发展论"。赤松要认为，发展中国家通过向发达国家开放某些工业产品市场，以市场换技术。当发展中国家具备了基本的市场条件和技术条件时，就能生产出合格的产品出口到国外，最终实现经济发展和产业的结构升级。

该理论总结出发展中国家的某一行业内产品成长所遵循的三个模式，整个发展过程就如三只大雁在展翅翱翔。

第一个基本模式认为某一产业的发展是按照从接受转移到国内生产，再到向外出口的三个阶段，即按照"进口—国内生产（进口替代）—出口"的基本模式相继更替发展。

第二个模式是从一般消费品到资本品，或者是从低附加值产品到高附加值产品的第一模式演进，具体来说是"一般消费品—资本品"或是"劳动密集—资本密集—技术密集—资本、技术双密集"的渐进模式。

第三个模式是某一产品的第一模式动态演化会在国与国之间

传导，工业化的后来者会效仿工业化的先行者，即"日本－韩国、中国台湾－中国大陆、东盟"的头雁次雁模式。随着日本经济的发展，继赤松要之后，Ozawa & Castello（2001）等人在雁型模式的基础上引入了跨国公司和直接投资因素，发展出增长阶段模型，认为跨国公司可以在产品生命周期一开始就在国外投资生产，无须通过出口开发东道国市场，外商可直接帮助东道国建立起有竞争力的消费品工业。康明思（Cunnings B.，1984）运用雁型模式对20世纪60～80年代东亚经济内部产业分工与转移的动态关系进行了解释。但因未触及发达国家的产业发展问题，同时随着许多东亚国家经济结构的趋同，该理论的解释力逐渐减弱。

在此方面，国内学者蔡昉等在金融危机背景下，结合熊彼特的创造性毁灭论，从比较成本理论出发论证了中国东北和中部地区比沿海地区有更快的全要素生产率提高速度和贡献率，从而能保持劳动密集型产业比较优势，形成大国雁型模式的产业转移。但他们只是论证了大国雁型模式在中国的可行性，而没有进一步阐述该模型在中国的具体运行机制（蔡昉、王德文、曲玥，2009）。

（2）区域经济梯度转移模式

20世纪60～70年代，区域经济学家克鲁默（Krumme）和海特等学者以艾伯特·赫希曼和威廉姆斯提出的不平衡发展理论以及弗农提出的工业生产产品生命周期理论为主要依据，创立了梯度转移理论。克鲁默和海特等学者认为，无论在世界还是一国范围内，资源禀赋、经济发展基础的差别导致不同国家（区域）在产业发展程度方面存在一定的差距，客观上形成了一种经济技术梯度。如果区域主导产业处于创新阶段，则认为该区域具有发展潜力，处于高梯度，反之则处于低梯度。梯度转移理论正是关于新技术、新生产力的梯度转移在区域开发中的运用研究。

该理论认为一种产业在高梯度国家（区域）中，随着时间的推移处在成熟、衰退过程中。当其比较优势减弱时，高梯度产业国家（区域）就会选择对产业结构进行调整，使得这种不具备比较优势的产业按顺序逐步向二级梯度、三级梯度等低梯度产业国家（区域）转移。在这种转移过程中，高梯度国家（区域）承载的部门及技术等不断增加、拥挤，低梯度产业国家（区域）则通过不断接纳、吸收高梯度产业国家的技术水平，促进本地经济的发展，逐步缩小地区间的差距并实现经济分布的相对均衡，进而实现国民经济整体的平衡发展。当这种产业在低梯度国家（区域）不具有比较优势时，产业的转移会进一步发生。这种梯度转移主要是通过城镇体系逐步拓展来实现。梯度转移理论可用于世界范围经济发展的动态分析。

中国学者夏禹龙于1982年首次提出产业转移中"梯度"与"技术梯度"的概念，认为一个国家不仅地势有梯度，经济技术发展也有梯度，创新活动是区域发展梯度层次的决定性因素。推动经济发展的创新活动，包括新产品、新技术、新产业、新制度和管理方法等，主要发生在高梯度区域，然后依据产品周期循环的顺序由高梯度区域向低梯度区域推移。国内学者从该角度提出的主要模式还有逆梯度转移模式、边际渗透转移模式、垂直型产业转移模式和水平型产业转移模式等（夏禹龙、冯之浚，1982）。

(3) 移植型产业成长模式

1999年，张洪增提出了"移植型产业成长模式"的概念。他通过对自由竞争的、自发型的发达资本主义国家的产业结构成长模式与市场垄断式的、移植型的后发资本主义产业结构成长模式进行比较，认为由于受到垄断的直接影响，移植型成长模式的产业成长步伐加快，一些产业能直接由幼稚阶段进入成熟阶段，尤其是一些享受政府和超级财团优惠的保护和培植政策的产业，但同时也存在缺陷，如产业成长基本依赖于国际产业转移、外部政策力量功过各半、缺乏生产要素的全面发展、具有产业同构性。

(4) 集群式产业转移模式

2002年，中国学者郑胜利提出了"复制群居链"的概念。他从集群角度出发，认为产业转移过程中出现了产业"集群式"转移现象，即一些有着产业联系的上下游生产企业"一窝蜂"地相继由某一地区转移至另一国某一地区，以维持原来的生产联系。

这种集群转移模式强调的是产业转移的整体性和网络关系的复制性，是规模最大的产业转移模式。但值得注意的是，这种模式虽能在短期内促进产业承接地的经济繁荣，但因其对当地相关产业的前向与后向关联度较低，缺少与当地相关企业的沟通，对当地的技术溢出和学习效应不明显，所以一旦当地的区位条件发生变化，这些企业又会整体性迁移，可能会造成当地产业的空心化（郑胜利、黄茂兴，2002）。

(5) 网络型国际产业转移模式

2005年，赵张耀、汪斌针对工序型国际产业转移在当代的发展，提出了一种新的复合型国际产业转移模式——网络型国际产业转移模式。该模式包含三种更为细分的模式：垂直顺梯度工序型、水平工序型和逆梯度工序型。该理论认为对网络型国际产业转移现象的研究不同于传统的只侧重于产业结构和要素禀赋的差异，必须特别关注其内部的两条纽带，即对其内部的关联机制进行分析：产品价值链和跨国公司内全球一体化生产的网络组织结构体系。

（6）其他基于产业转移方式或途径的模式

何云、李新春（2000）考察了广东工业类上市公司的跨地区扩张性转移问题，发现工业类公司跨地域扩张性转移的方式以建立全资子公司为主，其次是联营方式，而兼并收购的数目随着宏观环境的改善逐渐增多。其研究认为合资合作类的企业扩张战略是较好的选择。陈建军、叶炜宁（2002）通过调查研究浙江省企业发现，企业所进行的产业区域转移主要采取中小规模OEM转移模式，或者对外投资、建立生产加工点、建立营销点和营销网络等方式。大规模地转移主要生产设施、转移企业总部、对外建立研究开发机构等较高层次的产业区域转移行为还只限于少数企业。朱华友等（2008）从产业集群视角出发，认为产业转移的路径和模式主要有跨国公司移入带动型、龙头企业带动型、制造业生产外包型、承接地产业园区建立带动型等。

2.2 产业结构的基本理论

2.2.1 产业与产业结构的内涵

1. 产业的内涵

对于"产业"的概念，其特定的内涵为：产业表示具有共同特性的集合体。从这个内涵中，我们可以看出，共同的特性是划分产业类型的基准；出于不同研究的需要，产业划分为不同的类型。

对于产业，许多经济学家都从不同的角度进行了分类，包括马克思的两大部类分类法与费希尔的三次产业分类法。其中，费希尔的分类方法比较有代表性。他创造性地提出了以社会生产发展的不同阶段为划分产业类型的依据，并在此基础上提出了以资本的流向为划分产业类型的标准。他将产业分为三种类型，即第一产业、第二产业和第三产业，其中第一产业主要包括种植业、林业等产业，第二产业主要包括运输业、制造业等产业，第三产业主要包括餐饮业、商业等产业。而克拉克在此基础上，进一步研究了三大产业之间的联系，并进一步揭示了三大产业之间的规律（费希尔，1935）。马克思的两大部类分类法，主要是依据农业、轻工业和重工业的分类法，以及依据生产要素集约程度的差异进行划分的。

与费希尔的划分方法基本相同，中国学者对产业的划分主要是依据经济活动的同质性来分类的，具体划分标准为：第一产业是产品直接取于自然界的部门——农业，主要包括农、林、牧、副、渔业；第二产业是对初级产品进行再加工的部门——工业，主要包括采矿、制造、建筑业；第三产业是除第一、第二产业以外的其他各业——第一层次是流通部门，第二层次是为生产和生活服务的部门，第三层次是为提高科学文化水平和居民素质服务的部门，第四层次是为社会公共需要服务的部门，包括国家机关、党政机关、社会团体以及军队和警察等，统称服务业（杨治，1986）。

联合国为了统一世界各国对产业划分的标准，将全部的产业分为十大项，也基本维系三大产业的划分标准，不过在三大产业的分类方面，是按照十大项的分属进行分类的［联合国，《全部经济活动国际标准产业分类索引》（ISIC），1971］。联合国的划分标准基本与中国三次产业的划分标准一致。

2. 产业结构的内涵

"产业结构"的概念出现于20世纪40年代末。最初，它被用来广义地解释产业之间以及同一产业内部不同的产业之间存在何种联系，又在狭义上指代不同产业之间存在着的联系。现在，公认的产业结构是指生产要素在各产业部门间的比例构成和它们之间相互依存、相互制约的关系，即一个国家或地区的资金、人力资源和各种自然资源与物质资料在国民经济各部门之间的配置状况及其相互制约的方式。产业结构在整个经济结构中，居于主导地位，它的变动对经济增长有着决定性的影响。所以，产业结构是显示一个国家或地区经济发展阶段与水平的重要标志之一。

如今，学者对产业结构的界定逐渐延伸到从"质"和"量"两个方面加以阐述：一是从"质"的角度，动态地揭示产业间技术经济联系与联系方式不断发展变化的趋势，揭示经济发展过程中国民经济各产业部门中，起主导或支柱产业地位的产业部门不断替代的规律及其他相应的"结构"效益。二是从"量"的角度，静态地研究和分析一定时期内产业间联系与联系方式的技术经济数量比例关系，即产业间"投入"与"产出"量的比例关系。某一层次或者说某一类型的产业大规模转移的结果，在一个国家或地区经济结构中，最终表现为该经济体内的产业结构发生转换和调整。

2.2.2 产业结构的演进规律

产业结构由于受到一国的政治、经济和社会政策等诸多因素的影响，在不同的发展阶段，会呈现出不同的发展规律。

1. 国外主要研究理论

对于产业结构演进过程中呈现的规律，国内外许多学者从不同的视角给予了解释。其中主要的理论有：配第和克拉克的劳动转移规律理论、霍夫曼的工业化经验法则、库兹涅茨的人均收入影响理论、钱纳里的工业化阶段理论、主导产业结构转换理论。这些理论从不同的视角很好地解释了产业结构演进的一般规律。

（1）劳动力在三次产业转移中的规律（配第-克拉克定理）

最早对产业之间劳动力比例关系进行研究的是英国经济学家威廉·配第（William Petty）。他在17世纪用产业结构的差异来解释不同国家人均国民收入的不同，提出了"制造业比农业收入高，而商业又比制造业收入高"的论点。配第认为，劳动力之所以会沿着第一次产业—第二次产业—第三次产业的轨迹来移动，是因为制造业比农业能得到更多的收入（附加价值），而商业比制造业能得到更多的收入（附加价值），也就是说，在经济发展过程中，各产业之间出现的收入相对差异是引起劳动力由低收入产业向高收入产业转移的原因（威廉·配第，1978）。

之后，英国经济学家科林·克拉克（C. G. Clark）提出了关于经济发展过程中就业人口在三次产业间变化的理论。他对多年来日本、美国、英国、德国、法国等一些国家的劳动力在一、二、三次产业间所发生的变化进行了分析，发现随着经济发展与人均国民收入水平的提高，劳动力在一、二、三次产业中的比重,表现出由第一次产业向第二次产业,再由第二次产业向第三次产业转移的趋势。劳动力在产业间的分布状况是,第一产业的减少与第二、第三产业的增加同步进行,而这种结果之所以会发生,主要是因为在经济发展过程中,各产业之间的人均收入存在差异,这种差异促使劳动力向能够获得更高收入的部门转移(C. G. Clark,1957)。

(2) 霍夫曼的工业化经验法则

20世纪30年代初,德国经济学家霍夫曼(W. C. Hoffman) 开拓性地采用实证的分析方法,对近20个国家工业结构方面的时间序列资料进行分析,认为制造业中消费资料工业和资本资料工业之间存在一定的比例关系。这个比例被后人称为"霍夫曼比例",用公式表示为:霍夫曼比例(H′) = 消费资料工业净产值/资本资料工业净产值。研究得出的结论是,工业化的发展程度与霍夫曼比例存在相关关系,即在工业化初期,霍夫曼比例较高;随着工业化程度的提高,霍夫曼比例呈现下降趋势。

霍夫曼把产业结构工业化发展过程中所呈现的不同演进过程分为以下四个阶段。

第一阶段,消费资料工业发展迅速,在制造业中占有统治地位;资本资料工业则不发达,在制造业中所占比重较小,霍夫曼比例为(5±1)。处于这一阶段的国家有巴西、印度、新西兰等。

第二阶段,资本资料工业发展较快,消费资料工业虽也有发展,但速度减缓,不过资本资料工业的规模仍远不及消费资料工业的规模,霍夫曼比例为(2.5±0.5),如日本、丹麦、荷兰、加拿大、匈牙利等国家。

第三阶段,消费资料工业与资本资料工业在规模上大致平衡，霍夫曼比例为（1±0.5），如英国、美国、德国、法国、瑞典等国家。

第四阶段，资本资料工业的规模将大于消费资料工业的规模，霍夫曼比例小于1。然而，处于这一阶段的国家或地区当时还未被发现。

霍夫曼对产业结构的创造性研究，对后续产业结构的演进规律产生了深远的影响。但先行工业化国家发展的实际情况表明，进入工业化后期发展阶段，产业结构的演变并没有按照这一规律进行，因为这一阶段增长最快的是服务业而非工业，更不是资本品工业或重工业（W. C. Hoffman，1958）。

（3）库兹涅茨的人均收入影响理论

20世纪50年代，美国著名经济学家库兹涅茨在继承克拉克研究成果的基础上，挖掘了各国的历史材料，对产业结构变动与经济发展之间的关系进行了较为深入的考察，揭示出产业重心会随着人均国民收入水平的提高发生转移的变动趋势，以及总产值变动和就业人口变动的规律。

库兹涅茨从一、二、三次产业收入占国民收入比重变化的角度，把国民收入和劳动力在三次产业间的演变趋势结合起来，发现随着经济的发展，在工业化的增速过程中，在按人口平均的产值较低组距（70~300美元）内，农业部门（第一产业）实现的国民收入在整个国民收入中的比重和农业劳动力在全部劳动力中的比重，都有不断下降的趋势；而工业部门（第二产业）实现的国民收入在国民收入中的比重一般呈上升趋势，工业部门的劳动力比重大体不变或略有上升；服务部门（第三产业）劳动力的相对比重几乎在所有国家都是上升的。后二者内部的结构比例则变化不大；在按人口平均的产值较高组（300~1000美元）内，农业部门的份额与非农部门的份额之间变动不大，但非农部门的结构变化较大。因此，在整个工业化进程中，工业在国民经济中的比重呈倒"U"字形变化（库兹涅茨，1989）。

(4) 钱纳里的工业化阶段理论

美国经济学家霍利斯·钱纳里（Hollis B. Chenery）在库兹涅茨研究的基础上，从经济发展的不同阶段，对产业结构的演进规律进行了更加深入的研究和总结。他深入考察了在经济发展的长期过程中，制造业内部各产业部门地位和作用的变动，揭示了制造业内部结构转换的原因，即产业间存在着产业关联效应。他还发现制造业发展受人均国民生产总值、需求规模和投资率的影响大，而受工业品和初级品输出率的影响小。他根据人均国内生产总值，将不发达经济到成熟工业经济整个变化过程划分为三个时期六个阶段，即标准产业结构。

——初级产业，是指经济发展初期起主要作用的制造业部门，如食品、皮革、纺织等部门。

第一阶段是不发达经济阶段。产业结构以农业为主，没有或极少有现代工业，生产力水平很低。

第二阶段是工业化初期阶段。产业结构由以农业为主的传统结构逐步向以现代化工业为主的工业化结构转变，工业中则以食品、烟草、采掘、建材等初级产品的生产为主。这一时期的产业以劳动密集型产业为主。

——中期产业，是指经济发展中期起主要作用的制造业部门，如非金属矿产品、橡胶制品、木材加工、石油、化工、煤炭制造等部门。

第三阶段是工业化中期阶段。制造业内部由轻型工业迅速增长转向重型工业迅速增长，非农业劳动力开始占主体，第三产业开始迅速发展，也就是所谓的重化工业阶段。重化工业的大规模发展是支持区域经济高速增长的关键因素，这一阶段的产业大部分属于资本密集型产业。

第四阶段是工业化后期阶段。在第一、第二产业协调发展的同时，第三产业开始由平稳增长转入持续高速增长，并成为区域经济增长的主要力量。这一时期发展最快的领域是第三产业，特别是新兴服务业，如金融业、信息业、广告业、公用事业、咨询服务业等。

——后期产业，指在经济发展后期起主要作用的制造业部门，如服装和日用品、印刷出版、粗钢、纸制品、金属制品和机械制造等部门。

第五阶段是后工业化社会。制造业内部结构由以资本密集型产业为主导向以技术密集型产业为主导转换，同时，生活方式现代化，高档耐用消费品被推广普及。技术密集型产业的迅速发展是这一时期的主要特征。

第六阶段是现代化社会。第三产业开始分化，知识密集型产业开始从服务业中分离出来，并占主导地位；人们消费的欲望呈现出多样性和多边性（钱纳里，1995）。

钱纳里工业化阶段理论揭示了从任何一个发展阶段向更高一个阶段的跃进都是通过产业结构转化来推动的这一发展规律，即产业的发展会随着经济发展程度的提高，实现从农业部门向工业部门和服务业部门的转化。

（5）主导产业结构转换理论

主导产业结构转换理论认为在经济发展的一定阶段，总有一些产业或产业群,自身成长性很高,在产业结构的转换中发挥支撑和主导性的作用。它们通过集聚和不断的更替,实现产业结构的演进,即由以轻工业为主向以基础工业为主演进,实现产业结构的升级换代。

该理论体系中,艾伯特·赫希曼、W.W.罗斯托和筱原三代平分别提出了不同的主导产业选择基准:赫希曼主张根据后向关联效应选择主导产业,这是由于发展中国家资本的稀缺性注定它必须实施不平衡发展,后向联系可以形成"需求压力",并带动其发展(赫希曼,1991);W.W.罗斯托主张只要满足足够的资本积累、充足的市场需求、技术创新和制度创新等条件,便可根据前向、后向和旁侧关联效应选择主导产业(罗斯托,1963);日本经济学家筱原三代平,在20世纪50年代中期,为规划日本产业结构,提出了选择主导产业的两条重要基准,即"收入弹性基准"和"生产率上升基准"(筱原三代平,1957)。

2. 国内相关研究

中国学者对产业结构理论进行研究较晚才开始。改革开放后,随着国外理论的引入,中国学者开始运用西方经济学由静态理论演绎转向动态实证研究,由增长的单目标变为可持续发展的多目标,以尝试突破传统理论方法的局限,来分析中国产业结构的演进规律问题。

周振华在其《现代经济增长中的结构效应》一书中,从不同角度和层面揭示了结构弹性效应、结构成长效应、结构关联效应和结构开放效应等,并对产业结构机理做了系统的分析(周振华,1991);洪银兴、魏后凯和王述英等学者对中国产业结构的发展现状及其存在的问题进行了实证研究,根据得出的结论找出了存在的问题，并提出了对策与应采取的措施（洪银兴，1988；魏后凯，1990；王述英，2001；万红燕，2013）。

综合以上国内外学者的研究成果，本研究对产业结构演进的基本规律大致做出如下总结。

从工业化发展的阶段来看，产业结构的演进有如下五个阶段：前工业化时期、工业化初期、工业化中期、工业化后期和后工业化时期。

从主导产业的转换过程来看，产业结构的演进有以农业为主导、以轻纺工业为主导、以原料工业和燃料动力工业等基础工业为重心的重化工业为主导、以低度加工型的工业为主导、以高度加工组装型工业为主导、以第三产业为主导、以信息产业为主导等几个阶段。

从三大产业的内在变动来看，产业结构的演进是沿着以第一产业为主导到以第二产业为主导，再到以第三产业为主导的方向发展的。

从产业结构演进的顺序看，产业结构由低级向高级发展的各阶段是难以逾越的，但各阶段的发展过程可以缩短。从演进角度看，后一阶段产业的发展是以前一阶段产业充分发展为基础的。只有第一产业的劳动生产率得到充分的发展，第二产业的轻纺产业才能得到应有的发展。

2.2.3 产业结构优化升级的路径

产业结构优化升级主要是指产业随着社会经济的发展和科学技术的进步，由低技术水平、低附加值、低效益的状态不断地向高新技术、高附加值、高效益的状态演进的趋势。产业的发展包括纵、横两个方向的提升。在等量资本取得等量利润的导向下，资源在国民经济各产业之间的移动，即以产业结构调整（纵向移动）为主的移动，被称为"转型"；而在竞争导向下，基于保持纵向产业结构基本稳定的前提，资源在同一产业内部从低效率企业向高效率企业移动，即某个具体产业在链上的局部技术提升（横向移动），被称为"升级"。按照客观规律的要求，不断进行经济结构的优化升级，不仅是经济形势发展变化的客观需要，更是现代经济发展的本质要求。经济结构的优化最终制约着经济的可持续发展程度。

不管是转型还是升级，其最终标志都是产业的资源消耗和环境污染更少，产出的利润更高。纵观世界各国各地区有关产业结构优化升级路径的理论研究，主要有以下几种观点。

1. 转型

马歇尔提出的企业规模受制于其所在行业的思想，可以理解为企业转型的理论起源。产业转型通常是由支柱产业的转换来表示的，衡量的标准可以是三次产业比例的变化，也可以是产业投入要素的密度和比例的变化，其本质是原有要素在变化环境下的一种重新组合，是产出结构、技术结构和产业组织的变动，是经济发展的一种过程和一个质的飞跃（左莉，2002）。升级的主体可以是企业、行业或产业等，其对象可以是产品、技术、治理方式或结构。

2. 升级

格瑞菲（Gereffi）和卡普林斯基（Kaplinsky）是较早提出"产业升级"概念的学者。1999年，格瑞菲基于全球生产网络（全球价值链）（GVC）的升级路径研究，认为升级是一个企业或经济体提升迈向更具获利能力的资本和技术密集型经济领域能力的历程。同时他认为,地区或国家经济体的产业升级要有效利用产业链的前后联系,以实现简单加工到复杂的整合生产,并把产业在价值链上的升级过程总结为"OEA – OEM – ODM – OBM"的过程。

具体而言,格瑞菲在 *International Trade and Industrial Upgrading in the Apparel Commodity Chains* 一文中,着重以亚洲的服装产业为研究对象,首先回顾了20世纪50年代以来亚洲范围内发生的纺织业与服装业的多次生产转移,分析了亚洲服装商品链动态调整的原因,以及与纺织服装生产转移相伴随的商品链内的产业升级现象,并将这种升级归结为如下几个层面:①企业内部;②企业间(企业网络);③地区或国家经济体间;④国际性区域间。他进一步归纳出五种典型的全球价值链治理方式,按照链中主体之间的协调和力量不对称程度,从低到高依次排列为市场型、模块型、关系型、领导型和层级制。然后,他通过企业间交易的复杂程度、用标准化契约来降低交易成本的程度(对交易的标准化能力)和供应商能力等三个变量,解释了五种价值链治理方式(Gereffi,1999)。

价值链升级这一产业结构优化升级路径为国外学术界普遍认同,其研究视角较为微观,其实质是直接把企业的生产能力和竞争力的提高视为产业升级的本源,为同类研究提供了十分严谨的范本。

更具影响力的研究是西方学者 Kaplinsky 等人将产业升级类型分为四种,即工艺流程升级、产品升级、功能升级和价值链升级,并认为在一般情况下,产业升级是从工艺流程升级开始,然后逐步实现产品升级和功能升级，最终达到价值链升级。工艺流程升级是指采用更为先进的生产技术，使生产过程变得更加有效率，具体表现为企业不断降低成本、完善传输体系、引进新型组织方式。产品升级是指不断研发新产品，实现比对手更快的质量提升，具体表现为不断推出新产品、新品牌，扩充和增加产品市场份额。功能升级是指改变企业自身在价值链中各个环节所属位置，具体表现为提升在价值链中的地位和位置，专注于价值量高的环节，放弃低价值增加的活动或者将其外包出去。价值链升级是指移向新的、价值量高的相关产业价值链，具体表现为得到相关和相异产业领域的高收益率。普遍认为，产业升级一般都遵循从工艺流程升级到产品升级，再到功能升级，最后到价值链升级的规律。产业升级不断深化的过程，也是产业参与价值链中实体经济活动的环节变得越来越少的一个过程（Kaplinsky，2001）。

Humphrey J. 和 Schmitz H.（2000）也提出了关于企业升级四种模式的经典理论，即企业升级包括工艺升级、产品升级、功能升级和跨产业升级。尤其是跨产业升级这条路径意义重大，因为它既包含转型又包含升级。

关于产业结构优化升级的路径选择，国内主流观点是产业结构调整，新颖的观点是产业价值链升级。杜义飞（2005）在其博士论文中以嘉扬煤矿、嘉扬电厂、四川川投峨铁合金有限责任公司三家企业联合构建产业价值链，迅速实现扭亏为盈为案例，详细论述了产业价值链的应用价值。产业价值链的效应带来的不仅是企业收入的增加，还有各个企业生产成本的降低。这种模式为跨行业、跨地区企业重组提供了新思路，通过打通各个企业的价值链，形成了一个通畅的、统一协调的价值链系统。

此外，在对地区产业升级的探讨中，中国学者毛蕴诗（2008）等人在对中国台湾地区自行车产业进行探讨的过程中发现，其通过研发设计升级、生产方式（制造）升级到品牌（营销）升级等，使台湾地区自行车产业的附加值和赢利能力整体有了很大提升，他们用"整体升级"形容了台湾地区自行车产业的升级方式。事实上，也有其他学者在文献中用"整体升级"来描述企业集群转型升级，但是目前国内外的学者对"整体升级"还没有明确的定义。

纵观国内外研究成果，依据其不同的经济发展阶段和水平，各国各地区存在多种产业结构优化升级路径的选择。

（1）路径1：产业间转型

这条路径是指基于同一环节在不同产业类别间的转换，包含两种基本路径：平稳渐进式和倾斜突进式。产业结构由以第一产业为主导逐渐向以第二、第三产业为主导的推进就是平稳渐进式的转型，而倾斜突进式转型是指各国（地区）根据其发展特点和特定阶段，选定一个或几个主导产业，重点倾斜发展，以此在短期内带动整个经济飞跃和产业结构提升。其实，20世纪80年代中国乡镇企业的大发展已说明中国产业经历了一次系统的转型。彼时正处于改革开放之初的中国，积极承接由美国、日本等依次转移的劳动密集型产业，通过"引进来"，充分利用国外的资金、技术和销售网络等，享受技术外溢带来的好处，低端嵌入全球价值链，以此进行技术积累和提高创新能力，避免发生"贫困化增长"，为提高竞争力储备了能量，最终对发展国民经济起到积极的推动作用。

（2）路径2：产业内转型

这条路径是指一个产业内部诸多子产业之间的跨越发展。比如按照《国民经济行业分类》，装备制造业可以分为以下八大类：金属制品业，通用设备制造业，专用设备制造业，交通运输设备制造业，武器弹药制造业，电气机械及器材制造业，通信设备、计算机及其他电子设备制造业，仪器仪表、办公用机械制造业。一个原来从事通用设备制造的企业现在开始从事计算机及其他电子设备制造走的就是这条路径，从制造业向第二产业的建筑业转型，也属于产业内转型。

（3）路径3：产业的升级

这条路径是指某制造企业从制造环节向研发或营销环节转变。企业可通过积极提升学习和技术能力、努力实现产品的开发和替代、认真进行组织架构的重建、创新商业模式、建立企业间的良好合作关系，以及建设上下游紧密结合的产业链及价值链等具体方式实现。比如，美特斯·邦威从以服装制造为主升级为以研发设计和营销为主，杭州制氧机集团有限公司正在从制造空分设备向为顾客提供专业化服务（提供气体）转变。

（4）路径4：产业间的转型升级

这条路径就是Humphrey和Schmitz所说的"跨产业升级"。这条路径既包含转型又包含升级，可以选择先转型后升级，或先升级后转型，或转型、升级一起进行。一个典型的例子是创建于1984年的浙江中南建设集团有限公司，从一家由10多名泥瓦工、木工工人组成的施工队，发展成为一家集房屋建筑、幕墙装饰、市政园林、钢构工程、商贸服务、房地产业与卡通影视等于一体、年产值近百亿元的多元化现代企业集团。从2004年开始，该集团投资2亿元成立了浙江中南卡通影视有限公司，积极发展卡通（动漫）产业（郑建壮、徐寅杰，2012）。

2.3 产业转移与产业结构之间的关系

2.3.1 产业转移对产业结构影响的效应分析

产业转移和产业结构之间存在相互作用的联系,一方面,产业转移促进了移入区域的产业结构升级,另一方面,产业结构升级促使产业进一步向落后区域转移。具体来说,一方面,产业移入区域通过吸收产业移出区域转让的有形资本、技术和先进的管理经验,促进了产业移入区域的产业升级;另一方面,产业结构升级促进了产业移入区域的产业结构不断优化调整,从而促进了产业移入区域的产业结构合理化、高度化发展,在经济发展到一定程度时,可促使产业移入区域的产业进一步向外转移。那么,在产业转移促进产业结构调整的过程中,产业转移主要通过哪些途径对产业结构调整发挥作用呢?产业转移对产业结构的影响主要表现在以下几个方面:其一,产业转移形成的产业集聚效应。产业转移的主因在于产业移入地的产业链需要转移的产业,而转移的产业与移入地的产业之间形成完整的产业链,从而形成完整的产业配套,产业集群的产生又会产生外部规模效应,从而能够提升区域的产业竞争力和区域经济的实力。产业转移形成的产业集聚效应,是实现产业移入地产业结构不断优化的重要途径。其二,产业转移带来的资金和技术效应。产业转移能够为产业移入区域注入稀缺的资金和技术,这些资金和技术极大地推动了产业移入区域的经济发展。其三,产业转移带来的人力资本优化效应。产业转移给产业移入区域的人力资本带来了极大的影响,产业转移到当地需要大量熟练的劳动力,对当地劳动力进行劳动技能培训，极大地促进了当地劳动力素质的提升，从而使产业移入区域的人力资本不断优化提升。其四，产业转移带来的生产效率提升效应。产业转移一方面给当地带来先进的生产技术和生产管理经验，另一方面也使当地劳动者的生产技能得到提升。产业转移带来的这两个方面的变化，都极大地促进了当地生产效率的提升；产业移入区域生产效率的提升，又进一步促进了当地经济的快速发展。其五，产业转移带来的就业效应。产业转移对产业移入区域的最大作用就是带动了当地劳动力的就业，尤其是当一些劳动密集型的产业转移时，其带来的就业效应更加明显，对于缓解产业移入区域劳动力的就业压力起着十分重要的作用。其六，产业转移带来的产业规模拓展效应。产业转移对产业移入区域的最大作用在于为当地的经济发展注入了产业发展所需的资金和技术，通过产业转移，产业移入区域利用移入产业的资金和技术，扩大了产业的生产规模，极大地促进了当地产业的发展。其七，产业转移的政策效应。产业移入区域通过优惠的产业政策，吸引大量的产业移入当地，这些优惠的宏观经济政策在一定程度上改变了当地的产业结构。

2.3.2 承接产业转移对产业结构影响的相关性分析

通过产业转移可以帮助欠发达国家和地区推动产业结构升级，这一点已为亚洲一些新兴工业国家和地区经济发展的成功事实和经验所证实。但如何承接产业转移，促进产业结构升级呢？产业转移促进产业结构优化升级主要表现在以下几个方面。

第一，产业转移能够使经济落后国家或地区提升现阶段的产业能力，促进其迅速加快工业化进程。经济落后国家或地区通过承接产业转移,能够迅速建立起自身没有能力去发展的一些产业,从而大大缩短产业演变的时间,为其产业结构升级赢得宝贵的时间。

第二,经济落后地区通过产业转移,能够吸收经济发达地区的技术、设备和一些促进企业发展的先进管理经验,从而促进其产业结构的改善。发达国家或地区通过产业转移将先进的生产技术和生产管理经验转移到经济落后国家或地区,从而使经济落后国家或地区的技术水平和生产管理经验得到提升,实现产业结构的升级换代。

第三,产业转移有利于提升经济落后区域的产业水平。对于发达区域来说,转移的产业在本地区没有竞争力,但在转移区域具有比较优势,主要原因在于,转移企业通常将资本、技术等生产要素转移到经济落后区域。虽然这些技术在发达区域较落后,但对于经济落后区域来说,却能够大大提升其产业结构。另外,在产业转移过程中伴随的技术标准和技术援助,能够提高经济落后地区相关产业的技术水平,从而对经济落后地区的产业发展极为有利。

2.4 政府和企业在承接产业转移中的作用

产业转移从宏观层面讲是中国经济结构调整和区域经济整合的客观要求和必然趋势,从微观层面讲是企业在市场经济条件下的迁移行为。产业转移是否能顺利实现,很大程度上取决于政府和企业的决策结果。政府和企业在产业转移的过程中,通常都是从自身利益出发,由于利益追求不同,产业转移决策也会有所不同,但都对产业转移发挥了作用(沈晓,2009)。

2.4.1 政府在承接产业转移中的作用

地方政府在招商引资、承接产业转移中发挥着重要的作用，具体来说，主要体现在以下几个方面。

1. 政府在承接产业转移中发挥着支持、引导作用

大量的事实表明，如果没有有效的政府，经济的、社会的和可持续的发展则是不可能的。有效的政府是经济和社会发展的关键。从有效的经济运行角度看，政府在经济与社会发展中的中心地位，不是作为增长的直接提供者，而是作为合作者、催化剂和促进者体现出来的。经验表明，政府失败要比市场失败严重得多。政府在国家或地区的经济发展和承接产业转移过程中，可以发挥重要的支持、引导作用，主要体现在如下几个方面。

首先要尊重市场机制和外来客商。地方政府在承接产业转移过程中，要充分尊重市场机制，应该将市场机制作为经济发展的主要工具，将政府的责任置于促进市场的形成并使之不断完善上，而不是以政府的直接干预来替代市场。还要充分尊重客商的投资意向，尊重客商合理的投资要求，尊重客商的工作和生活习惯，在招商引资、投资促进工作中，逐渐形成"客商至上，企业为重"的理念。

其次是要吸引优质产业来本地投资，引导地区产业发展方向。地方政府有关部门要按照职能分工，加强协作配合，积极引导既符合国家产业政策，又具有地方比较优势的产业来本地投资，并在政策实施、体制创新等方面给予指导和支持，辅助其做好规划、项目调研、项目申报准备工作等。此外，政府通过制定和实施产业政策进行宏观调控，可以有效地支持和引导产业承接向区域未来的主导产业和支柱产业进行,从而加速区域产业结构的合理化与高度化,实现事先调节,实现产业资源的优化配置,避免资源浪费和重复建设。

最后,既要全面撒网,又要重点扶持。政府应出台相关政策和措施,成立专门的劳动服务机构,帮助企业招工;成立担保公司,协调银行为企业放贷;同时为符合条件的企业争取技术改造资金、高新技术成果转化资金等,帮助企业做大、做强。

2. 政府为产业转移的企业营造良好的硬环境

企业的转移和投资离不开良好的硬环境。硬环境是指区位条件等自然环境,以及为企业乃至产业发展提供的水、电、交通、通信及其他设施等外部设施。政府要大力营造适宜的市场环境,不仅要完善产权制度,促进要素的自由流动,还应有计划、有目的地为产业转移提供良好的交通、通信、电力、邮政等便利与服务。

政府提供的硬环境从交通网络的伸展,到市政设施的完善,从环境保护的规划和实施到邮政电信服务的科技升级,从税收优惠到财政补贴等。这些硬环境的改善,对于推动企业进驻本地投资具有十分重要的意义。

3. 政府为转移企业提供良好的软环境

软环境是指人的思想观念、管理体制、优惠政策、办事效率、服务质量、治安状况、法制建设等影响经济发展的各种隐形因素。产业转移虽然是一个物质形态的转移,但它要基于本地区的软环境、文化环境,其他环境都是软环境转移的基础。软环境的构建在现实中具有更加重要的意义。良好的投资软环境能增强投资商信心,降低企业的投资经营成本;不好的投资软环境对投资商的投资行为反作用很大，不仅无法吸引新的投资，就算已经投资的投资商恐怕也不会进行长期经营，这样便会导致企业的短期经营行为，不会对地方经济的发展做出大的贡献。

构建软环境应该从三个方面多下功夫：体制机制建设；诚信体系建设；人才体系建设。这三个方面是构成一个地区软环境最基本的要素。机制体制是否健全和完善、诚信体系是不是巩固、人才体系是不是健全，是构成一个地区承接产业转移软环境好坏的根本。

体制机制建设——深入推进改革，壮大市场主体，激发企业活力，加快构建有利于转型升级、科学发展的体制机制。强化规划导向，建立区域优先发展的产业产品目录，鼓励和引导各类资本投向高成长性产业、战略性新兴产业等领域。进一步放宽市场准入，推动电信、铁路、航空、金融、能源等领域市场主体多元化，加快国有经营性文化单位转企改制，实行民办、公办医疗机构同等待遇，进一步激发社会投资积极性。完善促进产业融合发展的体制机制，突破关键环节瓶颈制约，推动新产业、新业态快速成长。深入推进国家城区老工业区搬迁改造试点、国家新型工业化产业示范基地、信息化和工业化融合试验区、服务业综合改革试点、电子商务示范城市、循环经济试点省和全国农村金融改革创新试验区等建设。加快政府职能转变，推进注册资本登记制度改革，最大限度取消、下放投资项目审批、核准、备案和生产经营活动资质资格许可等事项，推行行政审批服务标准化管理。

诚信体系建设——要构建公平、公正、透明的市场规则和法律、法规体系，设立有效的监督机构，保证竞争的公平性。还要为承接产业转移提供良好的公共服务，要斩断部门与收费罚款间的利益联系，从严约束和规范部门行为，严厉打击破坏项目建设施工环境行为。更要主动承担起包括创业精神、信任和合作文化、高效的产业文化等区域人文环境的培养，大力提倡"诚实无欺、守信履约"，推进政务诚信、商务诚信、社会诚信建设。落实鼓励投资的优惠政策，不折不扣地兑现承诺，给客商以更多的安全感、亲切感、自由感，营造良好的诚信投资环境，打造亲商、扶商、富商的"金字招牌"。

人才体系建设——提升人才培养与创新服务能力，支持当地高职、高校结合产业转移重点办好特色专业。整合教育资源，大力吸引技术、劳动密集型龙头企业建设实训生产基地，发展职业技能培训基地和公共就业实训基地，深化产教融合、校企合作，带动产业承接。实施职业教育示范院校和特色院校建设行动计划。加强基层就业和社会保障服务体系建设，健全省、市、县、乡四级就业信息服务网络，建设全省人力资源基本服务平台，加快发展专业化人力资源服务市场。实施重大人才工程，积极引进、培养、使用高层次创新型技术和管理人才。

4. 政府为转移企业提供良好的竞争环境

竞争环境是指某地区能为企业竞争力的提高所提供的各方面的便利与服务，如技术创新平台、科技服务体系、融资渠道、产业配套服务等。市场经济条件下，企业之间的竞争日趋激烈，产业转移竞争环境的优劣很大程度上成为投资者决定投资意向的依据，这些方面的完善需要政府的努力。

市场具有高效的资源配置和经济调节机制，但这只"看不见的手"并不是万能的，存在市场失灵的问题。市场失灵是指在不完全竞争和非竞争环境下，市场不能有效地配置资源，引导供求平衡的一种状态。由于市场失灵的存在，如果单纯依靠市场机制，将无法避免在产业转移过程中收入与财富分配不公、环境负效应、竞争失败和市场垄断、失业、区域经济不协调、公共产品供给不足、公共资源过度使用等现象的发生。这些问题要通过政府作用才能得到有效解决。因此，要运用政府调控这只"看得见的手"来弥补市场失灵。一些关于产业秩序以及地区性和国家的经济安全问题，也需要政府及时、适度地采取宏观调控措施进行干预，以保证承接产业转移过程的健康、有序和安全。

政府应该在积极组织、加快推进产业承接的过程中，多研究产业转移的新途径、新形势，探索承接产业转移的新方式，努力提升产业转移的新效果。注重严格按照国家的产业政策和本地产业发展的重点对承接项目进行筛选和取舍，对于那些衰退性转移的产业，即使目前利润率和市场占有率很高，也不能不加选择地接纳。应充分利用跨国公司技术转移和技术扩散，催生一批具有比较优势的产业。

此外，政府还要加强特色产业园区建设，打造一批环境优良的承接产业转移、招商引资的重要载体。依托当地的产业集聚区，引导同类企业集中发展，发挥集群协同效应，降低企业发展成本，建设产业特色突出、配套体系完善、发展环境优良、体制机制灵活、带动作用明显的产业园区，形成投资带动效应，使之成为带动当地经济发展的支柱。积极推行"区中园"开发模式，鼓励依托大企业、大项目开展以商招商，设立专业园区和特色园区，充分发挥其引领示范作用，提升产业整体水平。

2.4.2 企业在承接产业转移中的作用

从转移的主体看,企业是产业区域转移的真正主体,在承接产业转移过程中的主体功能主要体现在以下几个方面。

1. 发挥企业承接产业转移的主体作用

市场经济条件下,企业在承接产业转移的过程中是最活跃和最积极的主体,处于核心的地位。承接产业转移是企业的市场行为,由企业自主选择承接的产业类型和转移方式,政府在承接产业转移中主要是发挥组织、指导、协调、服务的宏观调控作用。应建设以企业为主体、市场为导向、产学研相结合的技术创新体系,使企业真正成为研究开发投入的主体、技术创新活动的主体和创新成果应用的主体。

2. 发挥承接产业转移的企业对当地产业、经济发展的导向作用

一方面,企业承接产业转移时,是结合当地实际情况选择具有突出特色的主导产业的。作为产业移入地区的企业,在推动当地产业转移时,应因地制宜地选择更具发展特色、优势的主导产业,而不是"饥不择食""遍地开花",否则就会出现简单承接、重复建设、产业分散、项目落后等现象。在承接这类产业时,承接地企业应对相关产业在当地、本国甚至世界范围内的发展状况做出深入、详细的分析,并能够估计承接该产业的前景如何,积极对承接后的企业或产业进行组织、管理、文化和技术整合,这将有助于该产业在当地扎根立足,更有助于推动经济结构的优化升级。

另一方面,在承接产业转移的过程中,企业应坚持走环保和可持续发展道路,注重发展循环经济,顺应发展绿色经济的大潮。如果企业能对能耗较高、污染较严重的产业转移项目进行改造后再投入运营，或者不引进，并摸索经济、生态、社会效益都好的发展模式，在承接产业转移过程中便可实现可持续发展。

3. 承接企业要增强自主创新能力，将承接技术转移与企业的自主研发创新相结合

在承接产业转移的过程中，产业价值链的构成和协同方式会产生一定的改变，企业也会随之通过资源整合来提升自身在产业链上的竞争地位，同时构建适合自己的产业对接链，提高承接产业的能力。一是企业在承接产业转移技术的同时，应进行消化、吸收和再创新，强调以市场为导向，构筑平台、抢抓机遇，加快自主创新能力的提升。二是企业应通过对产业链上其他关联企业的业务合作和信息资源进行整合，建立基于产业链的合作平台，提高相互之间信息传递的速度和效率，有效地提升整个产业链条的竞争力。

4. 充分发挥产业园区、大企业的品牌带动作用

以企业为基础的产业园区、专业镇、特色产业基地，其完善的设施建设、创业平台和创新服务平台的构建以及集约型园区和特色专业镇的建设，有助于提升园区经济和镇级经济的集约化发展水平。实施大企业带动，积极引进和发展产业关联度高、带动力大的产业项目，推动大企业与中小企业的产业配套和产业对接，形成专业化生产、社会化协作的中小企业集群。实施名牌带动，大力培育和发展名牌企业、名牌产品，强化中国区域品牌，构筑名牌群体优势，吸引优势产业进入，能最大限度地带动优势产业集约发展（王靖，2010）。

2.5 本章小结

本章主要阐述了产业转移的基本理论、产业结构的基本理论、产业转移与产业结构之间的基本关系，以及政府和企业在承接产业转移过程中发挥的作用。

产业转移的基本理论，主要包括产业转移的内涵与特点、产业转移与相关概念的联系与区别、产业转移的相关理论、产业转移的动因以及产业转移的模式。

产业结构的基本理论，主要包括产业与产业结构的内涵、产业结构的演进规律，以及产业结构优化升级的路径选择。

产业转移与产业结构之间的关系，主要分析了产业转移通过七大效应促进产业结构优化和调整，另外，对产业转移与产业结构之间存在的相关性进行分析。

在承接产业转移过程中，政府和企业都发挥着不同的作用。其中，政府主要为承接产业转移发挥支持、引导作用，为移入产（企）业提供良好的硬环境、软环境以及竞争环境；企业则主要发挥承接产业转移的主体作用，对当地产业、经济发展的导向作用，将承接技术转移与自身的自主研发创新相结合的作用，以及以自身为基础的产业园区、大企业品牌带动作用。

第 3 章

河南省产业结构的现状

随着中原经济区被中央列入全国经济发展规划，河南省的区位优势越来越突出，调结构促发展成为河南省"十二五"建设规划的重要内容。本章分析了河南省产业结构的现状，并在此基础上，总结其产业结构存在的问题，针对这些问题指出制约河南省产业结构调整优化的主要因素，从而为河南省通过承接产业转移实现产业结构升级、加快中原经济区建设奠定基础。

3.1 河南省产业发展的特征

3.1.1 河南省产业分布特征

为了实现建设小康社会和中原崛起的宏伟目标，河南省委、省政府于 2003 年出台了《河南省全面建设小康社会规划纲要》，将全省划分为中原城市群经济隆起带、豫北地区、豫西和豫西南地区、黄淮地区四大经济区。其中，中原城市群经济隆起带是指以郑州为中心，包括洛阳、开封、新乡、焦作、许昌、平顶山、漯河、济源在内的城市密集区；豫北地区包括安阳、鹤壁、濮阳三个城市；豫西和豫西南地区包括三门峡、南阳两个城市；黄淮地区包括驻马店、商丘、周口、信阳四个城市。

按照河南省划分的四大经济区，根据2012年河南省各城市三次产业产值及其占全省各产业总产值的比例（如表3-1所示），可绘制出其三次产业区域分布图（如图3-1所示）。从产业的城市群分布来看，河南省第一产业主要分布在黄淮地区，第二、第三产业主要分布在经济较为发达的中原城市群经济隆起带。2012年，黄淮地区第一产业总产值为1484.33亿元，占河南省第一产业的比例为39.38%，以仅包含四个城市的经济区领先于涵盖九个城市的中原城市群经济隆起带（占河南省第一产业的比例为36.82%）。中原城市群经济隆起带第二产业总产值为10359.07亿元，占河南省第二产业的比例为61.57%；第三产业总产值为5602.19亿元，占河南省第三产业的比例为61.79%。可见，中原城市群经济隆起带第二、第三产业所占比例均远远高于豫北地区、豫西和豫西南地区、黄淮地区各自的第二、第三产业所占比例，而且分别高于该三大经济区第二产业之和、第三产业之和。

表3-1　2012年河南省各市三次产业产值及其占全省各产业总产值的比例

单位：亿元,%

地区	第一产业 产值	比例	第二产业 产值	比例	第三产业 产值	比例
商　丘	323.22	8.57	653.20	3.88	420.85	4.64
开　封	257.66	6.84	533.26	3.17	416.13	4.59
周　口	417.56	11.08	749.41	4.45	407.75	4.50
济　源	19.55	0.52	325.84	1.94	85.47	0.94
三门峡	90.57	2.40	766.41	4.56	270.34	2.98
洛　阳	223.76	5.94	1788.09	10.63	969.28	10.69

续表

地 区	第一产业 产值	第一产业 比例	第二产业 产值	第二产业 比例	第三产业 产值	第三产业 比例
漯 河	98.01	2.60	545.94	3.24	153.18	1.69
驻马店	365.91	9.71	588.21	3.50	419.43	4.63
信 阳	377.64	10.02	558.34	3.32	461.34	5.09
南 阳	423.62	11.24	1220.99	7.26	696.11	7.68
安 阳	187.32	4.97	900.84	5.35	478.73	5.28
濮 阳	137.76	3.65	644.53	3.83	207.41	2.29
鹤 壁	58.13	1.54	384.59	2.29	103.07	1.14
新 乡	200.34	5.31	925.66	5.50	493.78	5.45
焦 作	122.42	3.25	1046.49	6.22	382.44	4.22
郑 州	142.40	3.78	3132.92	18.62	2274.46	25.08
许 昌	177.82	4.72	1150.13	6.84	388.24	4.28
平顶山	145.85	3.87	910.74	5.41	439.21	4.84

数据来源：根据2013年《河南统计年鉴》及计算所得。

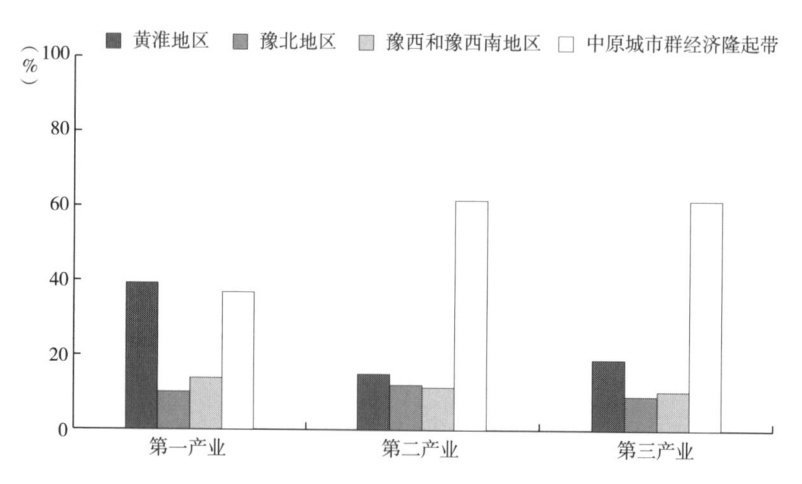

图3-1 2012年河南省三次产业的区域分布

第一产业在全省的空间分布相对均匀。从表3-1可以看出，所占比例最高的是南阳市，其第一产业产值为423.62亿元，占全省的11.24%；紧随其后的是周口市和信阳市，分别占全省的11.08%、10.02%。河南省各市第一产业平均比例为5.56%，各市所占比例较为集中地分布于平均水平左右，如开封市、洛阳市、新乡市等。由此可见，第一产业在全省的分布差异并不是太大（如图3-2所示）。河南省第一产业主要分布在地貌多样、土地资源肥沃、水资源丰富、自然条件优越、适合发展农作物种植和水产养殖等产业的地区。其中，周口、信阳、驻马店、商丘第一产业产值之和为1484.33亿元，占全省第一产业总产值的39.38%，可见黄淮地区在全省第一产业发展中占有较大的比重。

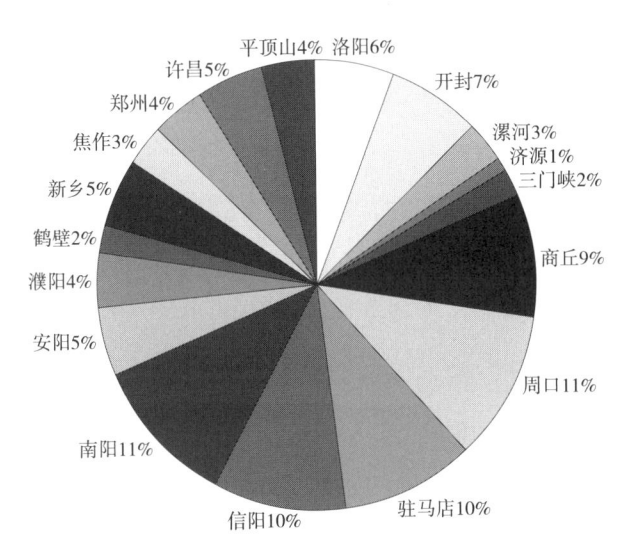

图3-2 2012年河南省第一产业区域分布

第二产业在全省的空间分布相对集中，主要分布在中原城市群经济隆起带，其中郑州、洛阳、许昌等地的第二产业发展更为突出。从表3-1可以看出，中原城市群经济隆起带第二产业总产值为10359.07亿元，占全省第二产业总产值的61.57%，其中郑

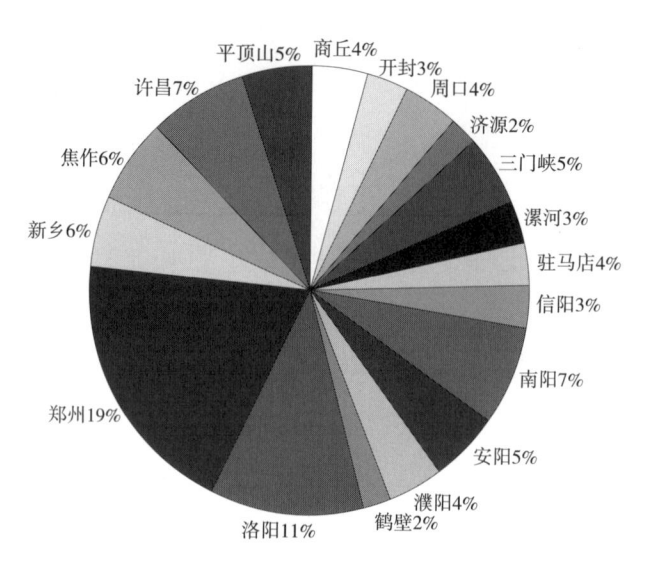

图 3-3 2012 年河南省第二产业区域分布

州、洛阳、许昌三大城市的第二产业产值就占到全省的 36.09%，有力地支撑了河南省第二产业的发展（如图 3-3 所示）。从第二产业在全省的区域分布可以看出，主要分布在郑州、洛阳、许昌、南阳等地，它们都具有良好的工业基础，资源能源比较丰富，产业配套较好，产业优势较为明显。

第三产业在全省的空间分布较为分散。在 2012 年全省第三产业的发展中，郑州市可谓"一市独大"，第三产业产值达到 2274.46 亿元，占全省第三产业总产值的 25.08%。排在第二位的是洛阳市，第三产业产值为 969.28 亿元，还不到郑州市的一半，占全省第三产业总产值的比例为 10.69%，落后于郑州市 14.39 个百分点。可见，河南第三产业发展中第一、二名之间的差距较大。此外，其余的中小城市第三产业所占比例集中在 5% 左右，更是远远落后于郑州市（如图 3-4 所示）。由此可见，河南省第三产业的发展在全省的空间分布较为分散，主要分布在经济基础

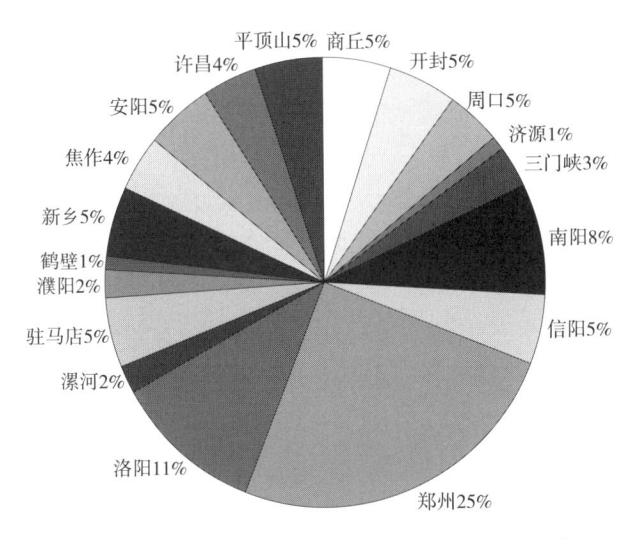

图 3-4 2012 年河南省第三产业区域分布

雄厚、城市化进程快、市场空间较大的城市。发达国家的发展经验表明：第三产业的发展程度已经成为一个国家或地区经济发展程度的显著标志，一个城市要想成为该地区的区域增长极，必须有自身的产业优势，特别是该地区第三产业要高度成熟化发展（李照心，2012）。而河南省各市第三产业的发展差别较大，中小城市发展明显滞后，亟须加大力度推进第三产业的发展。

3.1.2 河南省产业梯度特征

"梯度"的概念来源于区域经济学中的"梯度"概念。张可云（2001）认为从区域经济学的角度看，梯度是区域间经济发展差距在地图上的表示。"区域梯度"是一个较大范围的整体性概念，它包括要素禀赋梯度、经济发展梯度、产业梯度、社会发展梯度和文化发展梯度等，其中产业梯度是区域经济梯度中最核心、最关键的部分。产业梯度是在"经济梯度"概念的基础上提出来的，戴宏伟等（2003）对其内涵进行了明确的界定。他认为产业梯度是由于国家或地区间存在生产要素禀赋差异、技术差距、产业分工不同而在产业结构水平上形成的阶梯状差距。

为了分析河南省产业梯度在全国产业发展格局中的情况，本研究选取产业梯度系数来衡量地区间的产业梯度差。产业梯度系数计算公式如下：

某产业梯度系数 = 地区某产业区位商 × 地区某产业比较劳动生产率

即公式：

$$IGC_{ij} = LQ_{ij} \times CPOR_{ij} \tag{1}$$

其中，地区某产业区位商用 LQ_{ij} 表示，反映该地区该产业生产专业化水平，代表产业聚集水平。作为产业集中因子，它取决于该地区该产业对自然资源利用程度、专用设备和专业技术人员的多少等因素与全国同行业的比较。地区某产业比较劳动生产率用 $CPOR_{ij}$ 表示，代表创新因子，它取决于该地区该产业劳动者的技能、技术创新水平和转化为生产的能力等因素与全国平均水平的比较（李淑香，2008）。两个影响因子的计算公式如下：

$$LQ_{ij} = \frac{y_{ij}/y_i}{N_j/N} \tag{2}$$

$$CPOR_{ij} = \frac{y_{ij}/l_{ij}}{N_j/L_j} \tag{3}$$

上述公式中，y_{ij} 表示 i 地区 j 行业的当年产值，y_i 表示 i 地区当年的地区生产总值，N_j 代表全国 j 行业的当年总产值，N 表示全国当年的地区生产总值，l_{ij} 表示 i 地区 j 行业的从业人员数，L_j 代表全国 j 行业的从业人员数。IGC_{ij} 越大，说明该地区该产业在全国产发展格局中所处的梯度越高,反之,该地区该产业在全国产业发展格局中所处的梯度越低(姜霞,2013)。

综合考虑地区的代表性和数据的可获得性,本研究选取广东、江苏、河南、安徽、陕西以及广西六省(区)分别作为中国东、中、西部地区的代表,以方便比较分析河南省在全国产业发展中的梯度地位。依据以上六省(区)统计年鉴相关数据,通过计算整理得到该六省(区)的三次产业梯度系数,如表3-2所示。

表3-2 2005~2012年中国东、中、西部地区代表的三次产业梯度系数

年 份	地 区	省（区）	第一产业	第二产业	第三产业
2005	东部地区	广 东	0.6317	1.3111	2.2647
		江 苏	0.9597	1.6545	1.2190
	中部地区	河 南	1.2586	1.0031	0.6143
		安 徽	1.1224	0.5175	0.6564
	西部地区	陕 西	0.5894	1.1494	0.7635
		广 西	1.5717	0.7597	0.6348
2006	东部地区	广 东	0.6316	1.2893	2.2323
		江 苏	0.9097	1.6627	1.3280
	中部地区	河 南	1.2372	1.0204	0.6340
		安 徽	1.1091	0.5198	0.6433
	西部地区	陕 西	0.5816	1.2880	0.7627
		广 西	1.6287	0.8334	0.6341
2007	东部地区	广 东	0.5789	1.3556	2.1162
		江 苏	0.9994	1.7041	1.3029
	中部地区	河 南	1.1152	1.0737	0.6166
		安 徽	1.1858	0.5671	0.5473
	西部地区	陕 西	0.6499	1.3497	0.7240
		广 西	1.6910	0.8233	0.6586

续表

年 份	地 区	省（区）	第一产业	第二产业	第三产业
2008	东部地区	广 东	0.5421	1.3024	1.9563
		江 苏	0.9487	1.6440	1.3232
	中部地区	河 南	1.0755	1.1326	0.5646
		安 徽	1.1343	0.5913	0.4880
	西部地区	陕 西	0.6812	1.4413	0.7172
		广 西	1.5380	0.9012	0.6296
2009	东部地区	广 东	0.5265	1.2832	1.8484
		江 苏	1.0316	1.7811	1.2225
	中部地区	河 南	1.1605	1.1039	0.4595
		安 徽	1.1569	0.7132	0.3883
	西部地区	陕 西	0.7102	1.3253	0.6930
		广 西	1.4315	0.8483	0.5916
2010	东部地区	广 东	0.5061	1.2648	1.6824
		江 苏	1.0019	1.4247	1.4718
	中部地区	河 南	1.1561	1.0762	0.4228
		安 徽	1.0418	0.8212	0.3460
	西部地区	陕 西	0.7694	1.3010	0.7213
		广 西	1.2729	0.9743	0.5348
2011	东部地区	广 东	0.5216	1.1417	1.6696
		江 苏	1.0427	1.4068	1.5811
	中部地区	河 南	0.9568	1.0465	0.4347
		安 徽	0.9259	0.9535	0.3349
	西部地区	陕 西	0.8063	1.4421	0.7163
		广 西	1.2741	1.0733	0.5175

续表

年 份	地 区	省（区）	第一产业	第二产业	第三产业
2012	东部地区	广 东	0.4884	1.1685	1.6228
		江 苏	1.0646	1.4603	1.5804
	中部地区	河 南	0.8907	1.0673	0.4369
		安 徽	0.8782	1.0121	0.3149
	西部地区	陕 西	0.7946	3.3007	1.0173
		广 西	1.1920	1.6899	0.5716

注：2013年《陕西统计年鉴》第二、三产业从业人数未含乡村就业人数509万人；2013年《广西统计年鉴》从业人数不包括外出自治区半年以上的人员，统计口径不统一，使得计算结果明显偏大。

数据来源：根据相关省（区）2006~2013年《统计年鉴》计算所得。

由表3-2绘制2005~2012年中国东、中、西部地区代表广东、河南等六省（区）的三次产业梯度系数变化趋势图，分别如图3-5、图3-6、图3-7所示。图中数据显示，中国地域辽阔，东、中、西部地区由于经济发展不平衡，三次产业梯度系数也有很大的差异，存在比较明显的产业发展梯度。中、西部地区第一产业梯度系数高于东部地区，在全国产业发展格局

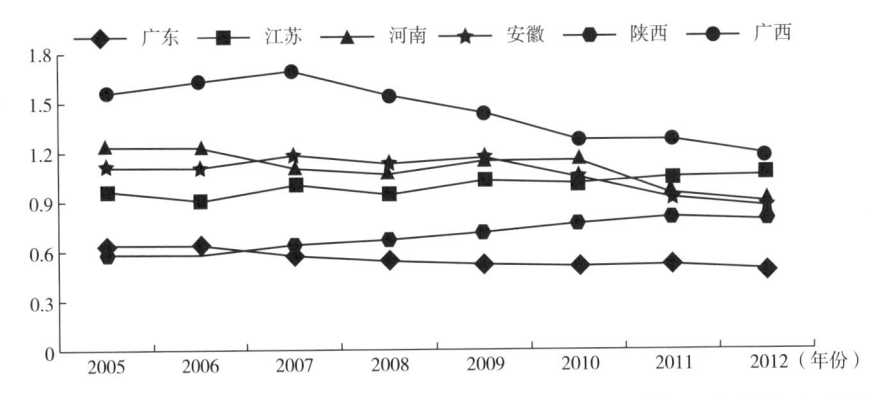

图3-5 2005~2012年中国东、中、西部地区代表的第一产业梯度系数

中处于高梯度地位，东部地区第二、第三产业梯度系数明显高于中、西部地区，处于高梯度的位置，具有十分突出的发展优势。

从图3-5中第一产业梯度系数变化趋势来看，中国中、西部地区第一产业在全国处于较高梯度地位，东部地区第一产业在全国处于较低梯度地位。广东省的第一产业梯度系数在2005~2012年呈下降趋势，2012年其产业梯度系数达到最低，为0.4884，明显低于安徽、河南、广西等中、西部地区，说明广东第一产业的发展仍赶不上中、西部地区的发展水平，其第一产业在全国的梯度地位仍比较低。而作为"鱼米之乡"的江苏，其第一产业梯度系数从2008年的0.9487开始上升，到2012年已经上升为1.0646，跃居六省（区）第二位，处于较高水平，说明江苏农业在近几年的经济发展中具有十分重要的地位。西部地区的陕西，其第一产业梯度系数总体上呈上升趋势，而广西第一产业梯度系数在2005~2012年整体呈下降趋势，说明广西近年来非常重视三次产业结构的优化调整，已经在逐年降低第一产业在三次产业发展中的比例。作为中部地区的安徽，第一产业梯度系数整体呈下降趋势，从2005年的1.1224下降为2012年的0.8782，说明其致力于调整产业结构，并取得了一定的成效。具体到河南来看，其第一产业梯度系数在2005~2012年整体呈下降趋势，从2005年的1.2586开始下降，到2012年下降为0.8907，说明河南在不断调整产业结构，逐年降低第一产业在三次产业中的比例。但是由于河南具有全国粮食主产区的先天优势，其在全国六省（区）中仍位居十分明显的高梯度位置。

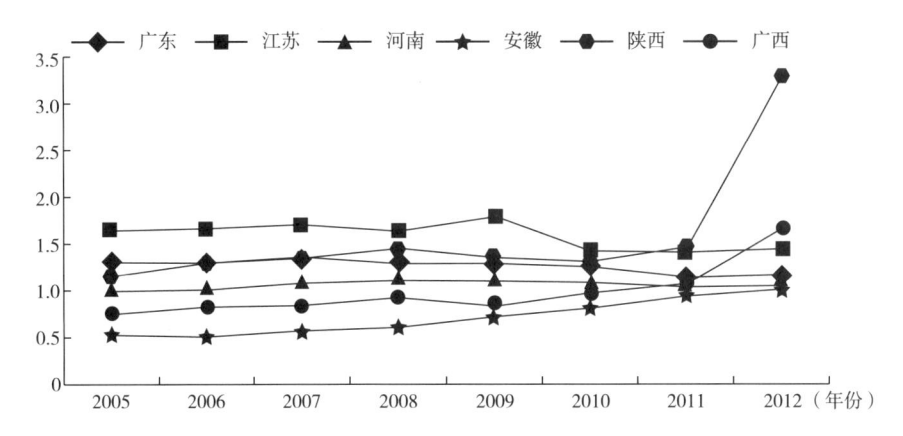

图 3-6 2005~2012 年中国东、中、西部地区代表的第二产业梯度系数

从图 3-6 中第二产业梯度系数的变化趋势来看，东部地区的广东和江苏在全国明显处于高梯度地位，中部地区的河南和安徽、西部地区的陕西和广西则处于低梯度地位（2012 年陕西、广东第二产业梯度系数剧增的原因：2013 年《陕西统计年鉴》第二、三产业从业人数未含乡村就业人数 509 万人，2013 年《广西统计年鉴》从业人数不包括外出自治区半年以上的人员，统计口径不统一）。虽然广东和江苏第二产业梯度系数均呈下降趋势，但仍比中、西部地区的河南、安徽、广西以及陕西高，说明东部地区在逐渐调整产业结构，但凭借国家宏观政策的引导和支持，结合其自身独特的区位优势和资源优势，其第二产业的发展水平在全国仍处于较高梯度地位。对于西部地区的陕西和广西，其第二产业梯度系数整体呈上升趋势，其中广西第二产业所占比例在产业调整中基本呈逐年上升态势，一方面显示西部地区在逐渐调整产业结构，同时也说明西部地区正在加大对第二产业的承接步伐。中部地区的安徽，其第二产业梯度系数一直保持上升趋势，从 2005 年的 0.5175 上升为 2012 年的 1.0121，说明安徽第二产业

近几年得到很好的发展。河南第二产业梯度系数自2005年以来变化不大，整体发展较平稳但又有所上升，说明河南第二产业在全国所处的梯度地位有所提高，工业在其经济发展中具有越来越重要的地位，显示出河南正在全面推进工业化发展进程。

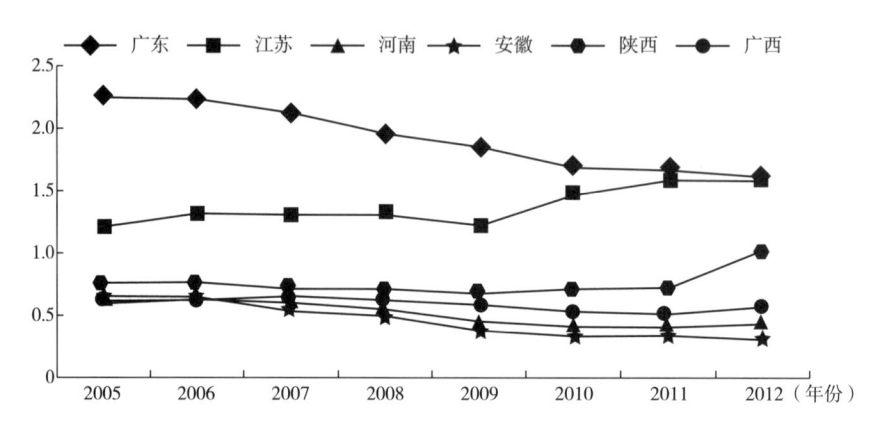

图3-7 2005~2012年中国东、中、西部地区代表的第三产业梯度系数

从图3-7中第三产业梯度系数变化趋势来看，东部地区的产业梯度系数远远高于中、西部地区。东部地区的江苏，其第三产业梯度系数自2005年以来基本上一直保持较快的上升势头，从2005年的1.2190上升到2012年的1.5804，并遥遥领先于中、西部地区的河南、陕西等四省（区），说明江苏凭借其强大的经济基础，推动着第三产业的高速发展，其服务业在全国具有无可替代的发展优势。广东第三产业梯度系数自2005年以来呈下降趋势，但仍在全国处于较高梯度地位，在六省（区）中仅次于江苏。中、西部地区长期以来是中国经济发展较为落后的地区，一直存在第一产业比重较大、第三产业发展不足的结构性问题，因此其第三产业处于全国低梯度地位是毋庸置疑的。从中部地区的安徽和河南来看，其第三产业梯度系数呈下降趋势，说明中部地

区虽然一直致力于调整产业结构,但其第三产业的发展水平仍落后于全国发展水平,在全国第三产业梯度中所处的地位有所降低。

综上所述,全国存在明显的产业梯度差,使得高梯度地区向低梯度地区进行产业转移成为可能。近年来,河南省第一产业梯度虽然有所下降,但在全国仍处于较高梯度地位;第二产业随着经济的发展,梯度地位平稳上升;第三产业发展相对不足,在全国处于较低梯度地位。由此可见,河南省产业梯度存在承接东部发达地区产业转移的可能,需要抓住产业转移的机遇,进行产业升级和产业结构调整,进而促进其经济的发展。

3.1.3 河南省产业结构演进特征

1. 河南省产业结构的发展历程

经过改革开放30多年的经济发展,河南省的产业结构发生了巨大的变化,由不合理到逐渐合理转变,主要体现在产业结构由第二、第一、第三的顺序演变为第二、第三、第一的顺序。第一产业占全省GDP的比例呈现下滑趋势,主要表现在其所占比例从1980年的40.7%下降为2012年的12.7%,下降了28个百分点;第二产业占全省GDP的比例呈现上升趋势,主要表现在其所占比例从1980年的41.2%上升为2012年的56.3%,上升了15.1个百分点;第三产业占全省GDP的比例整体呈现先上升再下降最后达到基本稳定的状态,主要表现在其所占比例从1980年的18.1%上升到2003年34.3%,上升了16.2个百分点,而从2004年开始有所下降并基本稳定在30%左右(如表3-3所示)。1980~2012年,这33年间河南省产业结构调整朝着合理化方向发展,经济水平也有了明显的提高,人均生产总值由1980年的317元增加到 2012 年的 31499 元，增长了 98.37 倍，可见产业结构的调整促进了经济的发展。

表 3-3　1980~2012 年河南省三次产业结构情况

单位：亿元，%

年份	第一产业 产值	第一产业 比例	第二产业 产值	第二产业 比例	第三产业 产值	第三产业 比例
1980	93.23	40.7	94.44	41.2	41.49	18.1
1981	106.04	42.5	95.79	38.3	47.86	19.2
1982	108.18	41.1	102.76	39.0	52.36	19.9
1983	143.49	43.7	116.36	35.5	68.10	20.8
1984	155.28	42.0	136.29	36.8	78.47	21.2
1985	173.43	38.4	170.07	37.6	108.24	24.0
1986	179.02	35.6	202.15	40.2	121.74	24.2
1987	220.22	36.1	230.25	37.8	159.13	26.1
1988	240.72	32.1	299.83	40.0	208.54	27.9
1989	289.95	34.1	317.13	37.3	243.63	28.6
1990	325.77	34.9	331.85	35.5	277.03	29.6
1991	334.61	32.0	388.09	37.1	323.03	30.9
1992	353.92	27.7	545.21	42.6	380.62	29.7
1993	410.45	24.7	764.20	46.0	485.53	29.3
1994	546.68	24.6	1058.89	47.8	611.26	27.6
1995	762.99	25.5	1394.98	46.7	830.40	27.8
1996	937.64	25.8	1677.62	46.2	1019.43	28.0
1997	1008.55	24.9	1861.28	46.1	1171.26	29.0
1998	1071.39	24.9	1937.83	45.0	1299.02	30.1
1999	1123.14	24.9	1981.07	43.8	1413.73	31.3
2000	1161.58	23.0	2294.15	45.4	1597.26	31.6
2001	1234.34	22.3	2510.45	45.4	1788.22	32.3

续表

年份	第一产业 产值	比例	第二产业 产值	比例	第三产业 产值	比例
2002	1288.36	21.3	2768.75	45.9	1978.37	32.8
2003	1198.70	17.5	3310.14	48.2	2358.86	34.3
2004	1649.29	19.3	4182.10	48.9	2722.40	31.8
2005	1892.01	17.9	5514.14	52.1	3181.27	30.0
2006	1916.74	15.5	6724.61	54.4	3721.44	30.1
2007	2217.66	14.8	8282.83	55.2	4511.97	30.0
2008	2658.80	14.8	10259.99	56.9	5099.76	28.3
2009	2769.05	14.2	11010.50	56.5	5700.91	29.3
2010	3258.09	14.1	13226.38	57.3	6607.89	28.6
2011	3512.24	13.0	15427.08	57.3	7991.72	29.7
2012	3769.54	12.7	16672.20	56.3	9157.57	31.0

数据来源：2013年《河南统计年鉴》。

从表3-3可以看出，河南省产业结构总体上呈现以下特点。

(1) 第一产业产值占全省GDP的比例呈现下降的趋势

从1980~2012年的产值看，第一产业的产值从1980年的93.23亿元增加到2012年的3769.54亿元，在这33年中增加了39.43倍。从第一产业产值占全省GDP的比例来看，该比例呈现下降的趋势，从1980年的40.7%下降到2012年的12.7%。河南省第一产业产值在逐年上升，而其占GDP的比例却呈现下降趋势，表明其产业结构逐步实现优化。

(2) 第二产业产值占全省GDP的比例呈现有所波动到整体稳定上升的趋势

从1980~2012年的产值看，第二产业的产值从1980年的94.44亿元增加到2012年的16672.20亿元，在这33年中增加了

175.54倍。从第二产业产值占GDP的比例来看，该比例从1980年的41.2%下降到1983年的35.5%，而在1990年以后，该比例大体呈现上升的趋势，由1990年的35.5%攀升到2012年的56.3%。从河南省第二产业发展的态势来看，随着工业化、城镇化的进一步推进，其占GDP的比例将呈现稳中有增的发展态势。

（3）第三产业产值占全省GDP的比例呈现总体先上升再下降最后达到基本稳定状态的发展趋势

从1980~2012年的产值看，第三产业的产值由1980年的41.49亿元增加到2012年的9157.57亿元，在这33年中，增加了219倍多。从第三产业产值占GDP的比例来看，该比例呈现先增加后下降最后达到基本稳定状态的趋势，主要体现在该比例由1980年的18.1%上升到2003年的34.3%，而在2004年以后，呈现基本稳定的趋势，维持在30%左右，如2004年为31.8%，2011年为29.7%，2012年为31.0%。

2. 河南省产业结构的历史发展特征和发展趋势

根据表3-3绘制出1980~2012年河南省三次产业结构发展趋势图（如图3-8所示）。由图3-8可以清楚地看出，河南省第一产业产值占全省GDP的比例呈现明显的下降趋势；第二产业产值占全省GDP的比例虽然有波动，但波动幅度不大，在2000年以后一直呈现上升趋势；第三产业产值占全省GDP的比例总体有所上升，近几年发展较稳定。总体来看，河南省的产业结构在不断地进行调整，第一产业占比下降趋势明显，第二产业和第三产业占比呈现交替发展趋势，但基本是第二产业发展较快，占比增长趋势明显，第三产业占比未得到充分的调整，其占GDP的比例稳中有升、升中有降。因此，河南省应继续大力发展第三产业，从而促使整个产业结构不断调整和优化，进一步推动经济稳定快速发展。

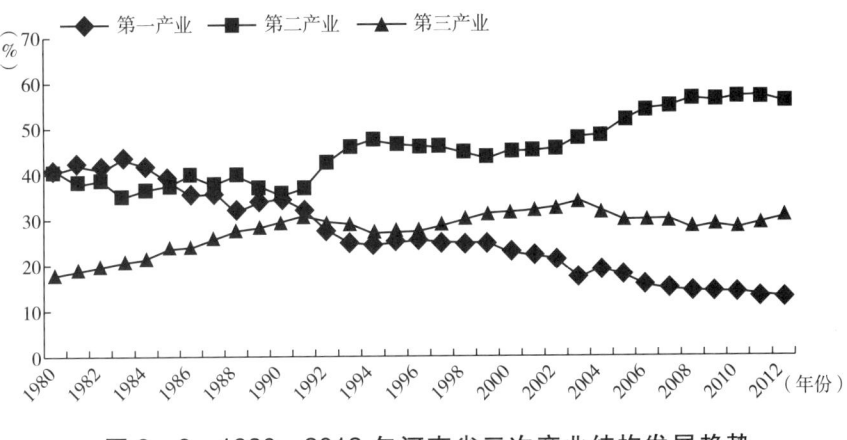

图 3-8 1980~2012 年河南省三次产业结构发展趋势

3. 河南省在全国产业结构中的地位变化

改革开放 30 多年来，河南省持续不断地推进产业结构调整，并使之逐步优化，其在全国产业结构中的地位也发生了一定的变化。本研究以河南省三次产业产值分别占全国三次产业产值的比例，作为衡量其三次产业结构在全国的地位及其变化的指标（如表 3-4 所示），并根据表 3-4 绘制出 1980~2012 年河南省三次产业在全国产业结构中的地位变化趋势图（如图 3-9 所示）。

表 3-4 1980~2012 年河南省三次产业产值占全国三次产业产值的比例

单位：%

年 份	第一产业产值占全国比例	第二产业产值占全国比例	第三产业产值占全国比例
1980	6.86	4.31	4.29
1981	6.71	4.25	4.45

续表

年 份	第一产业产值占全国比例	第二产业产值占全国比例	第三产业产值占全国比例
1982	6.09	4.31	4.50
1983	7.25	4.40	5.09
1984	6.70	4.39	4.39
1985	6.82	4.40	4.23
1986	6.48	4.50	4.13
1987	6.87	4.38	4.54
1988	6.28	4.55	4.62
1989	6.86	4.36	4.51
1990	6.49	4.30	4.77
1991	6.33	4.26	4.47
1992	6.10	4.66	4.16
1993	5.96	4.65	4.29
1994	5.78	4.73	4.13
1995	6.36	4.95	4.59
1996	6.75	4.99	4.83
1997	7.22	5.06	4.87
1998	7.34	5.01	4.98
1999	7.77	4.90	5.23
2000	8.17	5.04	5.38
2001	8.45	5.12	5.54
2002	7.99	5.17	5.63
2003	7.01	5.40	6.07
2004	7.94	5.78	6.23
2005	8.20	6.33	4.36
2006	8.29	6.52	4.49
2007	7.89	6.82	4.51

续表

年 份	第一产业产值占全国比例	第二产业产值占全国比例	第三产业产值占全国比例
2008	7.82	7.17	4.37
2009	7.86	6.98	3.86
2010	8.04	7.05	3.82
2011	7.40	7.00	3.90
2012	7.20	7.09	3.96

数据来源：根据1996~2013年《中国统计年鉴》、2007~2013年《河南统计年鉴》计算所得。

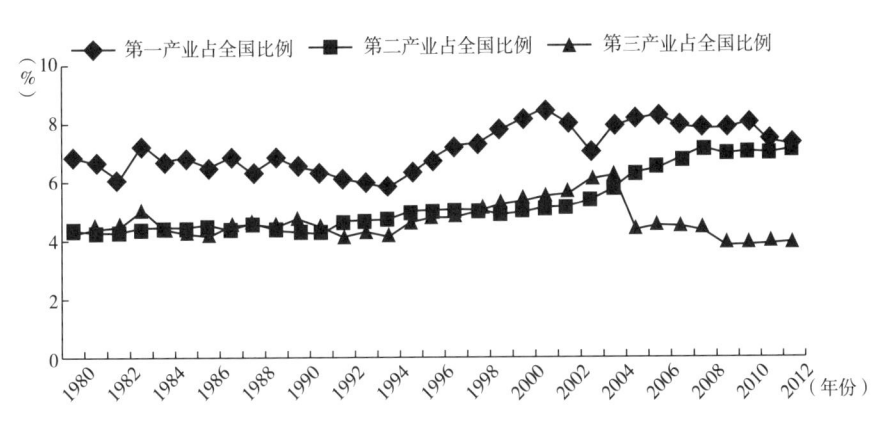

图3-9 1980~2012年河南省三次产业在全国产业结构中的地位变化趋势

由图3-9可以清楚地看出，以2000年为基点，2000年之前河南省第一产业产值占全国的比例均小于8%，但基本上都大于6%，2000年之后维持在8%左右。可见，河南省第一产业在全国第一产业结构中一直占据非常重要的地位，平均占全国第一产业的7.13%，对全国第一产业的发展做出了突出的贡献。近几年，河南省第一产业在全国的比重整体呈下降趋势，说明该省一直致力于降低第一产业的比重，调整优化产业结构。1980~2012年，这33年来河南省第二产业产值占全国比例除个别年份稍有反弹外，基本保持一路攀升的趋势，由1980年的4.31%上升到2012年的7.09%。可见，河南省第二产业在全国第二产业结构中占据越来越重要的地位，说明该省不断加大力度发展第二产业，调整和优化其三次产业结构。河南省第三产业在全国第三产业结构中的地位整体呈现先上升后下降的趋势，近几年发展明显滞后，难以满足第一、第二产业的发展需求。河南省第三产业产值占全国的比例与第一、第二产业相差较大，2012年竟只有第一、第二产业占比的一半左右。此外，第三产业产值占全国的比例在2010年下降至3.82%，成为33年来最低点；2004年之前总体呈上升趋势，当年达到6.23%，之后基本呈现逐年下降的趋势，在全国第三产业结构中的地位非常低。近几年，河南省第三产业在全国所处地位在不断下降，说明虽然该省致力于第三产业的发展，但仍赶不上全国的发展水平，需要进一步加大第三产业的发展。

综上所述，1980~2012年河南省第一产业产值占全国比例的均值为7.13%，在全国第一产业结构中一直占据非常重要的地位；第二产业产值占全国比例总体呈逐渐上升的趋势，整体发展较快，在全国所处地位不断得到巩固；第三产业产值占全国比例近年来有所下降，相对于第一、第二产业占全国比例较小，在全国第三产业结构中的地位比较低。根据配第－克拉克定律和库兹涅茨理论，随着经济的发展和人均收入水平的提高，三大产业结构会依次更迭，第一产业比重逐渐下降，第二和第三产业比重依次上升，最终表现为第三、第二、第一产业的产业结构。然而，近几年河南省第一产业比重逐年下降，第二产业比重逐渐上升，第三产业比重却总体在下降，说明其产业结构距离最佳状态还有很大的差距，仍需致力于调整产业结构。尤其是第三产业，由于河南省长期以来只注重物质形态生产，忽视了服务业的发展，所以第三产业仍是河南省发展中的薄弱环节，亟须大力发展。

3.2 河南省产业结构存在的问题

从 1980~2012 年相关数据可以看出，河南省产业结构发生了由不合理到逐渐合理的转变，顺序由第二、第一、第三演变为第二、第三、第一，产业结构处于不断调整和优化的过程中。伴随着产业结构的不断升级优化，先进国家正朝着第三、第二、第一的产业结构方向发展，因此河南省产业结构调整也应遵循该产业结构演变规律，朝着第三、第二、第一的方向不断大力发展第三产业。然而，即便河南省产业结构正顺应演变规律前进，就目前而言仍然存在产业结构层次低，工业企业规模小、产业集中度低，产业结构质量效益差等问题，阻碍了其进一步优化产业结构、促进产业升级的步伐。

3.2.1 产业结构层次低

从河南省产业结构变化来看，第一产业比重有所下降，第二产业比重持续上升，第三产业比重总体有所上升。然而，在产业结构变化的过程中，第一产业比重下降的速度较慢，第二产业比重上升的内部结构层次较低，第三产业比重上升空间进入瓶颈。

1. 第一产业比重过高，第三产业比重过低

从产业结构看，2012 年河南省产业结构水平与全国产业结构平均水平相比，还处于落后状态（如图 3-10 所示）。整体来看，

2012年河南省三次产业结构的比例为12.7:56.3:31.0,而全国三次产业结构的比例为10.1:45.3:44.6。与全国三次产业结构相比,河南省第一产业所占比例比全国第一产业所占比例高出2.6个百分点,而第三产业所占比例低于全国第三产业所占比例13.6个百分点。河南省第三产业发展不仅落后于全国水平,而且在全国各省(区、市)第三产业发展中也处于最末位,其所占比例落后于北京45.5个百分点,落后于上海29.4个百分点(如表3-5所示)。而目前世界第三产业占生产总值的比例平均水平为60%,许多发达国家第三产业所占比例甚至达到70%以上,中等发达国家也在50%以上,可见河南省第三产业发展严重不足,已无法满足第一、第二产业的发展需求,而这与河南省拥有人口大省、农业大省和经济大省的地位是极不相称的。

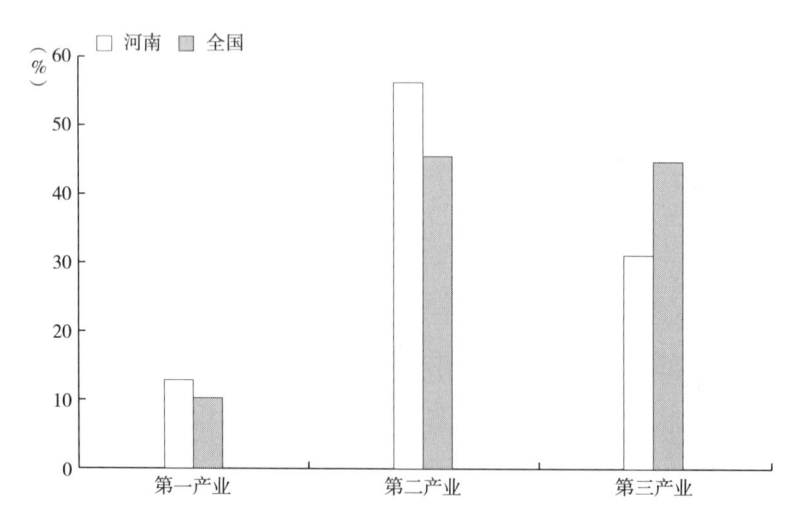

图3-10 2012年河南省与全国三次产业占GDP比例的对比

表3-5 2012年全国各省（区、市）第三产业所占比例对比

单位:%

省 份	比 例	省 份	比 例	省 份	比 例	省 份	比 例
北 京	76.5	江 苏	43.5	湖 南	39.0	吉 林	34.8
上 海	60.4	宁 夏	42.0	山 西	38.7	陕 西	34.7
西 藏	53.9	云 南	41.1	辽 宁	38.1	江 西	34.6
贵 州	47.9	黑龙江	40.5	湖 北	36.9	四 川	34.5
天 津	47.0	甘 肃	40.2	新 疆	36.0	青 海	33.0
海 南	46.9	山 东	40.0	内蒙古	35.5	安 徽	32.7
广 东	46.5	重 庆	39.4	广 西	35.4	河 南	31.0
浙 江	45.2	福 建	39.3	河 北	35.3		

数据来源：2013年《中国统计年鉴》。

2. 三次产业结构内部的发展，均主要依赖传统产业的发展

从第一产业内部结构来看，河南省第一产业的发展仍然以传统的种植业为主。以2012年数据为例，全国第一产业结构中，农业、林业、牧业、渔业所占比例分别为52.5%、3.9%、30.4%、9.7%，河南省农业、林业、牧业、渔业占第一产业的比例分别为61.4%、2.3%、32.7%、1.5%。从农林牧渔业所占比例可以看出，河南省第一产业的发展仍然主要依赖于农业的发展，其所占比例比全国高出8.9个百分点，而其渔业低于全国8.2个百分点，林业低于全国1.6个百分点（如图3-11所示）。从长远来看，这种发展方式不利于河南省第一产业全面、均衡地发展，与第一产业合理化、高级化还有相当大的差距。此外，长期以来，河南省农业基础薄弱、生产方式落后、生产率低下、抵御自然灾害的能力还很弱，已成为当前其经济发展中一个带有根本性的结

构矛盾，并对河南省产业结构优化的加速实现造成了严重的阻碍。按照科学发展观的要求，为了使三次产业协调发展，就要巩固加强第一产业的基础地位，始终把第一产业放在发展国民经济的首位，增加第一产业的投入，减轻农民负担，加强对第一产业的支持力度，促进农村经济全面发展，保证第一产业在提高整体素质和效益的基础上持续稳定发展。所以，在保持现有生产能力的前提下，河南省要以市场为导向，以增加农民收入为目标，大力发展优质高效的经济项目，继续调整优化第一产业结构（刘俊娟，2005）。

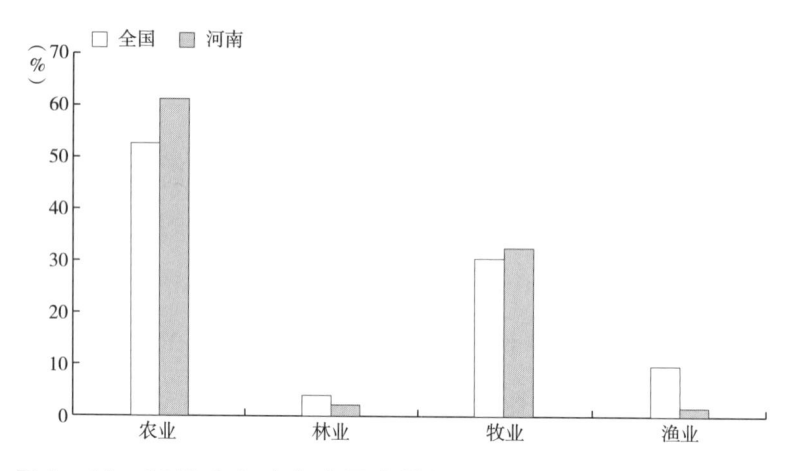

图3-11 2012年河南与全国农林牧渔业占第一产业的比例对比

从第二产业的内部结构来看，河南省的主导产业存在产业层次相对落后、产业的资源偏向比较严重的问题。来自河南统计网的分析，河南工业生产长期积累的结构性矛盾并未得到彻底解决，能源原材料工业仍占据全省工业的"半壁江山"。2012年，全省能源原材料工业实现增加值占全省工业的50.3%，而汽车、电子、装备制造等新兴产业仅占19.4%，对全省工业的拉动作用仍然有限。从产品结构来看，产业链条较短，初级加工和中间产品占比高。河南资源工业较为发达，原煤、火电、电解铝等初级产品和中间产品数量较多，在全国排名较为靠前，但科技含量和附加值较高的高加工度产品较少；石化产品中，氮肥、纯碱、烧碱等传统产品比重较大，而石油化工和高端石化产品比重较低。低水平的重复生产必然不适应市场需求，导致产能过剩。

再看第三产业的内部结构，2012年河南省交通运输业、批发零售业、住宿和餐饮业、金融业、房地产业占第三产业增加值的比例分别为12.58%、20.51%、9.81%、11.07%、11.36%，而全国上述各服务行业占第三产业增加值的比例分别为10.8%、21.3%、4.5%、12.4%、12.5%（如图3-12所示）。由此可以看出，河南省第三产业产值的增加主要还是依赖交通运输业、住宿和餐饮业等传统服务业，而其现代服务业（如金融业、房地产业）的发展水平均低于全国平均水平，说明河南省第三产业内部结构还存在很多不合理的因素。随着计算机、通信、控制技术的飞速发展，当今社会已经进入信息化、数字化、网络化的时代，人类的生活、工作、学习和娱乐方式在不断地发生改变。然而，目前河南省第三产业整体发展水平还很低，尤其是现代服务业相当薄弱，明显跟不上当今社会发展的步伐。这种落后表现在经济生活中，即通信事业落后、信息不灵、教育落后、医疗条件差、各项服务不发达等，造成人民生活困难。这些都说明了大力发展新兴的现代第三产业，将是河南省优化第三产业内部结构、提高第三产业整体发展水平、促进三次产业结构协调发展的关键所在。

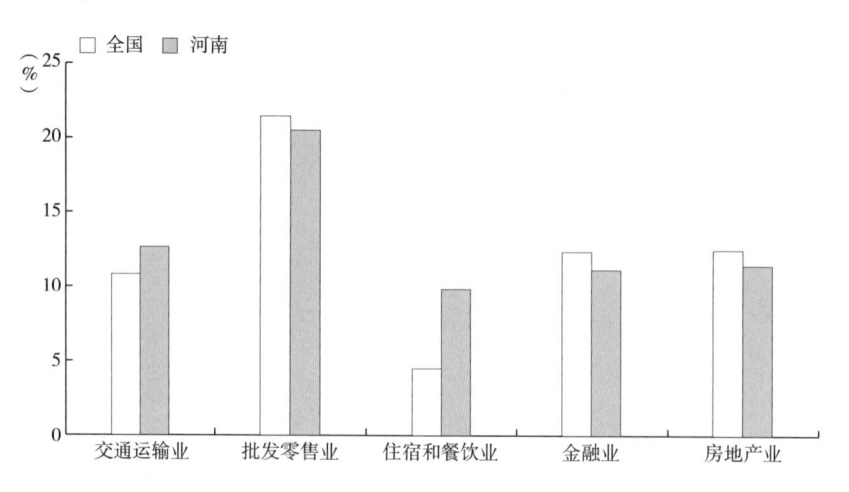

图 3-12　2012 年河南与全国服务业占第三产业的比例对比

3.2.2　工业企业规模小、产业集中度低

河南省工业发展仍然存在"小散乱"现象，缺乏具有核心竞争力的大型企业集团。根据 2013 年《河南统计年鉴》统计，截止到 2012 年底，全省规模以上工业单位数按企业规模分，大型企业有 577 家，中型企业有 3517 家，小型企业有 14563 家，微型企业有 586 家。显而易见，大型企业不仅远远少于小型企业，还少于微型企业，仅占全省规模以上工业单位数的 3%，小型企业仍是主力军。

河南省产业集群和特色产业园区发展不足，产业规模小，产业竞争优势和聚集效应不突出，工业产业集中度较低，资金和技术投入分散，资产负债率高，在生产、市场、研究与开发等方面难以形成规模经济优势。《郑州市近年来工业行业结构的发展与变化》报告指出，部分产业集聚区工业没有明确的产业定位，没有把发展特色产业集群作为集聚区的战略目标，不少产业存在

"有企业无产业"的现象，集聚区成为众多不相干企业的"叠加"，"企业群而不聚"。全市集聚区规模工业涉及的国民经济大类行业有 31 个，占郑州市规模工业大类行业个数的 83.8%。部分集聚区内部企业缺少产业关联性，仅仅是地理上聚集在一起。目前，全市 15 个集聚区企业数量最多的行业依次是：非金属矿物制品业、专用设备制造业、化学原料和化学制品制造业、有色金属冶炼和压延加工业、电气机械和器材制造业、造纸和纸制品业。产业结构特色不鲜明，制约了郑州集聚区工业的发展。15 个产业集聚区中，有 8 个产业集聚区涉及的规模工业大类行业个数超过 10 个，其中有 1 个集聚区涉及的大类行业超过 20 个，尤其是部分集聚区规模工业总量偏小，但涉及的行业类型较多。这反映了郑州部分产业集聚区工业在发展过程中仍存在求快、求全的倾向，而忽略了打造和培育符合自身发展实际的、具有特色优势的产业集群，这容易导致产业园区之间产业重构现象的出现和丧失产业核心竞争力。

3.2.3 产业结构质量效益差

产业结构与经济增长密切相关，产业结构合理有利于经济的增长，经济增长也会促使产业结构优化。本研究采用偏离-份额分析法，选取其中的产业结构偏离分量和产业竞争力偏离分量两个指标，以考察河南省各市产业结构和产业竞争力对经济增长的影响，数据选自 2009~2013 年《河南统计年鉴》，以 2008 年为基期，2012 年为报告期，计算得出河南省各市产值偏离分量（如表3-6所示）。

表 3-6　河南省各市产值偏离分量

地 区	产业结构偏离分量 (P_j)	产业竞争力偏离分量 (D_j)	总偏离分量 (P_j + D_j)
郑　州	115.76	603.66	719.42
开　封	-5.60	104.16	98.56
洛　阳	23.38	-128.99	-105.61
平顶山	3.93	-224.97	-221.04
安　阳	-6.30	-92.75	-99.05
鹤　壁	-2.24	-2.46	-4.70
新　乡	4.85	88.17	93.02
焦　作	5.91	-113.33	-107.42
濮　阳	-7.91	-59.28	-67.19
许　昌	-7.29	15.73	8.44
漯　河	-9.13	-78.55	-87.68
三门峡	3.11	72.25	75.36
南　阳	-23.52	-267.10	-290.62
商　丘	-21.70	-78.68	-100.38
信　阳	-11.30	14.84	3.54
周　口	-29.52	21.78	-7.74
驻马店	-17.39	83.69	66.30
济　源	1.53	-34.33	-32.80

数据来源：根据 2009～2013 年《河南统计年鉴》计算所得。

河南省各市产业结构及产业竞争力对经济增长的影响表现为四种组合方式：①产业结构偏离分量及产业竞争力偏离分量均为正值。处于该组合的城市有郑州、新乡、三门峡。这些地区的产业结构比较合理，且具有一定的竞争力，拥有强劲的未来发展势头。其中，郑州产业结构偏离分量和产业竞争力偏离分量均最大，分别为 115.76、603.66，说明郑州产业和产业竞争力对经济增长的贡献最大。②产业结构偏离分量为正，产业竞争力偏离分量为负。处于该组合的城市有洛阳、平顶山、焦作、济源。这些地区的产业结构比较合理，有利于经济的增值，但缺乏竞争力。③产业结构偏离分量为负，产业竞争力偏离分量为正。处于该组合的城市有开封、许昌、信阳、周口、驻马店。这些地区的产业具有较强的竞争力，但产业结构不合理，有待进一步调整优化，经济增长主要靠产业竞争力因素拉动。④产业结构偏离分量及产业竞争力偏离分量均为负值。处于该组合的城市有安阳、鹤壁、濮阳、漯河、南阳、商丘。这些地区的产业结构不合理，也不具有竞争力，其经济发展落后于全省经济的发展，应给予政策调整和扶持，加速产业结构的深层次调整，努力提高产业竞争力（徐雅静、王品，2012）。

从总偏离分量看，只有郑州、开封、新乡、许昌、三门峡、信阳和驻马店为正值，表明2008~2012年这几个城市的经济增长水平高于全省实际增长水平。然而，其他11个城市的经济增长水平低于全省实际增长水平。

由此可见，河南省产业结构质量效益较差。全省18个城市中只有郑州、新乡和三门峡三个地区的产业结构较合理，且具有一定的竞争力，对全省经济增长的贡献较大；而其他城市产业结构、产业竞争力都存在一定的问题，对经济发展的贡献比较有限，甚至有些地区阻碍了河南省经济的发展。

3.3 影响河南省产业结构优化的原因

由河南省产业结构的相关数据分析可以看出，河南省产业结构存在产业资源偏向比较严重、三次产业比重呈现不合理分布、各产业内部结构不合理等问题,本研究针对导致河南省产业结构存在这些不合理问题的主要原因做以下分析。

3.3.1 国家宏观政策出口导向的影响

一国(地区)的宏观政策对其产业结构升级起着决定性作用,政府通过制度安排影响资源配置方式,引导产业结构升级的方向。自实行改革开放政策以来,中国奉行的基本是以出口为导向的宏观经济政策。中国沿海地区凭借其独特的区位优势,通过大量承接国际产业转移,吸收外资和技术,使得产业结构不断优化,得到长足的发展。

河南省地处中国内陆,在开展国际贸易中处于区位劣势,没有沿海地区那样便捷发达的港口条件,加上自身难以摆脱计划经济体制的桎梏及其工业经济发展的滞后,难以通过承接产业转移从国际获得资本和技术支持,从而缺乏必要的生产要素支撑产业结构调整。这成为制约河南产业结构优化的重要原因之一。此外,纵观中国区域政策的整个演进过程,从鼓励东部地区率先发展、实施西部大开发,到振兴东北地区等老工业基地战略,在2004年3月5日温家宝总理提出"促进中部地区崛起"之前,国家政策关注的重点和扶持的对象都不曾落到河南及整个中部地区身上。这使得河南及整个中部地区经济发展缓慢,在产业链中所处层次较低,对河南省的产业发展和结构优化产生了极大的影响。

3.3.2 三次产业资金投入不足

一国(地区)的资金投入对其产业结构有十分重要的影响。这是因为三次产业结构的比重无论呈现何种分布关系,归根到底来自资金对三次产业的投入,如果资金对第一产业的投入多,那么三次产业中,第一产业所占的比重就大,第二、三产业可以此类推。因此,资金的投入对河南省产业结构的优化与调整具有十分重要的影响。以下以2012年四省份全社会固定资产总投资额以及实际利用外资金额情况,来衡量河南省三次产业资金投入情况(如表3-7所示)。

表3-7　2012年四省份全社会固定资产总投资额、实际利用外资金额比较

地　区	全社会固定资产总投资额(亿元)	实际利用外资金额(亿美元)
河　南	21449.99	121.18
江　苏	30427.25	357.60
山　东	31255.96	123.53
广　东	19307.53	241.06

注:自2011年起,《广东统计年鉴》对全社会固定资产总投资额的统计不再包括农村农户投资,使得2012年数据偏小。

数据来源:相关省份2013年统计年鉴。

从全社会固定资产总投资额看,2012年河南省为21449.99亿元,仅占全国的5.7%,总投资额少于山东达9805.97亿元;从实际利用外资金额看,2012年河南省实际利用外资121.18亿美元,还不到江苏省的一半,仅占江苏省的33.89%。多年来,资金投入不足一直是困扰河南省产业发展的重要因素,并最终影响了河南省产业结构的调整与优化。而资金投入不足又会导致一系列的问题,如技术水平低、科技含量低、设施设备落后、创新能力不强等。为了实现产业结构升级,河南省必须继续贯彻落实中央部署的各项宏观经济政策,积极争取中央投资和信贷资金支

持，坚持把扩大投资需求、调整投资结构作为"转方式、调结构"最直接、最有效的方式。尤其要重视进一步激发民间投资的热情，拓展民间投资领域，积极引导社会资本进入基础设施、公用事业、保障性住房、社会事业等领域，变民间存量资本为现实投入，让民间投资真正活跃起来。应多渠道筹措建设资金，继续加大对河南省三次产业的投资支持，进而促进其产业结构的调整和升级。

3.3.3 科技发展水平不高

当今，社会科技发展水平已成为经济发展和竞争能力提高的主力，一国（地区）科技发展水平对其产业结构的优化具有十分重要的推动作用，科技能够使低端产业迅速实现提档升级，因此对于一国（地区）来说，注重科技的发展水平具有举足轻重的影响。以下以2012年在校研究生数、专利申请数，以及研究与发展（R&D）经费支出总额，作为衡量河南省技术发展水平的指标。

表3-8 2012年四省市在校研究生数、专利申请数、
R&D经费支出总额比较

地 区	在校研究生数（人）	专利申请数（件）	R&D经费支出总额（亿元）
河 南	31965	15788	310.78
上 海	62393	128614	1020.33
江 苏	68021	229514	1236.15
广 东	54369	249373	722.59

数据来源：相关省份2013年统计年鉴。

从表3-8可以看出，无论是从在校研究生数看，还是从专利申请数看，抑或从R&D经费支出总额看，河南省都远远落后于其

他三省市。其中，在校研究生数还不到江苏省的一半，相差达36056人，专利申请数仅为江苏省的6.88%，R&D经费支出总额也仅为江苏省的1/4。而目前随着信息化、科技化水平的提高，可通过预测和分析准确地把握用户的需求，进而进行设计、开发、加工、制造，并通过一系列的物流服务直至将产品送到用户的手中，从而形成一种有机的链条。在企业的生产和管理过程中，越来越多的服务要素渗透进来，使得第一、第二、第三产业之间的关联度得到加强，提高了产业结构的整体效益。可见，随着信息化的发展，科技发展水平对促进产业结构的合理化和高度化起着越来越重要的作用。而河南省目前科技发展水平不高，与其多年来科学研究、技术开发经费投入严重缺乏有着密切的关系，从而形成了技术被动局面，影响了其产业结构的调整优化。

3.3.4 城镇化发展滞后

一国（地区）城镇化的发展水平对产业结构优化有很大的影响。城镇化发展水平高，一方面可以推动一国（地区）产业化的发展；另一方面，可为产业的发展提供大量的劳动力，使大量劳动力从农业中解放出来，推动农业产业化发展，从而推动产业结构不断走向优化。此外，城镇化水平的提高对第三产业的发展也有积极的推动作用。总而言之，城镇化对产业结构调整优化有着重要的意义。而目前河南省城镇化发展严重滞后，城市化落后于工业化，对其经济发展和工业化进程的推进造成了消极的影响，远远不能适应其现代化建设的要求。城镇化水平低下已经日益成为影响河南省承接国内外产业转移的不利因素，限制了其产业结构的优化升级。

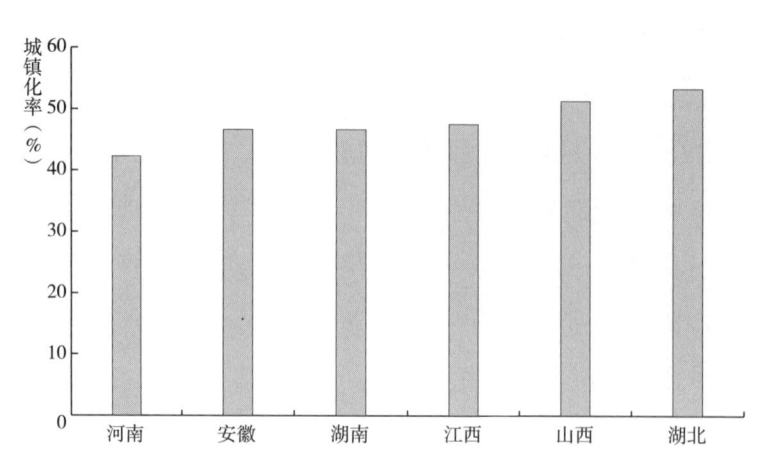

图 3-13 2012 年末中部六省城镇化水平

由图 3-13 可知，截至 2012 年末，河南省城镇化水平仅为 42.43%，不仅落后于同期其他中部五省，而且低于全国平均水平（52.57%）达 10.14 个百分点。这对河南省经济发展和工业化进程的推进造成了许多消极影响和负面效应，其现代化建设进程中的许多矛盾和问题都与此相关。城镇化滞后使得城乡二元经济结构状况没有随经济发展得以改善，城乡消费断层扩大，妨碍了需求的有序扩展和升级，对工业生产能力和投资领域的扩张形成严重阻滞。城镇化滞后使得大中城市的产业扩散缺乏空间依托，第三产业的服务对象与市场需求难以与经济发展同步扩大，造成产业升级与结构调整出现困难。虽然河南省新兴工业大省的地位已基本确立，但是其工业产业层次不高、自主创新能力不强、产业集中度低。第三产业虽初具规模、发展空间也大，但占 GDP 比重仍低于全国平均水平，内部结构不尽合理，发展速度也偏低。河南省人口众多，又是农业大省，城镇化滞后对农业的现代化进程和农村经济发展也产生了限制性影响。大量过剩农村劳动力滞留在农村，而进入乡镇企业的农民并没有同时放弃土地，致使农村土地的规模经营难以全面展开，人地关系高度紧张，阻碍了农业劳动方式的革新和农业劳动生产率的提高，同时也导致资源被更高强度地开发利用，包括耕地过度施用化肥、农药，以及森林过度采伐等，生态环境日益恶化。因此，加快城镇化进程，不断提高城镇化水平，才是缓解和解决上述种种矛盾和问题的关键所在（李晓莉，2008）。

3.3.5 改革开放力度不够

自中国实行改革开放以来，东部沿海地区凭借其独特的区位优势和政策优势，通过承接国外产业，取得了长足的发展，也带动了中国经济的发展。随着时代的发展，承接产业转移的优势开始向中西部地区转移，这为河南省的发展带来了契机。但与沿海地区相比，目前河南省的改革开放力度还远远不够，阻碍了其承接国内外产业转移的进程。以下通过2012年外商投资情况和进出口情况两方面的对比加以说明，分别如表3-9、表3-10所示。

表3-9　2012年六省市外商投资情况

单位：个，亿美元

地　区	签订合同项目数	签订合同金额	外商直接投资
河　南	363	34.71	121.18
上　海	4043	223.38	151.85
江　苏	4156	571.41	357.60
浙　江	1597	266.61	130.69
山　东	1333	165.57	123.53
广　东	6263	354.46	235.49

数据来源：相关省市2013年统计年鉴。

表 3-10　2012 年六省市进出口情况

单位：亿美元,%

地区	外贸进出口商品总额	外贸进口商品总额	外贸出口商品总额	外贸进出口商品总额占 GDP 的比例
河南	517.50	220.72	296.78	11.1
上海	4367.58	2299.51	2068.07	136.6
江苏	5480.93	2195.55	3285.38	64.0
浙江	3124.03	878.84	2245.19	56.9
山东	2455.45	1168.13	1287.32	31.0
广东	9839.47	4098.88	5740.59	108.8

数据来源：根据相关省市 2013 年统计年鉴及计算。

从表 3-9 外商投资情况来看，2012 年河南省签订的合同项目只有 363 个，还不到江苏省的 1/11；签订的合同金额为 34.71 亿美元，只占江苏省的 6.07%；而外商直接投资金额为 121.18 亿美元，也仅占江苏省的 33.89%。河南省签订合同项目数、签订合同金额、外商直接投资金额都落后于其他五省市，在一定程度上反映了河南省还有待进一步推进改革开放。从表 3-10 可以看出，在六省市外贸进出口商品总额中，河南省不仅处于最后一位，而且远远落后于其他省市，落后于广东省达 9321.97 亿美元，还不到广东省的 1/19。从外贸进出口商品总额占 GDP 的比例来看，上海市达到 136.6%，而河南省仅为 11.1%。可见，进出口在河南省经济发展中的作用还比较小，其对外经济交往还不够活跃。而从中国东部沿海地区快速发展的经验可以看出，沿海地区的迅速发展很大程度上得益于吸引利用了发达国家的资金和技术，通过利用外部力量为地区的迅速发展提供了一条捷径。河南省改革开放力度不够，市场化程度较低、市场经济的活力不够，这些特征的存在极大地限制了其产业结构的调整与优化，而产业结构的优化与市场主体的发育有关，而市场主体的发育又与市场化水平有关，在僵化的体制机制下，市场主体的发展受到限制，从而很难实现产业结构的调整和优化。

3.4 本章小结

本章首先分析了河南省产业发展的特征，包括产业分布的特征、产业梯度的特征和产业结构演进的特征三方面，在此基础上分析了河南省产业结构存在的问题，并从不同的视角分析了影响河南省产业结构优化的主要因素。

经过改革开放30多年的经济发展，河南省的产业结构发生了巨大的转变。其产业结构由不合理到逐渐合理性转变，主要体现在产业结构由第二、第一、第三的顺序演变为第二、第三、第一的顺序。而先进国家伴随着产业结构的不断升级优化，正朝着第三、第二、第一的产业结构方向发展，河南省产业结构调整也应遵循该产业结构演变规律，朝着产业结构演变方向不断大力发展第三产业。然而，即便河南省产业结构正顺应演变规律前进，其产业结构目前仍存在以下问题：产业结构层次低、工业企业的规模小且产业集中度不高、产业结构质量效益差。而影响河南省现有产业结构调整优化的主要原因有：①国家宏观政策导向的影响；②三次产业资金投入不足；③科技发展水平不高；④城镇化发展滞后；⑤改革开放力度不够。

河南省产业结构承接国内外产业转移的梯度差，需要其尽快深入解决自身产业结构中存在的问题，紧抓当下产业转移的契机，通过吸引和利用发达国家和地区的资金和技术，促进本地区的产业升级和产业结构调整，进而带动其经济的发展。

第4章

河南省承接产业转移的现状

在对河南省产业结构进行分析的基础上,本章将对河南省承接产业转移的现状进行分析,指出其中的主要问题及特征,分析河南省承接产业转移的必要性和可行性,并在此基础上,得出河南省承接产业转移的优势和劣势、机遇和挑战,依据河南省"十二五"规划的要求,提出河南省承接产业转移的思路。

4.1 河南省承接产业转移的现状

4.1.1 河南省承接境外产业转移现状

近年来,河南省在承接境外即海外及中国港澳台地区产业转移方面做了很多努力,也取得了很大进展。以实际利用境外资金总额为指标来衡量,河南省承接境外产业转移呈现以下特点。

1. 三次产业承接规模不断壮大

河南省三次产业积极承接产业转移,承接规模不断壮大,实际利用境外资金总额不断增多。通过对比2007~2012年河南省三次产业实际利用境外资金总额，可以清晰地看到河南省的承接规模在不断壮大（如图4-1所示）。

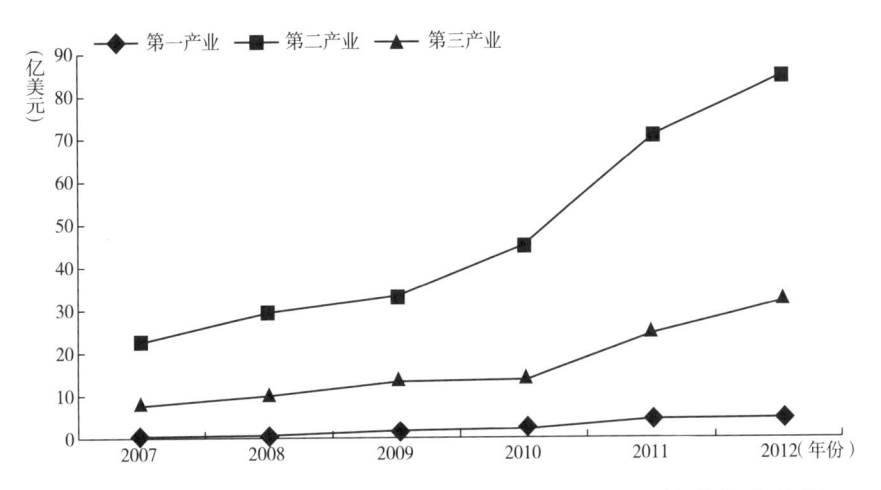

图4-1 2007~2012年河南省三次产业实际利用境外资金总额

2007年，河南省第一产业实际利用境外资金总额为0.56亿美元，而2012年达到4.2亿美元，5年增长了650%。2007年，河南省第二产业实际利用境外资金总额为22.0亿美元，2012年增长到84.8亿美元，增幅为285%。2007年，河南省第三产业实际利用境外资金总额由2007年的8.0亿美元增长到2012年的32.3亿美元，增幅为304%。三次产业承接产业转移的规模不断扩大，拉动了河南省三次产业的发展。

2. 各地市承接规模不断扩大

在承接产业转移过程中，河南省各地市积极参与，纷纷承接产业转移，都取得了发展，实际利用境外资金总额总体上不断增多，承接规模不断扩大（如表4-1所示）。2012年与2007年相比，实际利用境外资金总额增长较多的市为郑州和洛阳，两市分别增加24.3亿美元和13.6亿美元，即使实际利用境外资金总额增长较少的市（如商丘和济源），也都增加了约 2 亿美元，增幅分别达到447%和385%，其他市实际利用的境外资金总额也都相应地增长了 2 亿~6 亿美元。河南省各市实际利用境外资金总额的增长，承接规模的不断扩大，表明了河南省各市对承接产业转移的重视和积极作为。

表4-1　2007~2012年河南省各地市实际利用境外资金总额

单位：百万美元

地　区	2007年	2008年	2009年	2010年	2011年	2012年
郑　州	1001	1401	1618	1900	3100	3429
开　封	52	65	75	129	235	363
洛　阳	637	900	915	1205	1768	1993
平顶山	91	125	140	164	308	374
安　阳	75	102	118	149	258	316
鹤　壁	55	106	148	225	359	440
新　乡	126	225	253	329	531	636
焦　作	159	56	198	288	488	595
濮　阳	60	12	75	90	157	320
许　昌	88	117	184	213	359	440
漯　河	171	204	250	323	428	621
三门峡	187	234	264	398	631	747
南　阳	84	116	133	201	342	417
商　丘	45	60	70	104	168	246
信　阳	60	78	95	167	287	350
周　口	73	106	113	158	290	363
驻马店	58	72	84	126	221	270
济　源	41	53	65	79	153	199

数据来源：根据2008~2013年《河南统计年鉴》整理而得。

3. 独资经营成为最主要的承接方式

按照承接产业转移所成立企业的登记注册类型划分，近年来河南省承接产业转移、成立新公司的主要方式，包括合资经营、合作经营、独资经营和股份有限公司。随着河南省承接产业转移的发展，各种承接方式的承接量都有所变化（如图4-2所示）。合资经营、合作经营和独资经营的承接量都有所增加，其中外商和中国港澳台商独资经营增长最快，与外商和中国港澳台商合作经营增长较快，股份有限公司实际利用的境外资金额在不断减少。以2012年为例，新增独资企业90家，实际利用境外资金总额达到77亿美元；新增合资经营企业64家，实际利用境外资金总额达到37亿美元；新增合作经营企业16家，实际利用境外资金总额达到7.64亿美元。截至2012年底，河南省内与外商和中国港澳台商合资经营的企业有1079家，外商和中国港澳台商独资经营的企业有988家。可以看出，随着承接量的增多，独资经营成为河南省承接境外产业转移最主要的方式。

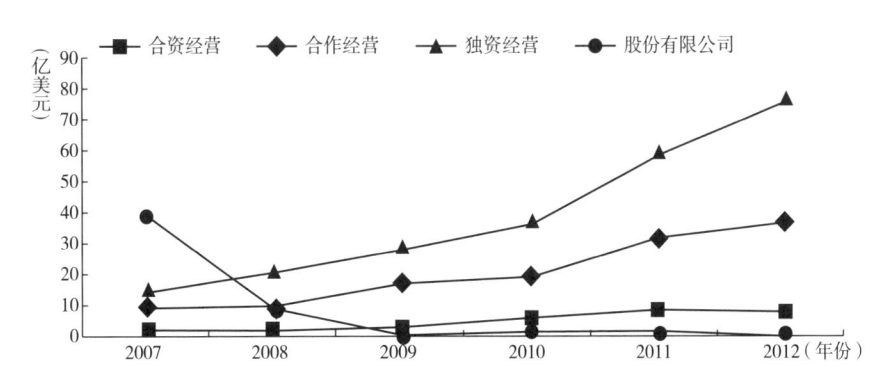

图4-2 2007~2012年河南省利用外资和中国港澳台资形式

4. 产业转移来源地较集中

近年来，河南省承接产业转移的来源地比较集中，多集中在亚洲国家和地区。以2012年为例，河南省实际利用香港地区投资额占实际利用境外资金总额的63%，实际利用台湾地区投资额占总额的7%，实际利用新加坡投资额占总额的2%，实际利用日本、韩国投资额共约占总额的1.4%。承接的北美洲地区的产业转移也具有规模，实际利用美国投资额占总额的6%，实际利用加拿大投资额占总额的0.8%。承接的欧洲地区的产业转移较少，实际利用英国和德国的投资额共约占总额的1.4%（如图4-3所示）。近年来，香港地区是河南省承接产业转移的最主要来源地，其实际利用海外及中国港澳台资金有一半以上来自香港地区，如2007年，实际利用香港地区投资额占其实际利用境外资金额总额的55%，2008年这一比例为65%，2009年为52%，2010年为68%，2011年为57%，2012年为63%。较集中的产业转移地，反映了河南省承接产业转移的重点区域及政府招商工作的主要对象。

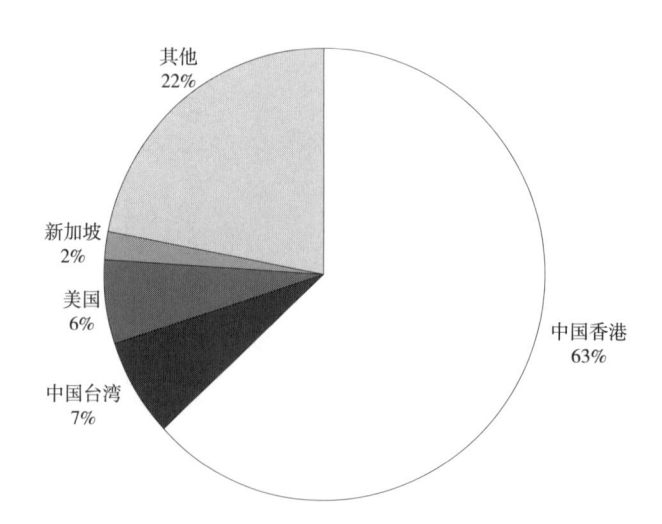

图4-3 2012年河南省实际利用海外及中国港澳台资金来源地分布

4.1.2 河南省承接国内产业转移现状

1. 承接力度比较大

近年来,河南省高度重视国内产业转移,承接的力度不断加大,亿元以上大项目不断增多。2012年上半年,新签约的国内亿元以上项目481个,占签约项目总数的73.3%,超亿元项目合同引进省外资金2056.46亿元,占合同引进省外资金的92.2%,而亿元以下项目合同引进省外资金仅占7.8%。2013年,河南省承接的产业转移中,50亿元以上项目43个,合同利用省外资金近3700亿元。河南省承接国内产业转移的项目规模不断扩大,表明河南省承接国内产业转移的力度不断加大。

表4-2 2012~2013年河南省承接国内产业转移的超亿元(部分)项目

单位:亿元

投资公司	投资地	投资项目	投资额	年份
北京恒基伟业投资发展有限公司	洛阳	年产1000MW薄膜太阳能电池项目	66.0	2012
上海豪晟投资发展有限公司	洛阳	国际科技创新产业园项目	28.0	2012
中海油集团	周口	LNG清洁能源生产项目	26.0	2012
中国台湾千鼎国际有限公司	许昌	年产150万吨不锈钢热轧生产线项目	18.6	2012
中国煤炭科工集团	济源	中煤科工矿用机电产业园项目	15.0	2012
北京亿汇投资管理有限公司	洛阳	万安山区域综合开发项目	600.0	2013
深圳市手机行业协会	信阳	智能终端(手机)产业园	150.0	2013
恒大地产集团	新乡	恒大金碧天下城市综合体开发项目	100.0	2013

数据来源:河南省工业和信息化厅、河南省商务厅。

2. 产业转移来源地比较集中

河南省承接国内的产业转移，主要是东部沿海发达地区的产业转出，因此河南省承接的产业转移来源地比较集中，多来自长三角、珠三角、闽东南、环渤海地区。以 2012 年上半年为例，长三角、珠三角、闽东南、环渤海地区的引进项目数分别为 186 个、110 个、97 个、94 个，共引进项目 487 个，合同引进省外资金分别为 687.23 亿元、444.06 亿元、321.11 亿元、286.39 亿元，合同引进省外资金共 1738.79 亿元，占合同引进省外资金总额的 78%（如图 4-4 所示）。2013 年，承接产业转移来源地集中的趋势依然明显，来自广东、北京、浙江、上海、江苏、山东六省市资金居于前列，分别达到 868.4 亿元、848.9 亿元、775.7 亿元、525.6 亿元、485.2 亿元、431.3 亿元，合计近 4000 亿元，占全省的 63.5%。

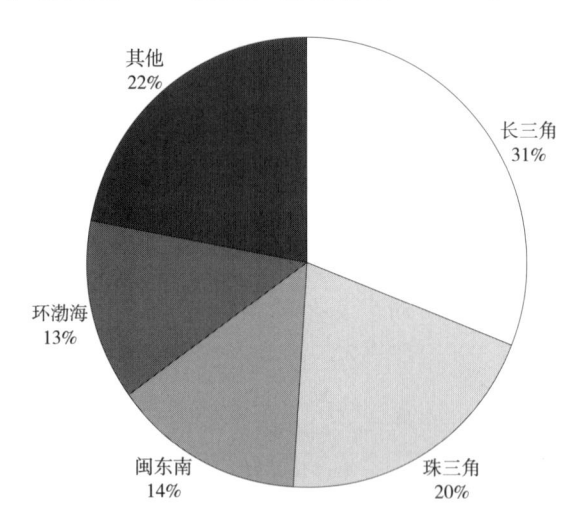

图 4-4 2012 年上半年河南省承接国内产业转移来源地分布

3. 高成长性产业居首

河南省制定承接产业转移政策，指出承接产业应以高性能产业为主。2012 年上半年，新签约的高成长性产业项目 339 个，占签约项目数的51.7%,合同引进省外资金1056.45亿元,占合同引进省外资金总额的47.4%(如图4-5所示)。传统产业项目195个,占39.7%,合同引进省外资金660.24亿元。先导产业项目69个,占10.5%,合同引进省外资金310.8亿元。以高成长性产业为首,反映了河南省承接产业转移的重点和导向。

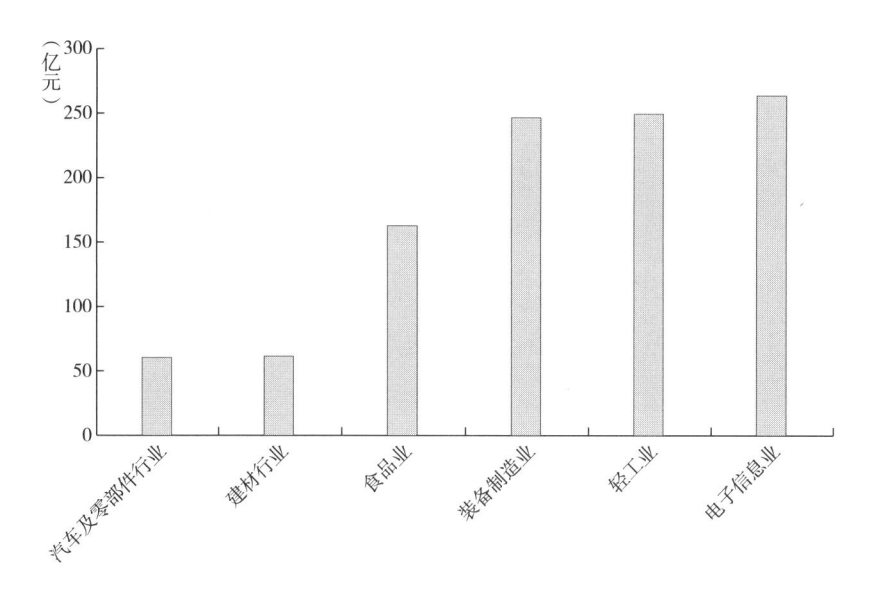

图4-5 2012年上半年河南省承接国内产业转移的六大高性能产业承接资金额

4. 产业集聚区、工业园区成为承接的主要载体

河南省大力打造产业集聚区,在各市建造工业园区,集中进行产业承接和工业发展。2012年上半年,园区签约项目588个,占签约项目总数的89.6%,合同引进省外资金1983.92亿元。其中,产业集聚区签约项目441个,合同引进省外资金1446.91亿元;工业园区签约项目147个,合同引进省外资金537.01亿元。2013年,河南省产业集聚区实际到位省外资金3614亿元,利用省外资金占全省的比例接近60%,产业集聚区固定资产投资、规模以上工业企业主营业务收入占全省比例均超过40%,产业集聚区招商引资平台作用凸显,成为承接产业转移的主阵地。

4.1.3 河南省承接产业转移的问题

1. 各地承接产业转移不均衡

受各地经济发展现状及特色的影响,河南省各市在承接产业转移中的作用并不一样。以2012年为例,其中郑州、洛阳作为中原城市群的中心及副中心城市,承接较多,其承接数共占全省承接总数的44.74%。工业相对发达的三门峡、南阳、新乡及食品工业发达的漯河,也吸收了较多的外资和中国港澳台资,承接产业转移(如图4-6所示)。而兰考县等河南省的其他县市在承接产业转移中起的作用更小。这正是由于河南省承接的产业转移多为第二产业和第三产业,承接地有较好的工业基础和经济发展基础,因此可以承接更多的产业。而经济较为薄弱的地区,承接能力就弱些。

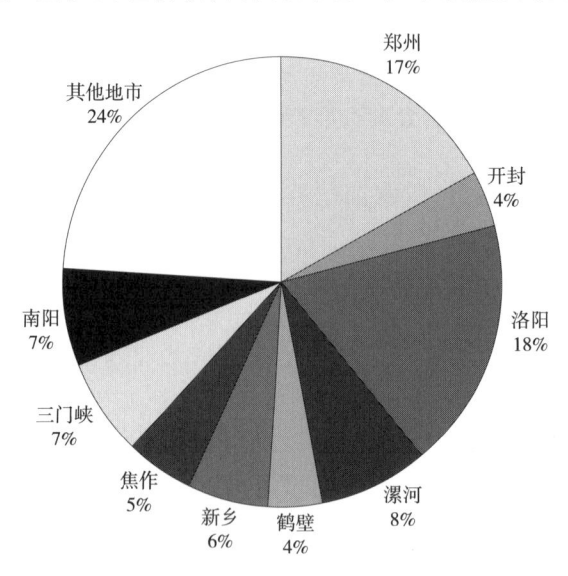

图4-6 2012年河南省各市实际利用外资和中国港澳台资比例

2. 三大产业承接不均衡

在承接产业转移过程中，三大产业承接不均衡。河南省承接来自境外产业转移的产业多以第二产业为主，且第二产业增速明显；第三产业承接数量不断增多；第一产业承接数量增速缓慢（如图4-1所示）。三大产业实际利用境外资金额差距不断扩大。2007年，河南省承接产业转移实际利用境外资金额第二产业比第一产业多21亿美元，第二产业比第三产业多12亿美元；而到了2012年，差值已扩大到81亿美元和53亿美元，第二产业承接产业转移远远超出了第一产业和第三产业。第二产业始终是承接产业转移的主要产业，其利用境外资金的比例始终保持在70%以上。从产业内部看，第二产业中制造业比例过高，2012年制造业实际利用境外资金占第二产业实际利用境外资金额的79%（如图4-7所示），占全省实际利用境外资金总额的55.57%。第三产业境外资金主要投向房地产业，交通运输、仓储及邮政业，批发和零售业，而投向科学研究、技术服务和金融业的较少（如图4-8所示）。

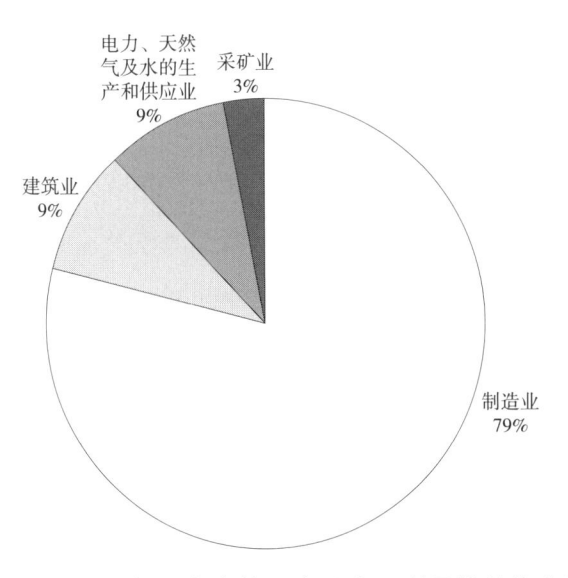

图4-7　2012年河南省第二产业实际利用境外资金比例

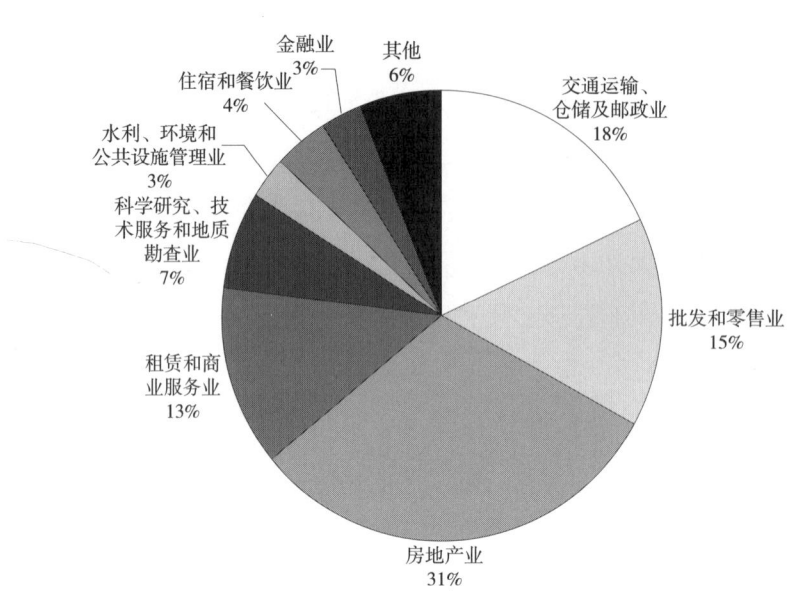

图4-8 2012年河南省第三产业实际利用境外资金比例

3. 重引进，轻学习和创新

一方面，承接产业转移可以有效地提高产业水平和技术，而河南省在承接产业转移过程中，注重引进产业和资金规模，对引进的技术学习及自主创新不足。以2012年为例，河南省用于科学技术的财政投入为69.64亿元，而同期全国用于科学技术的财政投入为4452.63亿元，可见河南省对科学技术的投入较少。另一方面，河南省用于技术引进的资金多，用于技术改造及消化、吸收的资金少，重引进、模仿，轻开发、创新。这样容易陷入"引进—落后—再引进—再落后"的怪圈，造成对发达地区的依赖，不利于河南省产业长远的发展。河南省本土企业向引进企业学习的能力不足，本土不能提供高质量的原材料、零部件等上游产品，导致可能存在供应链合作关系的企业之间没有形成很好的合作关系，不仅不利于河南省产业协作能力的提升，也不利于河南省本土企业技术能力的提高。

4. 承接产业层次低

一方面,河南省在承接产业过程中,除对某些大产业项目进行积极争取外,对其他产业转移项目选择性较弱,只要对方有转移意向,河南省一般都会承接。在产业转移过程中,有一些产业是能源资源消耗大、环境污染严重的产业,由于受到来源地能源资源及环保的要求而被迫实行转移。河南省在承接产业转移过程中,为了追求经济高效益,对此类产业没有做有效的规避,承接产业略显盲目。另一方面,河南省承接的产业大部分是劳动密集型或者资源密集型产业,缺乏资本密集型产业和高新技术产业,技术水平比较低,产业层次较低。河南省商务厅发布的《关于世界500强企业在豫投资情况的分析报告》显示,目前,世界500强企业在河南省的投资主要集中在制造业、资源开发和能源交通领域,尚无投资河南省新能源汽车产业和生物产业的意向。河南省承接的产业层次较低,承接结构有待进一步优化(江曼,2009)。

4.1.4 河南省承接产业转移呈现的特征

1. 承接规模不断壮大

在承接产业转移来源地方面,无论是承接境外产业,还是承接国内产业,河南省的承接规模都呈现不断壮大的趋势(如图4-9、图4-10所示)。在承接境外产业转移方面,河南省实际利用境外资金额由2007年的30.6亿美元增加到2012年的121.2亿美元。根据2013年《中国统计年鉴》,2012年外商在中国的投资企业数量,河南省为10168家,湖南省为4882家,湖北省为8023家,山西省为3623家,安徽省为4466家,江西省为

7334家，河南省居中部六省之首。在承接国内产业转移方面，河南省实际利用省外资金额由2007年的1521.6亿元达到2012年的5026.6亿元。

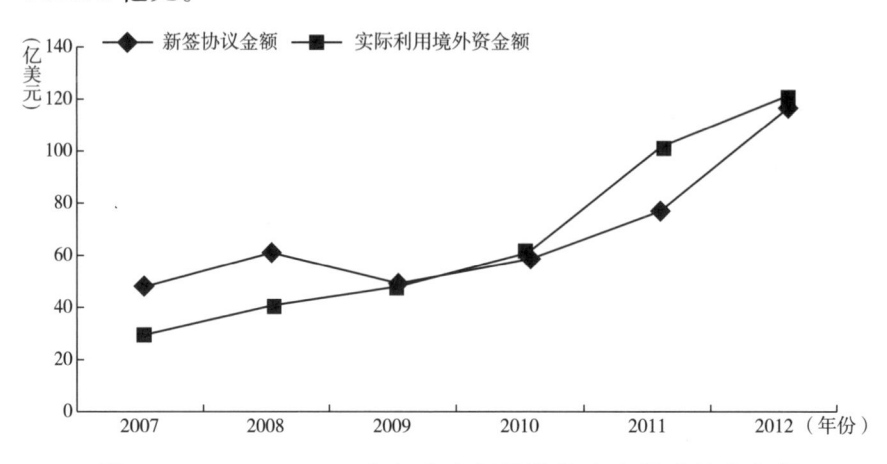

图4-9 2007~2012年河南省承接境外产业转移的资金额

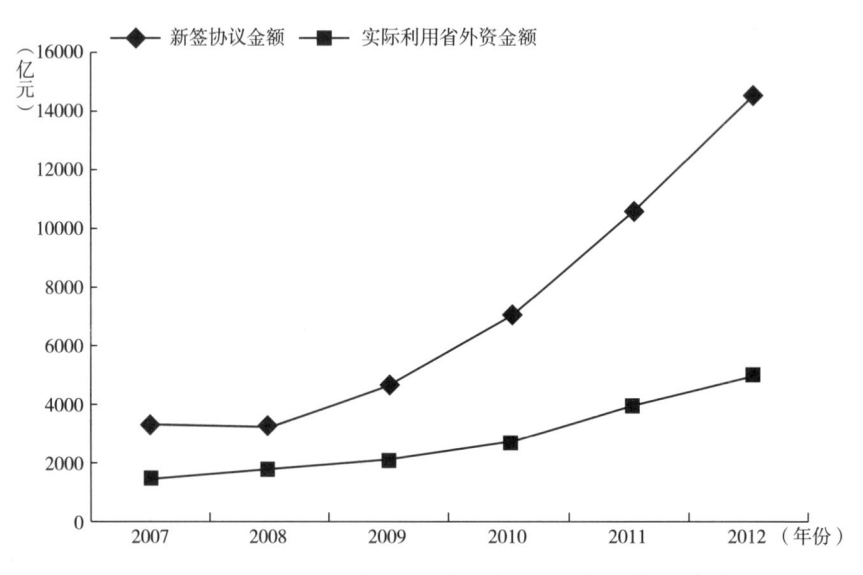

图4-10 2007~2012年河南省承接国内产业转移的资金额

2. 中原城市群承接转移作用明显

在承接产业的地域分布方面，承接地主要集中在中原城市群地区，特别是沿京广线（南北走向）和陇海线（东西走向）的十字形产业带，这说明具有良好的经济基础、产业基础和便利的交通优势使中原城市群的集聚作用明显。其中，郑州市在承接产业方面具有其他城市无可比拟的优势。作为河南省的省会，郑州市完善的基础设施、良好的投融资环境为其承接产业转移奠定了良好的基础。另外，洛阳、漯河、新乡、许昌、三门峡等城市在承接产业方面也形成了一定的规模。

3. 承接产业以河南省优势产业居首

在承接转移的产业中，河南省承接的行业主要集中在其优势行业上。这些行业有较好的产业配套能力、较好的生产条件、较广大的市场。工业领域主要投向化工、冶金建材、电力、采矿、轻工纺织、食品、机械制造等行业，第三产业主要投向房地产业、交通运输业、批发和零售业、租赁和商业服务业等。河南省重点承接电子信息、汽车及零部件、食品、家电、纺织服装、制鞋、新型建材和金属制品等八大领域。2013年，电子信息产业推进项目204个，投资总额1926亿元；汽车及零部件产业推进项目160个，投资总额1502亿元；食品产业推进项目185个，投资总额958.8亿元；家电产业推进项目31个，投资总额272.8亿元；纺织服装及制鞋产业推进项目152个，投资总额912亿元；新型建材产业推进项目145个，投资总额808.9亿元；金属制品产业推进项目110个，投资总额832亿元。总体来看，河南省承接的产业多是其较有优势的产业。

4. 承接的签约项目质量得到很大的提升

2012年12月10日，河南省人民政府以豫政办〔2012〕170号文的形式出台了《河南省人民政府办公厅关于转发河南省承接产业转移示范区创建工作实施意见的通知》，明确了承接产业转移成为区域竞争的重要领域和加快发展的重要途径，并规定引进的项目要符合《河南省工业和信息化系统承接产业转移指导目录》、产业园区产业发展规划和规划环评要求，要积极搭建平台，提升承接项目的规模和质量。截至2013年，在河南省投资的境外世界500强企业达到81家，国内500强企业达到156家。河南省与菜鸟科技、UPS、苏宁控股等一大批知名企业的战略合作持续深化，富士康、百事可乐、华润集团、法国雅高、美国联合包裹、海尔、格力、京东商城、惠普全球软件服务中心等一批龙头型项目落户河南，中石油、中石化、中国兵装等一大批央企入豫发展，标志着河南省对外开放取得重大突破，进入了一个新的发展阶段。2013年，河南省新批服务业领域外商投资企业115个，占全省总数的1/3，现代服务业实际利用外资33.9亿美元，占全省的1/4，融资租赁、专利技术咨询、国际知识产权管理、环保等高端服务业领域均有外资进入。新能源、高端机械制造、汽车零部件、电子产品等先进制造业领域利用外资增多，全年未批准设立火电、电解铝、钢铁等高耗能、高污染项目。

5. 承接项目进度监督力度大

河南省在承接产业过程中，不仅重视签订合同、引进项目，同时建立了完备的项目进度监督机制，以确保项目走进来、落下去，更好地促进河南地区经济的发展、产业的优化。河南省商务厅将重大招商引资项目列入《关于2012年以来全省重大招商引资活动签约1000万美元以上外资项目进展情况通报》范围，实行月通报制度，要求各地每月专题上报推进情况。商务厅通过正式文件和厅网站通报进展情况，同时采取实地察看、专题督导等形式督促项目单位抓好落实，强化后续服务。河南省工业和信息化厅和项目所在地市商务局对签约项目逐个建立台账，做到有账可查、动态管理。省工业和信息化厅按照"谁签约、谁负责、谁跟踪"的原则，强化督导，跟踪落实，提高签约项目落地率、开工率，加快在建项目进度，尽快投产达产，并召开项目落实推进会、现场会督导项目推动，为更高质量的发展储备能力。

4.2 河南省承接产业转移的必要性和可行性

4.2.1 河南省承接产业转移的必要性

1. 承接产业转移是适应产业梯度转移一般发展规律的必然趋势

各国（区域）在资源禀赋、经济发展基础上存在的差别，导致各国（区域）之间在产业发展程度方面存在一定的差距。当一种产业在高梯度国家（区域）不再具有比较优势时，该国家（区域）就会选择对产业结构进行调整，将这种不具备比较优势的产业向低梯度产业国家（区域）转移。在这种转移过程中，低梯度产业国家通过吸收高梯度产业国家的技术水平，促进了本地经济的发展，当这种产业在低梯度国家不再具有比较优势时，产业的转移会进一步发生。从世界经济发展的一般历程来看，产业转移遵循产业转移的梯度理论，如在 20 世纪 70 年代后期，日本将一些失去竞争优势的劳动密集型产业转移到东南亚，台湾将失去竞争优势的纺织、食品、生活杂品等劳动密集型产业向大陆转移。

2. 承接产业转移是区域经济一体化发展的需要

《国务院关于中西部地区承接产业转移的指导意见》[①] 中提出，产业转移是优化生产力空间布局、形成合理产业分工体系的有效途径，是推进产业结构调整、加快经济发展方式转变的必然要求。承接产业转移是世界经济一体化发展的必然需要，也是区域经济一体化发展的客观需要；主动承接产业转移是深入贯彻落实科学发展观的客观要求，也是后发地区实现加快发展的最佳路径。从全球经济发展过程来看，国际产业的大转移成就了经济强国的经济发展奇迹，如日本、亚洲四小龙经济的发展，无不得益于产业转移创造的辉煌。随着中国中部崛起战略的实施，以及依托中部地区良好的区位优势和自然资源优势，产业向中部地区转移的趋势明显加快。处于中部地区的河南省，应紧紧抓住产业转移的大好机会，积极做好承接产业转移的各项准备。

3. 承接产业转移是河南省产业结构升级的现实需要

《河南统计年鉴》显示，2007年河南省三次产业在地区生产总值中的结构比为14.8∶55.2∶30.0，同期中国三次产业结构比为10.8∶47.3∶41.9；而2012年河南省三次产业在地区生产总值中的结构比为12.7∶56.3∶31.0，同期中国三次产业结构比为10.1∶45.3∶44.6。通过比较可以看出，近年来河南省三次产业结构不合理，第一、二产业比重过大，第三产业比重过小，产业结构优化调整较慢。第一产业内部，2007年河南省农林牧渔业比重为44.0∶2.0∶24.0∶1.0，2012年农林牧渔业比重为40.0∶1.5∶21.0∶1.0，农业所占比例高，林业、牧业、渔业所占比例低，第一产业内部结构不合理。第二产业内部，

---

① 《国务院关于中西部地区承接产业转移的指导意见》，详见国发〔2010〕28号文。

2007年河南省工业和建筑业在生产总值的构成中分别占50.0%和5.2%，2012年分别占50.7%和5.6%，2007年中国工业和建筑业在生产总值的构成中分别占44.0%和6.7%，2012年则占40.6%和8.1%。河南省工业比重过大，建筑业比重较小。

4. 承接产业转移是河南省实施中原经济区建设的需要

河南省要实现中原崛起，必须抓住难得的产业转移机遇，加快形成全方位、多层次、宽领域的开放格局，打造内陆开放的高地。近年来，河南省对外贸易取得了长足发展，2007年进出口总额突破100亿美元，2012年突破500亿美元。在取得喜人成绩的同时，河南省也面临进出口总量小、产业分工层次较低、出口产品结构不合理、缺乏出口龙头企业和拳头产品、实现外贸跨越式发展任务繁重等问题。河南省引进富士康的成功实践一再证明：解决这些问题，关键是要通过承接产业转移，把人才、企业、项目、市场网络等引进来，尤其要重点引进可完善河南省产业链条、进出口带动能力强、可提升产业水平的大型项目。

5. 承接产业转移是河南省建设中原城市群的需要

中原城市群是河南省提出的以郑州为中心，以洛阳为副中心，以开封、新乡、焦作、许昌、平顶山、漯河、济源等地区性城市为节点的紧密联系圈。中原城市群也是河南省乃至中部地区承接发达国家及中国东部地区产业转移、西部资源输出的枢纽和核心区域之一，并将成为参与国内外竞争、促进中部崛起、辐射带动中西部地区发展的重要增长极。由目前河南省承接产业转移的现状可以看出，并非中原城市群所有的城市在承接产业转移过程中都发挥了重要作用，一些城市承接产业转移较少，这不利于整体上中原城市群承接产业转移，从而提升城市能力。承接产业转移，对于从外部拉动中原城市群发展，提高中原城市群的综合实力意义重大。

6. 承接产业转移是河南省建设郑州航空港经济综合实验区的需要

国家、河南省对郑州航空港经济综合实验区有重大的规划，也赋予了其很高的战略地位。作为全国首家以航空经济为主题的实验区，郑州航空港经济综合实验区的战略定位具有世界视野、全球眼光，战略布局将吸引高端研发、总部经济、仓储、物流、金融、会展等现代化服务业，促进中西部地区全方位扩大对外开放；作为中原经济区的核心增长极，航空港经济综合实验区可带动全省新型城镇化、工业化和农业现代化的协调科学发展；作为郑州都市区着力建设的南部新城，航空港经济综合实验区必将带动周边统筹发展、协调发展、错位发展、整体发展。加快实验区建设，有利于优化航空货运布局，提升中国民航业国际竞争力；有利于推动中国航空港经济发展，促进产业结构升级和发展方式转变；有利于建设内陆开放高地，探索中、西部地区全方位扩大开放新途径；有利于构建中原经济区战略突破口，带动新型城镇化、工业化和农业现代化协调发展。航空港经济综合实验区的发展，离不开外来产业，必须更多、更好地承接产业转移，使国际、国内优秀的企业、优势的产业在航空港经济综合实验区落脚、扎根，充分利用自身的各种有利条件，带动自身发展，带动河南及内陆地区发展。

4.2.2 河南省承接产业转移的可行性

1. 国家（地区）间的分工为产业向河南省转移提供了难得的机遇

从产业转移发展规律看，国家（地区）间的资源分布呈现非均衡性，由此导致国家间在产业分工上呈现不同的格局，发达地区与落后地区之间在人口分布、自然资源分布方面呈现不同的状态。有些经济落后国家（地区）由于劳动力、自然资源匮乏，从而其在国际分工中处于非常不利的地位；有些经济发达国家（地区）劳动力资源丰富，而自然资源相对匮乏，这一类型的国家在国际分工中需向劳动密集型产业方向发展；对于劳动力资源丰富，自然资源也丰富的国家（地区）来说，这一类型的国家（地区）应向劳动密集型、资本密集型产业方向发展。尤其是在市场经济条件下，合理的产业分工对形成和完善区域之间的产业结构具有十分重要的意义。河南省具有良好的自然资源优势，已经发现各类矿产141种，在已探明储量的矿产资源中，居全国首位的有8种，居前三位的有19种；河南省具有丰富的劳动力资源，2012年末总人口数达1.05亿。具有资源优势使河南省在国际分工中占有重要的一席地位。

2. 市场需求的变化是产业向河南省转移的重要条件

需求的扩大、市场需求的变化是产业转移很重要的一种拉力，而需求不足、市场容量有限是产业转移的制约因素。随着河南省工业化、城镇化、农业现代化进程的加速发展，其市场需求结构发生了巨大的变化。在市场需求中，河南省对民生类产品的需求加大，如对住房、医疗保险等的需求加大，而对食品、纺织类产品的需求呈现逐步下降的趋势。河南省这种市场需求的调整，使其面临巨大的产业结构调整压力。面对这种市场需求变化的压力，河南省必须适应市场需求的变化，通过承接产业转移，调整产业结构，解决目前所面临的压力。河南省应把现阶段低技术的劳动密集型产业，如服装、生活杂品类产业逐步向民生类产业转变，通过承接产业转移改善民生类的产业结构,以满足市场需求。

3. 河南省良好的产业基础为承接产业转移提供了现实基础

一国（地区）的产业基础条件对于承接产业转移至关重要,因为良好的产业基础条件对转移企业形成良好的产业配套能力、降低各种交易成本、节约生产经营成本具有十分重要的作用。因此,一国（地区）没有相应的产业配套能力,就不会形成产业转移的吸引力。另外,在一国（地区）的产业基础上,优秀的企业家资源也为当地承接产业转移奠定了基础。一些优秀的企业家,通过跨区域并购和实行企业重组,能够实现产业转移的双赢。而河南省就具有这样的产业基础。近年来,河南省大力发展产业经济,不断加强产业配套能力建设,其三大产业的结构比例逐渐趋于合理,企业发展越来越好,已出现了在国内乃至国际行业中领先的企业。河南省重视产业转移,不断加大招商引资力度,举办、参加各种招商大会,全力介绍河南的发展现状,积极承接国际国内产业转移。河南省良好的产业基础,吸引着产业转出地进行产业转移。

4.3 河南省承接产业转移的SWOT分析

4.3.1 河南省承接产业转移的优势

1. 区位优势

河南省地处中国之中、中部之中,中西交汇、承东启西、连贯南北,处于中国由东向西的经济技术梯度转移和由西向东的资源要素梯度转移交汇区,对中国东西部发展起着重要的协调作用,具有优越的地理区位优势。正是这种地理上的优越位置,使河南省不仅是各种生产资料的集散中心,也是各种消费品进入中部地区市场的重要通道。正是这种明显的地理区位优势，为河南省承接东部沿海地区产业向内陆转移和境外产业转移提供了优越的区位优势。

2. 交通优势

河南省交通比较发达，拥有铁路、公路、航空、水运、管道等相结合的综合交通运输体系。近年来，河南省的铁路、公路发展迅速，是全国重要的交通枢纽（见表4-3）。铁路"三纵五横"贯穿全境。京广、京九、陇海、宁西等9条铁路干线经过河南省，国家规划的北京—深圳、徐州—兰州高速铁路客运专线穿过河南省，并在郑州交会。航空方面，河南省拥有郑州、洛阳、南阳三个民用机场，随着郑州航空港区的建设，航空运输将发挥越来越重要的职能（2011~2012年河南省航空运输业的发展可参见表4-4）。现在，河南省已基本形成以郑州为中心的一个半小时中原城市群经济圈，3小时可达全省任何一个省辖市，6小时可达周边六省任何一个省会城市。发达的交通网络为河南省承接产业转移提供了有力的支撑。

表4-3 2007~2012年河南省铁路、公路和高速公路营业里程

单位：公里

年份	铁路	公路	高速公路
2007	3989	238676	4556
2008	3989	240645	4841
2009	3989	242314	4861
2010	4224	245089	5016
2011	4203	247587	5196
2012	4822	249649	5830

数据来源：2013年《河南统计年鉴》。

表 4-4 2011~2012 年河南省航空运输业的发展

指标	2011	2012
航线数（条）	59	69
航线里程（公里）	188258	223578
客运吞吐量（万人）	1074.10	1268.87
货邮吞吐量（万吨）	10.41	15.31

数据来源：2013 年《河南统计年鉴》。

3. 自然资源优势

河南省自然资源主要包括丰富的矿产资源、农业资源。在矿产资源方面，2012 年末已发现的矿种有 141 种；已探明资源储量的矿种有 106 种；已开发利用的矿产有 92 种，其中能源矿产 6 种，金属矿产 23 种，非金属矿产 61 种，水气矿产 2 种。2012 年全年，新发现大中型矿产地 15 处。经济的发展离不开能源的支持，与中部其他省份相比，河南省有比较丰富的能源（如表 4-5 所示），在承接产业转移方面比较有优势。在农业方面，该省的农业资源丰富，特别是种植业，该省一直是中国的粮食大省。2012 年，河南省的小麦产量为 3177.35 万吨，约占全国小麦总产

表 4-5 2012 年中部六省的能源对比

省份	石油（万吨）	天然气（亿立方米）	煤炭（亿吨）
河南省	5160.24	75.08	99.09
湖北省	1328.70	49.68	3.25
湖南省	—	—	6.61
江西省	—	—	4.11
安徽省	260.06	0.30	80.38
山西省	—	—	908.42

数据来源：2013 年《中国统计年鉴》。

量的1/3。农业的发展，为河南经济社会的发展提供了有力的保障。

4. 劳动力资源优势

一方面，河南省是中国的第一人口大省，2012年底有1.05亿多人口，劳动力数量众多。另一方面，随着河南省经济的快速发展，普通高等学校的毕业生数不断增多，河南省人均受教育程度在不断提高，劳动力素质也在逐年上升。据2013年《中国统计年鉴》，2012年，河南省在岗职工平均工资在全国排名第三十位，充分说明河南省劳动力价格低廉，劳动力成本低。对于在长三角、珠三角出现的民工荒问题，河南省丰富的劳动力资源、低廉的劳动力价格为其承接产业转移提供了无可比拟的竞争优势。此外，河南省相关部门统计资料显示，2010~2012年，河南省农民工转移就业连续三年省内超省外，标志着河南省农民工的净回流已成常态。2012年，河南省农村劳动力转移就业省内就业达1451万人，省外输出降为1119万人，省内外就业差额由2011年的71万人扩大至332万人。越来越多的农村闲置劳动力在河南省转移就业，大大增加了河南省本土的劳动力市场供给。这些都为河南省承接产业转移提供了充足的劳动力保障。

5. 市场容量优势

河南省人口众多，其本身就是一个巨大的消费市场。河南省经济不断发展，人民的生活水平和消费能力也在不断提高。2012年，河南省总人数达到1.05亿人，GDP达到29599.31亿元，社会消费品零售总额在全国排名第五，充分说明河南的市场广阔、市场潜力巨大。近年来，国家坚持扩大内需的战略方针，全面实施促进中部地区崛起战略，有利于河南省充分挖掘内需潜力，拓展发展空间。

6. 市场辐射优势

河南省作为产业承接地，不仅具有一定的经济规模和市场容量，相对于其他地区来说，还具有比较优势。一般而言，对于产业承接地的选择，不仅要有巨大的市场需求潜力，还要满足另一个条件，即新转移过来的产业形成的市场辐射半径，与转移前的市场辐射半径没有太多的交叉，否则，就会限制新转移产业的发展。河南省就具有这样的区位优势。作为河南省省会的郑州，与北京、上海、广东三个发达经济中心的距离都比较适中，这既能使河南省利用这些发达地区的各种资源，又不会让新承接的产业与它们存在明显的市场竞争。其他地方，如江西、安徽与湖南等省，虽然与发达的沿海地区距离较近，但它们同时也与沿海发达地区的市场辐射半径有一定的交叉，不能更好地承接东部产业转移。而西部的其他省份，经济规模和市场容量一般比不过河南省。

7. 空间优势

从经济发展空间来看，河南省在承接产业转移方面比中部其他地区具有优越的区位优势。与其他省会城市（如合肥和武汉）相比，河南省省会郑州作为国内交通枢纽和市场中心，辐射的范围广、强度大。以郑州为中心，半径500公里的5小时经济圈可以辐射4亿人口；半径1000公里的12小时经济圈可以辐射8亿人口。中部高速客运铁路网建成使用后，以郑州为核心的3小时经济圈能覆盖全国经济总量的2/5。在现实的经济关系中，郑州直接的辐射范围包括河南全省，及周边的山东、山西、安徽、河北等省份的一些地区。此外，以郑州为中心的河南经济的发展，不会遇到以武汉为中心的湖北经济的发展所遇到的阻碍，因为河南西部的西安、兰州以及东部的合肥、芜湖城市群还没有形成具有区际影响力的城市圈，而且以郑州为中心的中原城市群的经济总量，远远大于武汉城市圈的经济总量，也没有湖北省经济发展中经济腹地薄弱的经济格局。这些都为河南省承接产业转移提供了有利的经济发展空间。而且，河南省工业布局合理，工业园区规划在重要道路的节点上，产业集中度较高；丰富的资源能源、劳动力等方面的优势，使河南省以优越的区位优势形成较为明显的组合优势，可以更好地吸纳来自境外和国内东部沿海发达地区的产业转移（李家祥，2012）。

8. 工业基础优势

近年来，河南省综合实力进一步提升，基础条件明显改善，工业化、城镇化进程加速推进，产业结构和消费结构加快升级，市场经济体制不断完善，对外开放继续向全方位、多层次、宽领域拓展，有利于该省增强经济发展内生动力和发展活力。河南省重视产业转移，全省已有郑州、开封、漯河、鹤壁、许昌5个国家级经济技术开发区；郑州、洛阳、安阳、南阳4个国家级高新技术产业开发区；180个产业集聚区，其中94个集聚区主导产业比较突出，75个集聚区集群发展态势初步形成（产业集聚区固定资产投资、规模以上工业企业主营业务收入占全省比例均超过40%，利用省外资金占全省的比例接近60%，从业人员超过240万人）；55个省对外开放重点县（市、区）；10074家产业集聚区法人单位；中部地区首个综合保税区——郑州新郑综合保税区。这些优势大大地提升了河南省承接产业转移的能力。

9. 政策优势

河南省委、省政府高度重视承接产业转移，制定了多项政策鼓励承接产业转移。河南省政府出台了《关于持续推进开放招商工作的指导意见》；省直12个部门出台并积极实施了开放招商专项方案；全省各地、各级、各部门招商引资、承接产业转移的活动不断，积极开展专业招商、集群招商，利用黄帝故里拜祖大典平台举办豫台电子信息产业对接推介会；举办中国发展高层论坛2013年"中原之夜"，承接纺织、服装、鞋帽产业转移对接洽谈活动；举办中国（河南）-日韩经贸合作交流洽谈会，借助第17届厦门投洽会、第10届东盟博览会、第3届亚欧博览会等国家级经贸活动平台开展招商推介和洽谈对接活动。河南省转变招商方式，主动出击，赴日韩、港澳开展了有针对性、专业化、小分队形式的招商对接，宣传推介了中原经济区、郑州航空港经济综合实验区和河南省重点发展的产业集群。河南省不仅重视引进来，还重视落下去，认真监督、通报各地项目进展情况，保证承接项目的落实质量。河南省的高度重视，是其承接产业转移的积极动力。

4.3.2 河南省承接产业转移的劣势

1. 产业协作配套能力不强

产业配套能力对于一国（地区）承接产业转移起着非常重要的作用，它决定着一国（地区）承接产业的能力，决定着一国（地区）承接产业转移的吸引力。河南省在一些产业尤其是战略新兴产业（如电子信息业、生物医药业等）方面，承接产业的力度不大，主要原因在于该省缺乏带动能力强、相互衔接的关联产业。即使一些企业转移到河南省，由于河南本地缺乏配套能力，这些企业相关的产品也只能在其他地方采购，对于转移的企业来说，无疑增加了成本。因此，在承接战略新兴产业方面，河南省面临不利条件。

2. 物流成本过高

中国腹地较深，而河南地处内陆，与东部沿海城市相比，与沿海距离较远，在同等单位运输成本下，距离的增加带动了河南省物流成本的增加。另外，目前河南省的运输方式主要是陆路，公路是所有运输方式中成本较高的一种，而油价的不断上涨、较高的公路过路费等众多原因使得陆路运输成本更高。随着郑州航空港的建设，航空运输将发挥越来越重要的作用，然而就单位距离成本而言，航空运输的成本是最贵的，且对运输物品有较高的要求和限制。物流管理过程中的现代化、智能化和信息化，会通过影响物流管理费用而影响物流总费用。河南省物流企业虽多，但整体规模不大，现代化、智能化和信息化发展不足，管理费用较高，增加了物流总成本。运输成本的增加抵消了河南省低廉的劳动力优势，从而也限制了一些产业向河南省转移。2012年，中国社会物流总费用占GDP的比例约为18%，这一数据远远高于发达国家，而河南省社会物流总费用占GDP的比例更高，物流成本更高。

3. 投资软环境有待改善

投资软环境对一国（地区）产业转移具有十分重要的影响。良好的投资软环境，能够降低企业投资的交易成本，对企业抓住有利的投资时间，实现利润最大化具有十分重要的作用。良好的投资软环境能增强投资商信心，降低企业的投资经营成本。如果投资商想到某地进行投资，光是审批项目就会花费几个月，也许就是这些繁杂的审批环节、拖沓冗长的审批时限，会使投资者丧失良好的投资机会,使投资者望而却步。另外,如果投资商在投资时经常无法及时了解有关政策法规和办事程序,经常遇到政令不一、执法不公的现象,那么不仅会增加企业的投资成本,对投资商的投资信心也会造成打击,造成撤资现象发生,更不用说让投资商追加投资了。因而,不好的投资软环境对投资商的投资行为反作用很大,不仅无法吸引新的投资,就是已经投资的投资商恐怕也不会进行长期经营,这样便会导致企业的短期经营行为,不会对地方经济的发展做出大的贡献。

虽然河南省出台了很多措施改善投资的软环境,但由于有关投资软环境方面的法律法规不完善,再加上地方政府职能还未得到根本的转变,地方政府各部门之间的利益协调不够,对投资企业存在的问题不主动积极协商解决,政府部门重审批、轻服务的现象在河南省地方政府的不同部门之间不同程度地存在。这些问题的存在都增加了企业转移的成本,从而也给企业的转移造成了不利的影响。

4. 承接载体功能有限

现代化的城市群和功能齐全的产业园区,是承接产业转移的主要载体。但河南省的城市化水平较低,缺乏足够的商业功能和具有现代化商业格局的城市群,产业园区建设落后。在城市化发展方面,河南省的城市化水平还很低。2012年,河南省城市化水平只有42.4%,在全国仅高于西藏自治区(22.75%)、贵州省(36.41%)、云南省(39.31%)、甘肃省(38.75%),而中部其他省份的城市化水平都高于河南省,如湖南省(46.65%)、湖北省(53.50%)、安徽省(46.50%)、江西省(47.51%)、山西省(51.26%)。河南省城市对产业的承接能力仍然有限。在城市群发展方面，河南省着力建设中原城市群，但目前来看，河南省以郑州为中心的城市群还没有真正成为现代化的大都市圈，各城市间的联系及功能配套不尽合理，中原城市群辐射带动作用未能完全显现。在产业园区发展方面，河南省除了部分重点开发区和特色园区成绩显著外，其他一些开发区现状不能令人满意，产业园区已无土地作为承接产业转移的载体，而且区内基础设施还不健全，园内企业集群趋势不明显，对外来企业的吸引力不是很强。

5. 劳动力结构有待优化

虽然河南省的劳动力资源十分丰富，农村剩余劳动力数目庞大，但与东部发达地区相比，河南省的劳动力素质整体偏低，高素质劳动力较少，劳动力结构有待优化。河南省的高等教育较落后，2012年高中阶段毛入学率为90.0%，而高等教育毛入学率为27.22%，全省高等教育总规模为258.59万人，研究生招生1.17万人（其中，博士生395人），在学研究生3.2万人（其中，博士生1298人），受高等教育的人较少。河南省的职业教育较滞后，中等职业学校920所，大多分布在县城和农村，办学设施不足；中等职业教育的招生数和在校生数分别占高中阶段教育的48.74%和47.44%，招生不足；专任教师学历合格率为87.51%，专任教师具有研究生及以上学历者占总数的5.28%，教师整体素质不高。河南省的职业培训发展较缓慢，2012年技工学校面向社会开展培训43.6万人；年末河南省共有就业训练中心158所，民办职业培训机构1134所，全年参加各类职业培训394.67万人次。对于庞大的素质较低的劳动力群体而言，职业培训显然是不能满足需求的。在承接产业转移时，技术含量较高的产业进入必然要求更高级的产业工人。然而，河南省目前的劳动力结构不能满足产业发展的需要,该省需要优化劳动力结构。

4.3.3 河南省承接产业转移的机遇

1. 境外产业转出步伐加快

在世界范围内,开始出现第四次产业转移浪潮。发达地区和国家大力发展知识经济,工业经济逐步被替代。资本的逐利行为使发达国家将一些劳动密集产业和技术密集产业转移出去,以加快产业结构优化调整。经济全球化使资源在全球范围内进行配置,发达国家和地区在世界范围内寻找产业承接地。近年来,中国经济的发展、科技的进步、市场的扩大,使之成为许多国家和地区重要的经济合作者,自然也成为许多发达国家和地区进行产业转移的最佳选择。境外产业转移步伐加快,为国内承接世界先进的产业提供了良好的机遇。河南省可积极承接境外先进产业,带动其经济和产业的发展、优化。

2. 东部发达地区产业升级

近年来,随着东部发达地区经济的发展和产业的优化升级,新兴产业、高新技术产业、服务业等利润较高、产出较高的产业发展迅速,而劳动密集型产业等传统产业属于产业升级过程中被淘汰的产业,东部发达地区出现向内地转移劳动密集型等产业的现象。而内地发展较慢,产业结构不合理,依靠自身发展缓慢,迫切需要通过发挥自身优势来承接东部发达地区相对先进的产业,以提升带动地区经济的发展和产业结构的优化调整。东部发达地区的产业升级引起的产业转移,为内地经济发展提供了良好的机遇,而拥有劳动力、市场、能源资源、政策等众多优势的河南省,应把握这一机遇,积极承接沿海发达地区的产业转移。

3. 中原经济区建设上升为国家战略

2011年9月28日，国务院出台了《关于支持河南省加快建设中原经济区的指导意见》，将建设中原经济区纳入了国家战略。该意见明确指出，发挥河南省区位优越、劳动力资源丰富等优势，完善产业配套条件，打造产业转移承接平台，健全产业转移推进机制，全方位、多层次承接沿海地区和国际产业转移。支持中心城市重点承接发展高端制造业、战略性新兴产业和现代服务业，推动县城重点发展各具特色、吸纳就业能力强的产业，形成有序承接、集中布局、错位发展、良性竞争的格局。支持设立承接产业转移示范区。河南省的郑州和洛阳可成为加工贸易梯度转移重点承接地。另外，国家发改委发布的《中原经济区规划（2012～2020年）》又明确提出郑州航空港经济综合实验区要以航空货运为突破口，积极承接国内外产业转移，大力发展航空物流、航空偏好型高端制造业和现代服务业，并推进跨境贸易电子商务服务试点，建设全球网购商品集散分拨中心，并力争在2020年建设成为现代航空都市和中西部地区对外开放的新高地、中原经济区的核心增长区域。中原经济区建设上升为国家战略，得到国家的大力支持，无疑为河南省承接产业转移提供了有利的外部条件。

4. 郑州航空港经济综合实验区建设上升为国家战略

2013年3月7日，国务院正式批复了《郑州航空港经济综合实验区发展规划（2013～2025年）》，标志着郑州航空港经济综合实验区成为全国首个上升为国家战略的航空港经济发展先行区。国家对郑州航空港经济综合实验区的战略定位是国际航空物流中心、以航空经济为引领的现代产业基地、内陆地区对外开放重要门户、现代航空都市、中原经济区核心增长极。从定位可以看出国家对郑州航空港经济综合实验区的重视。按照规划确定的发展目标，到2025年，郑州航空港经济综合实验区将成为"大枢纽"——航空货邮吞吐量达到300万吨左右，跻身全国前列，国际航空货运集散中心地位显著提升；拥有"大产业"——形成创新驱动、高端引领、国际合作的产业发展格局，与航空关联的高端制造业主营业务收入超过10000亿元；建成"大都市"——营商环境与国际全面接轨，建成进出口额达到2000亿美元的现代化航空都市，成为引领中原经济区发展、服务全国、连通世界的开放高地。郑州航空港经济综合实验区上升为国家战略，这种国家政策的大力支持，必然带动该实验区快速发展，带动河南地区快速发展，加速河南省承接产业转移。

4.3.4 河南省承接产业转移的挑战

在承接产业转移方面，河南省面临的挑战主要体现在以下三个方面。

1. 东部欠发达城市的竞争

河南省在承接产业转移的过程中，首先面临东部欠发达城市承接产业转移的竞争。东部欠发达地区（如山东西南部、江苏北部、广东北部等地）与东部沿海发达地区联系较近，它们之间在政治、经济、文化、地理等方面有着密切的联系。这就使得这些区域在承接本区域发达地区产业转移的过程中具有不可比拟的优势，且这些地区劳动力成本相对低廉，距离原市场近，有很强的承接优势。相比之下，河南省在政治、经济、文化、地理等方面与东部发达地区的联系处于劣势。

2. 中西部其他城市的竞争

河南省与中西部其他省份之间在承接产业转移方面所面临的竞争更为激烈，尤以中部六省的竞争最为激烈。中部六省区位相近，资源禀赋相似，政策环境相同，发展基础处于同一起跑线上，相互之间各有所长。例如江西，毗邻广东、浙江，到港口的物流成本低，正着力打造以香港工业园为龙头的赣粤产业转移承接走廊和以台湾工业园为龙头的赣闽产业转移承接走廊，以促进与沿海的无缝对接。安徽也正全力建设承接长三角产业转移示范区，同时国务院已经批准安徽关于设立皖江城市带承接产业转移示范区的请示，使得该省承接产业转移的工作得到快速发展。在城市群建设中，中部各省已经建立起以省会为中心的六个都市经济圈：河南中原城市群、湖北武汉城市群、湖南长株潭经济圈、安徽合肥经济圈、江西昌九工业走廊和山西大太原经济圈。同时，国家又明确提出鄱阳湖经济区建设。相似的国家支持、中部各省的重视及努力，给河南省造成了不小的压力和挑战。西部开发战略的继续实施，也使得西部地区对河南省形成了不小的竞争压力（屈文燕，2011）。

3. 生态环境保护的挑战

按照产业梯度转移理论，发达国家或地区转移的产业一般都是失去竞争优势的产业，而这些产业主要集中在化工、纺织、塑料、水泥等高耗能产业领域，其对能源的需求高、对环境的污染大。因此，河南省在承接产业转移的过程中，如何处理生态环境保护与承接产业转移的关系至关重要。而对于生态环境的保护，中国加大了对环境污染的防控力度和执法力度，河南省在承接产业转移方面面临更为严峻的挑战。另外，随着中原经济区建设的不断推进，化工企业位于城市人口稠密区、重要水源地和生态保护区，已成为重大安全环保隐患。河南省自身环境问题也比较突出。《2012 年河南省环境状况公报》显示，随着工业化、城镇化进程的加快，河南省污染物排放量刚性增加，污染减排压力持续加大；环境容量有限，支撑发展的资源环境明显不足；水、大气等老污染问题尚未完全解决，机动车、灰霾、畜禽养殖等新产生的污染问题逐步凸现，污染事件时有发生，全省地表水水质级别为中度污染，省辖淮河流域为重度污染。在这样的环境条件下，河南省在承接产业转移过程中，要注重环境和经济的协调发展。

4.4　河南省承接产业转移的思路

河南省是中国东部产业转移和西部资源输出的重要枢纽。近年来，河南省委、省政府大力实施开放带动战略，取得明显效果。该省举办了各类产业对接活动，大力推进产业集聚区建设，优先承接高成长性产业、传统优势产业和先导产业，构建产业转移多方合作机制，积极承接产业转移，为该省产业经济的全面推进注入了强劲动力。

1. 构建现代产业体系，明确承接方向

2011 年 9 月 28 日，《国务院关于支持河南省加快建设中原经济区的指导意见》出台，将建设中原经济区纳入了国家战略。按照中原经济区建设规划纲要，构建现代产业体系是当前河南省产业发展的主要目标。发展壮大优势主导产业，做大做强高成长性的汽车、电子信息、装备制造、食品、轻工、新型建材等产业，改造提升具有传统优势的化工、有色、钢铁、纺织产业，加快淘汰落后产能,形成带动力强的主导产业群。积极培育战略性新兴产业,集中优势资源,实施一批科技重大项目,加快产业化基地建设,重点推动生物、新材料、新能源、新能源汽车、高端装备等先导产业发展,大力发展节能环保产业。

(1) 主要思路

基于本省承接产业转移的优势,河南省确定的承接产业转移的基本思路是:坚持政府引导和市场运作相结合,以产业集聚区为主要载体,着力引进关联度高、辐射力大、带动力强的龙头型、基地型大项目,着力完善60条产业链,做强装备制造业,加快提升原材料产业,加速壮大消费品产业,大力培育高技术产业,形成承接大项目—完善产业链—打造产业集群—建设产业基地模式,促进产业转移向规模化、集群化发展,不断提升承接产业转移的水平和层次,推进河南省产业结构优化升级。

(2) 承接产业转移的主攻领域

河南省承接产业转移,应重点向以下三个方向发展:一是市场需求空间广阔的产业,如汽车、装备制造、建材、食品等产业。这些产业市场空间比较大,而且转移趋势非常明显,应吸引发达地区与这些产业相关的产业链、产业链关键环节和龙头企业落户河南。二是积极承接与河南省传统优势产业相关的产业,如化工、钢铁、有色、纺织服装产业,通过延长河南省传统优势产业的链条,使其向精深加工发展,并提升传统优势产业的技术、设备水平,向产业链高端方向发展。三是积极引导外来资金投向新能源汽车、生物、新能源、新材料等战略性新兴产业,加快核心关键技术产业化,形成产业规模,占领未来发展制高点。

2. 大力建设产业集聚区，夯实承接载体

河南省各类产业集聚区已达180个，建成区面积1100多平方公里，平均每个产业集聚区6平方公里。根据《国务院关于支持河南省加快建设中原经济区的指导意见》、《河南省人民政府印发关于加快产业集聚区科学发展若干政策（试行）的通知》（豫政〔2009〕62号）和《河南省人民政府关于促进全省产业集聚区持续健康快速发展的若干意见》（豫政〔2012〕34号）的要求，应大力建设产业集聚区。河南省要充分重视产业园区的建设，促进产业集聚发展。依托中心城市和县城，促进第二、三产业高度集聚，强化产业分工协作，建设沿陇海产业带、沿京广产业带，形成以产兴城、依城促产的协调发展新格局。加强产业集聚区规划与土地利用总体规划、城市总体规划的衔接，整合提升各类产业园区，科学规划建设产业集聚区，积极构建现代产业体系、现代城镇体系和自主创新体系发展的重要载体，促进企业集中布局、产业集群发展、资源集约利用、功能集合构建、人口有序转移。支持基础设施和公共服务平台建设，推进创新型、开放型、资源节约和环境友好型等产业集聚区的示范创建，建设一批国家新型工业化产业示范基地。

（1）集中承接，集约发展

大力建设产业集聚区，更好地满足产业转移对资源、空间、区位、劳动力等的多元化需求，把产业集聚区作为承接产业转移的主要平台和推进工业化的重要载体。

（2）特色主导，龙头带动

特色主导，就是对产业集聚区因地制宜、分类指导，积极承接集群式、链式产业转移，培育壮大主导产业，做强辐射带动有

力的产业基地,做优特色鲜明的产业集群,做精充满活力的特色园区;基地之间、集群之间、园区之间错位竞争,加强优势产业集群之间的垂直分工和水平协作,增强竞争力。龙头带动,就是依托行业龙头企业,优先配置资源,扶持龙头企业做大做强;推动龙头企业与关联企业、上下游企业深化合作,加强中小企业配套协作,实现龙头企业带动下的集群化发展。

3. 举办产业转移对接活动,打造对接平台

项目对接是产业转移的关键。河南省高度重视项目对接平台的搭建,近年来先后举办了豫商大会、黄帝故里拜祖大典、中国国际投资贸易洽谈会、中原经济区走进台湾行等20余场大型项目洽谈对接活动,为项目之间、企业之间、地方之间加强合作搭建了平台。

(1) 坚持重在实效,高标准谋求高站位

首先是提高活动定位。河南省要把举办郑州产业转移系列对接活动,定位为打造中部地区承接产业转移的代表性对接平台,打破省的局限,扩大活动范围和发展空间。其次是提高组织层次。河南省高层领导人要重视承接产业转移,与国家部门领导人合作,提高产业对接活动的组织层次。再次是提高运作水平。各类产业对接活动要注重活动效果,大力介绍河南,了解转移产业与河南的利益契合点,提高活动运作水平。

(2) 突出深度对接,增强承接针对性

一是项目对接。重点瞄准龙头型项目、产业升级项目和集群承接项目(2011年,河南省根据国家产业政策公开征集产业转移重点项目993个,涉及16个领域,金额4949亿元)。在组织重大项目签约的同时,重视分行业专项对接,重点举办食品、装备、有色金属、建材、电子信息及软件等六场专项对接活动。二是技术对接。坚持"引资"与"引智"并重，通过与高校签订战略合作协议、举办产学研对接活动等措施，进一步推动企业与高校、科研机构产学研协同创新。三是产业对接。围绕河南省重点支持的 14 个产业，突出板块承接、链式转移，着力推动产业承接从点式、一般招商向集群式、链式承接转变。

4. 建立多方联动机制，加强转移合作

坚持"高层次搭台、高水平对接"，通过战略合作构建长效机制是河南省承接产业转移工作的一个重要思路。

（1）省部合作

2010 年，河南省政府与工业和信息化部签订了战略合作框架协议，支持河南省积极承接产业转移，之后连续两年以部省合作的形式，成功举办了中国郑州产业转移系列对接活动，极大地支持了中原经济区建设。

（2）省协合作

在工业和信息化部的支持和组织协调下，河南省政府先后与中国石油和化学工业联合会、中国有色金属工业协会、中国机械工业联合会、中国汽车工业协会等 14 个国家级行业组织签订了产业转移战略合作协议。在产业转移对接活动中，行业组织充分发挥号召和中介桥梁作用，动员行业 20 强、50 强企业与会，为河南省对口行业承接产业转移提供了有力帮助。

（3）省校合作

工业和信息化的发展离不开科技支持。河南省与北京航空航天大学、哈尔滨工业大学、西北工业大学等工业和信息化部直属七所高校签订了合作协议，举办了产学研对接会，发布最新科研成果 2000 多项，积极推动了高校科研成果与企业生产的对接与应用，促进了产学研合作，大大增强了产业转移的广度和深度，也受到企业和高校的欢迎。

（4）省际合作

为更好地组织产业转移工作，河南省工业和信息化厅先后与北京、上海、广东等沿海八省（市）工信主管部门签订了产业转移合作协议，帮助河南省收集项目信息、牵线项目对接。此外，河南省还与 11 家央企、6 家金融机构总部签订了战略合作协议。

省部、省协、省校、省际以及与央企和金融机构合作的加强，进一步拓宽了河南省承接产业转移的领域。

5. 提高政府保障水平，优化承接环境

河南省大力加强了城镇建设、能源保障、交通体系、人力资源等支撑条件及承接产业转移的能力，发展环境持续优化，为承接产业转移提供了"三大保障"：一是政策保障。省政府就承接产业转移专门行文，在投融资、信贷、税收、价格、土地、市场准入等各方面，对产业转移项目给予全力扶持；除了享受国家促进中部崛起相关政策外，全省还有 52 个县可以享受国家西部大开发有关优惠政策，5 个省辖市可以享受国家振兴东北老工业基地有关优惠政策。二是制度保障。全省各级、各部门审批程序进一步简化，行政服务大厅普遍设立，"一站式服务""一条龙服务"全面推行，无偿代理、跟踪服务等便利措施相继推出，投资环境高效、便捷、开放。三是服务保障。河南省以领导方式转变促进发展方式转变，全省围绕营造更好的投资环境，坚持"创、诚、和、韧"四字经。

政策环境、服务环境、发展环境的优化，使河南省在新一轮发展格局中的优势更加清晰、活力更加充足。

6. 加大教育、培训投入，提高劳动者素质

河南省要加大对教育的投入，多途径提高劳动者素质。发展职业教育就是发展现实的先进生产力。河南省要加大对职业教育的人力、物力和财力投入，努力改善职业教育办学环境，提高职业教育的教师质量，进而提高职业教育的教学质量，提高职业教育的学生素质，提高产业工人的素质。采取积极的劳动力市场政策，大规模开展就业培训，提高现有劳动者的就业技能，增强河南省劳动力的就业竞争力；开展持续的、广泛的、多形式的劳动技能培训，并鼓励劳动者自我学习和终生学习，提高现有劳动者的劳动技能；宣传职称教育，大力开展职称培训，鼓励参加职称评审，培养高级劳动者；加大对高等教育的投入力度，重视高等教育教学质量，提高大学生能力。此外，要建立开放、有序的人才市场体系，积极承接境内外以人才为纽带的资金、产品、技术产业转移，大力引进高素质人才。

7. 提高自主创新能力

根据《国务院关于支持河南省加快建设中原经济区的指导意见》，河南省要促进工业化与信息化融合、制造业与服务业融合、新兴科技与新兴产业融合，加大技术改造力度，走创新驱动发展道路。发挥企业创新主体作用，建立产业技术创新联盟，构筑区域性自主创新体系。支持组织实施一批重大科技专项工程，加强技术创新，推动郑州、洛阳成为具有重要影响力的产业创新中心。完善创新创业服务体系，支持创新型企业加快发展。承接产业转移，加大对先进产业、先进企业的学习和创新，包括生产技术、先进管理经验、先进营销经验等等。对于承接的产业企业技

术，可以按引进—消化—吸收—模仿—创新的过程进行逐步创新，进而建立自己的创新体系。此外，通过承接境外的产业转移，多方面、多渠道地引进世界先进技术，鼓励本土企业与引资企业形成产业配套关系，在合作中通过技术学习，积累起自主的产业创新能力。

8. 注重环境保护

经济发展是硬道理，环境保护是硬要求。河南省在承接产业转移中，要注重环境保护，不能以牺牲环境为代价来换取经济发展。鼓励承接那些技术含量高、环境污染小，并且符合河南省产业转移优势的产业，限制和禁止承接高污染行业。另外，加大技术改造支持力度，加快新技术、新材料、新工艺、新装备改造，提升传统产业，提高资源、能源利用率，提高污染处理技术水平，减少资源、能源的浪费和环境污染。全面贯彻落实《环境保护法》《清洁生产促进法》和国家有关节能减排的政策措施，加强企业节能减排管理，控制总量、调整存量，鼓励企业采用先进技术和装备进行节能减排和综合利用技术改造。推广化工园区产业集聚、能源有效利用、排放集中治理等先进生产方式，实现废弃物减量化和资源化。有效降低单位产品能耗、水耗和污染物排放量，建立和完善石化化工行业节能减排指标体系、检测体系和考核体系。根据河南省政府出台的《关于加强环境保护促进中原经济区建设的意见》，到2015年，要实现主要污染物排放总量持续减少，环境质量不断改善，城乡环境保护统筹推进，环境监管能力不断提升，环境安全得到基本保障，环境保护成为全社会的自觉行为，环境保护优化经济发展的作用进一步显现，为全面推进中原经济区建设提供环境支撑。

9. 加强中原城市群建设

根据《国务院关于支持河南省加快建设中原经济区的指导意见》，河南省要加强中原城市群建设，实施中心城市带动战略，提升郑州作为中国中部地区重要中心城市的地位，发挥洛阳区域副中心城市作用，加强各城市间分工合作，推进交通一体、产业链接、服务共享、生态共建，形成具有较强竞争力的开放型城市群。加快郑汴新区发展，建设内陆开发开放高地，打造"三化"协调发展先导区，形成中原经济区最具活力的发展区域。加强郑州与洛阳、新乡、许昌、焦作等毗邻城市的高效联系，实现融合发展。推进城市群内多层次城际快速交通网络建设，促进城际功能对接、联动发展，建成沿陇海经济带的核心区域和全国重要的城镇密集区。河南省各地市就地区之间的经济信息尤其是产业发展规划方面的信息进行充分的交流，协调在产业转移方面存在的矛盾，避免各地市在承接产业转移上存在无序竞争，实现各地区在优势互补中形成联动式发展，促进结构的连锁型变动与升级，形成各地市有序承接、集中布局、错位发展、良性竞争的格局。

10. 加强交通网络建设

高铁时代的到来大大拉近了城市之间的距离，也对承接地的交通提出了更高的要求。根据《国务院关于支持河南省加快建设中原经济区的指导意见》，河南省要持之以恒、不遗余力地构筑便捷高效的交通运输网络，加强铁路、公路、航空、水运网络建设，提高通达能力，强化与沿海地区和周边经济区域的交通联系，形成网络设施配套衔接、覆盖城乡、连通内外、安全高效的综合交通运输网络体系。河南省要加强区域间的交通建设，建设郑州至万州铁路，研究规划郑州至济南、郑州至太原、郑州至合肥等快速铁路通道，逐步形成促进大区域间高效连接的铁路通道网络。河南省要推进中原城市群城际铁路网建设。加快内蒙古西部至华中地区铁路煤运通道建设，完成宁（南京）西（西安）等铁路复线电气化改造工程，形成多条出海运输通道。河南省要加快航空运输建设，统筹研究洛阳、南阳、商丘、明港以及豫东北、鲁山机场建设，支持发展通用航空，适时试点开放低空空域。河南省要完善内联外通的高速公路网，实施京港澳、连霍等高速公路扩容改造。河南省要建设国家级区域公路交通应急救援和路网协调中心，为交通的良好、高效运行构建保障。

4.5 本章小结

本章主要研究了四个问题：其一，河南省承接境外、国内产业转移的现状、问题及特征；其二，河南省承接产业转移的可行性和必要性；其三，河南省承接产业转移面临的机遇和挑战、优势和劣势；其四，在机遇和挑战、优势和劣势并存的情况下，河南省承接产业的发展思路。

河南省承接境外产业转移的现状有：三次产业承接规模不断壮大；各地市承接规模不断扩大；独资成为最主要的承接方式；产业转移来源地较集中。河南省承接国内产业转移的现状有：承接产业转移力度大；产业转移来源地比较集中；高成长性产业居首；产业集聚区、工业园区成为承接的主要载体。在承接产业转移的问题方面，河南省面临各地承接产业转移不均衡；三大产业承接不均衡；重引进，轻学习和创新；承接产业层次低等问题。河南省承接产业转移体现的特征有：承接规模不断壮大；中原城市群承接作用明显；承接行业以河南省优势行业居首；承接的签约项目质量得到很大的提升；承接项目进度监督力度大。

河南省承接产业转移的必要性有：适应产业梯度转移一般发展规律的必然趋势；区域经济一体化发展的需要；河南省产业结构升级的现实需要；实施中原经济区建设的需要；建设中原城市群的需要；建设郑州航空港经济综合实验区的需要。可行性包括：国家（地区）间的分工为产业向河南省转移提供了难得的机遇；市场需求的变化是产业向河南省转移的重要条件；河南省良好的产业基础为承接产业转移提供了良好的现实基础。

承接产业转移时面临的优势和劣势、机遇和挑战。①面临的优势有：区位优势；交通优势；自然资源优势；劳动力资源优势；市场容量优势；市场辐射优势；空间优势；工业基础优势；政策优势。②面临的劣势主要有：协作配套能力不强；物流成本过高；投资软环境不好；承接载体功能受限；劳动力结构有待优化。③面临的机遇主要有：境外产业转移步伐加快；东部发达地区产业升级；中原经济区建设上升为国家战略；郑州航空港经济综合实验区建设上升为国家战略。④面临的挑战主要有：东部欠发达城市的竞争；中西部其他城市的竞争；生态环境保护的挑战。

承接产业转移的思路：构建现代产业体系，明确承接方向；大力建设产业集聚区，夯实承接载体；举办产业转移对接活动，打造对接平台；建立多方联动机制，加强转移合作；提高政府保障水平，优化承接环境；加大教育、培训投入，提高劳动者素质；提高自主创新能力；注重环境保护；加强中原城市群建设；加强交通网络建设。

第5章

河南省承接产业转移对产业结构升级影响的实证分析

前面的章节主要对河南省产业结构的现状、承接产业转移的情况,以及承接产业转移的优势、劣势、机遇、挑战进行了分析,那么通过承接产业转移到底对河南省产业结构有什么样的影响呢?以下,本研究采用计量经济模型、因子分析法,对承接产业转移对河南省产业结构的影响进行实证分析。

5.1 承接产业转移对河南省产业结构的影响

产业结构发展水平对一国(地区)经济发展水平有着十分重要的影响,是一国(地区)经济发展水平持续平稳发展的关键。产业结构的调整是经济发展的本质特征,也是经济能否持续、稳定、协调发展的关键。近年来,通过承接产业转移,河南省产业结构不断优化。为了更好地了解承接产业转移是否会对河南省产业结构的变动产生影响,本节将采用计量经济模型对河南省的一些相关数据进行验证。

5.1.1 指标选取

1. 产业转移衡量指标

产业转移承接的外来资金主要由外资和内资两部分构成。考虑到河南省产业转移承接内资数据零散，统计口径不一，且目前大多数学者在对产业转移进行实证研究时，采用外商直接投资（Foreign Direct Investment，FDI）这一指标作为其量化指标（刘世欣，2009），所以本研究也借鉴同样的处理方法，选取FDI作为产业转移衡量指标，用以近似替代产业转移量。

2. 产业结构优化指标

产业结构优化升级的实质就是产业结构不断从低级向高级演进，即三次产业结构水平的优化。依据配第－克拉克定律和库兹涅茨的现代经济增长理论，随着国民经济的发展和工业化进程的推进，三次产业结构的比例关系将逐渐发生变化。第一产业创造的生产总值所占比例逐渐下降，而第二产业和第三产业产值所占比例持续上升。因此，二、三产业产值所占比例是衡量产业结构的可取指标，可从产值和经济结构方面反映产业结构的优化。

依据产业结构演变规律，在工业化前期，第一产业劳动力所占比例具有绝对优势。随着工业化进程的推进，第一产业劳动力所占比例不断下降，同时，二、三产业迅速发展并创造了大量的就业机会，加速第一产业的劳动力向二、三产业转移，二、三产业部门占用的劳动力将不断增加。所以，二、三产业就业比重也成为判断区域产业结构向高度化演进必不可少的指标，可从人口和就业结构方面反映产业结构的优化。

总之，依据河南省的具体情况，基于指标选取原则的系统性

第5章 河南省承接产业转移对产业结构升级影响的实证分析

和连续性,同时考虑到应用的计量模型要求数据具有时间上的连贯性,本研究最终选取外商直接投资(FDI)、二、三产业产值比重(Y_1)、二、三产业就业比重(Y_2)三个指标变量,定量研究产业转移和产业结构的互动影响。

本部分实证研究的数据,来自河南省统计局各年相关统计年鉴,观测数据的样本长度为1998~2012年。首先,以各年人民币对美元的平均汇率为标准,对外商直接投资单位进行了处理;其次,选取全国居民消费价格指数(Consumer Price Index,CPI)作为物价的替代变量,并以1998年为基期进行定基处理,具体数据见表5-1。同时,为了减少异方差、增加数据平稳性,在实证过程中对变量进行了取自然对数处理。以下相关计算在 Eviews 6.0 中实现。

表5-1 河南省二、三产业产值比重及就业比重

年 份	Y_1(%)	Y_2(%)	消除价格因素的FDI(亿元)
1998	75	41	51.08
1999	75	37	41.23
2000	77	36	44.80
2001	78	37	29.54
2002	79	38	37.50
2003	83	40	46.07
2004	81	42	68.99
2005	82	45	94.40
2006	84	47	135.82
2007	85	49	205.11
2008	85	51	233.00
2009	86	54	274.63
2010	86	55	342.97
2011	87	57	501.08
2012	87	58	573.41

数据来源:1999~2013年《河南统计年鉴》。

5.1.2 变量平稳性 ADF 检验

1. ADF 检验方法

在采用时间序列进行实证分析时,可能出现回归的残差序列非平稳现象,即出现"伪回归"现象,回归关系不能够真实地反映因变量和解释变量之间存在的均衡关系,即使回归的拟合优度和显著性水平等指标都很好,也可能只是一种数字上的巧合。而回归残差序列非平稳,表明因变量不能全部被解释变量所解释,不能被解释的部分可能会出现偏离被解释变量均值的趋势,这样的模型用来预测未来信息是不准确的。因此,为了避免"伪回归"现象出现,需要对时间序列进行平稳性检验。本研究采用增广的迪基－富勒检验(Augmented Dickey – Fuller Test,ADF)方法,来检验序列的平稳性。ADF 检验通常有三种形式:

$$\Delta y_t = \gamma y_{t-1} + \sum_i^p \beta_i \Delta y_{t-i} + \mu_t \tag{1}$$

$$\Delta y_t = \gamma y_{t-1} + a + \sum_i^p \beta_i \Delta y_{t-i} + \mu_t \tag{2}$$

$$\Delta y_t = \gamma y_{t-1} + a + \delta t + \sum_i^p \beta_i \Delta y_{t-i} + \mu_t \tag{3}$$

其中,$t = 1,2,\cdots,T$。ADF 检验的原假设为 H_0:$\gamma = 0$,即序列存在一个单位根;备选假设为 H_1:$\gamma < 0$,即不存在单位根序列。ADF 检验需要注意一个问题,由于时间序列可能存在非零均值且存在随时间变化的趋势,所以应选择上述三个方程中的一个进行检验。因此,检验形式的选择是非常重要的。

2. 数据平稳性检验过程及结果

基于上述序列平稳性的 ADF 检验原理,表 5 – 2 给出了

$LnFDI$、LnY_1、LnY_2三个观测序列及其一阶、二阶差分序列的平稳性检验结果，显出了 ADF 检验值和临界值及 ADF 检验值出现的概率 p 值，其中检验中各序列滞后阶数的确定采用了施瓦茨准则（SC）。由表 5-2 可知，这三个序列的水平值及其一阶差分序列的 ADF 检验值在 1% 的显著性水平下，均大于相应的临界值，从而接受存在单位根的原假设，即这三个序列及其一阶差分序列均非平稳；这三个序列的二阶差分序列在 1% 的显著性水平下，其 ADF 检验值均小于相应的临界值，从而接受不存在单位根的备选假设，即这三个序列的二阶差分序列是平稳的，因此 $LnFDI$、LnY_1、LnY_2 序列均为 $I(2)$ 序列。

表 5-2 序列平稳性 ADF 检验结果

变 量	检验形式 (c, t, n)	ADF 检验值	1% 临界值	p 值	结 论
$LnFDI$	(c, 0, 0)	-0.9089	-4.0044	0.9921	不平稳
$\Delta LnFDI$	(c, t, 0)	-2.9992	-4.8864	0.1688	不平稳
$\Delta\Delta LnFDI$	(0, 0, 0)	-7.0013	-2.7719	0.0000	平 稳
LnY_1	(c, t, 0)	-2.1880	-4.8001	0.4594	不平稳
ΔLnY_1	(c, t, 3)	-3.8633	-5.2954	0.0605	不平稳
$\Delta\Delta LnY_1$	(0, 0, 2)	-3.3183	-2.8167	0.0038	平 稳
LnY_2	(c, t, 2)	-0.3938	-4.9923	0.9722	不平稳
ΔLnY_2	(0, 0, 2)	-0.7496	-2.7922	0.3685	不平稳
$\Delta\Delta LnY_2$	(0, 0, 3)	-3.2580	-2.8473	0.0047	平 稳

注：检验形式（c, t, n）分别表示单位根检验中包含常数项、时间趋势及滞后项的阶数，n 的取值取决于 AIC 和 SC 准则，Δ 和 $\Delta\Delta$ 分别表示一阶和二阶差分。

5.1.3 Johansen 协整检验

从单位根的检验中可知，三个变量都是 $I(2)$ 过程，即三者之间有可能存在协整关系，而具有协整关系的变量长期存在稳定的协调发展趋势。协整检验的经济意义在于揭示时间序列变量的长期稳定关系，本研究采用 Johansen 协整检验法对模型中的三个指标变量进行协整检验。

1. Johansen 协整检验思想

协整检验的目的是检验一组非平稳的时间序列是否具有稳定的长期均衡关系。其基本思想是：如果一组时间序列本身非平稳，但一阶或二阶差分后为平稳序列，则该组时间序列存在协整关系。这种协整关系的存在可以通过一个变量绝对值的变化影响另一个变量绝对值的变化。协整检验需要注意的一个大前提是，只有各时间序列单整的阶数相同，才可能协整。一种最常用的、有效的协整检验方法是基于回归系数的 Johansen 协整检验法（蒋瑛琨、刘艳武、赵振全，2005）。

Johansen 协整检验的思想是，首先建立一个 $VAR(p)$ 模型：

$$y_t = A_1 y_{t-1} + \cdots + A_p y_{t-p} + B x_t + \varepsilon_t \tag{4}$$

其中，向量 $y_t = (y_{1t}, y_{2t}, \cdots, y_{kt})'$，其中序列 $y_{1t}, y_{2t}, \cdots, y_{kt}$ 均为非 $I(1)$ 过程；x_t 是确定性外生变量向量，包括趋势项和常数项；ε_t 是扰动向量。(4) 式可差分变换为：

$$\Delta y_t = \Pi y_{t-1} + \sum_{i=1}^{p-1} \Gamma_i \Delta y_{t-i} + B x_t + \varepsilon_t \tag{5}$$

其中，$\Pi = \sum_{i=1}^{p} A_i - I$，$\Gamma_i = -\sum_{j=i+1}^{p} A_j$。由于 $I(1)$ 过程经过差分变换可成为 $I(0)$ 过程，即 (5) 式中的 Δy_t 和 Δy_{t-i} 都是 $I(0)$ 变量构成的向量，则当 Πy_{t-1} 为 $I(0)$ 向量，即 $y_{1,t-1}, y_{2,t-1}, \cdots, y_{1,k-1}$ 之间存

在协整关系，就能保证 Δy_t 是 $I(0)$ 过程。变量 $y_{1,t-1}, y_{2,t-1}, \cdots,$ $y_{1,k-1}$ 之间是否存在协整关系，取决于矩阵 Π 的秩。设 Π 的秩为 r，其取值必然在 $(0,k)$ 之间，这表示存在 r 个组合，其中 $k-r$ 个组合仍为 $I(1)$ 关系，此时，可将矩阵 Π 分解成两个 $k \times r$ 阶矩阵 α 和 β 的乘积：$\Pi d = \alpha \beta'$，其中矩阵 α 和 β 的秩均为 r。则（5）式可变换为：

$$\Delta y_t = \alpha \beta' y_{t-1} + \sum_{i=1}^{p-1} \Gamma_i \Delta y_{t-i} + B x_t + \varepsilon_t \quad (6)$$

上式要求 $\beta' y_{t-1}$ 为 $I(0)$ 向量，即 β 的每一行所表示的 $y_{1,t-1}, y_{2,t-1}, \cdots, y_{k,t-1}$ 的线性组合都是协整关系，则矩阵 β 决定了 $y_{1,t-1}, y_{2,t-1}, \cdots, y_{k,t-1}$ 之间协整向量的个数，为矩阵 β 的秩 r。Johansen 协整检验的基本原理就是将向量 y_t 的协整检验变成对矩阵 Π 的秩的分析，即通过检验矩阵 Π 非零特征根个数来检验协整关系。

Johansen 协整检验可以通过迹检验和最大特征根检验实现。设矩阵 Π 的特征根为 $\lambda_1 > \lambda_2 > \cdots > \lambda_k$，若此矩阵有 r 个最大特征根，则矩阵存在 r 个协整向量，其余 $k-r$ 个特征值应均为0。此时，原假设即变为 $H_{r0}: \lambda_r > 0, \lambda_{r+1} = 0$，而备选假设为 $H_{r1}: \lambda_{r+1} > 0$，其中 $r = 0, 1, \cdots, k-1$。构建迹统计量 $\eta_r = -T \sum_{i=r+1}^{k} Ln(1-\lambda_i)$，则当 η_r 不显著时，即 η_r 值小于某一显著性水平下的 Johansen 分布临界值，接受原假设 H_{r0}，表明只有 r 个协整向量；而当 η_r 显著时，即 η_r 值大于某一显著性水平下的 Johansen 分布临界值，拒绝原假设 H_{r0}，表明至少有 r 个协整向量。Johansen 协整检验的最大特征值检验的原假设为 $H_{r0}: \lambda_{r+1} = 0$，备选假设为 $H_{r1}: \lambda_{r+1} > 0$，构建最大特征根统计量 $\xi_r = -T Ln(1-\lambda_{r+1})$，当 ξ_r 值小于临界值时，

接受原假设，只有 r 个协整向量；当 ξ_r 值大于临界值时，拒绝原假设，则至少有 r 个协整向量。

2. Johansen 协整检验结果

为检验河南省承接产业转移情况 $LnFDI$ 和产业结构优化情况 LnY_1、LnY_2 之间是否存在长期稳定的关系，以下运用基于回归系数的 Johansen 协整方法进行检验，检验结果见表 5-3、表 5-4。

表 5-3　Johansen 协整检验结果

无约束协整检验（迹检验）

变量组	协整向量个数	特征值	迹统计量	临界值（5%）	p 值	结论
$LnFDI$	$r=0$	0.6238	13.4860	12.3209	0.0318	$r=1$
LnY_1	$r\leqslant 1$	0.0580	0.7763	4.1300	0.4354	

无约束协整检验（最大特征根检验）

变量组	协整向量个数	特征值	最大特征根统计量	临界值（5%）	p 值	结论
$LnFDI$	$r=0$	0.6238	12.7096	11.2248	0.0272	$r=1$
LnY_1	$r\leqslant 1$	0.0580	0.7763	4.1300	0.4354	

表 5-4　Johansen 协整检验结果

无约束协整检验（迹检验）

变量组	协整向量个数	特征值	迹统计量	临界值（5%）	p 值	结论
$LnFDI$	$r=0$	0.7662	19.5499	12.3209	0.0026	$r=1$
LnY_2	$r\leqslant 1$	0.0492	0.6554	4.1299	0.4784	

无约束协整检验（最大特征根检验）

变量组	协整向量个数	特征值	最大特征根统计量	临界值（5%）	p 值	结论
$LnFDI$	$r=0$	0.7662	18.8944	11.2248	0.0019	$r=1$
LnY_2	$r\leqslant 1$	0.0492	0.6554	4.1299	0.4784	

表 5-3 的迹统计量检验表明，在 5% 的显著性水平下，拒绝协整向量个数 $r=0$ 的假设，而接受协整向量个数 $r \leqslant 1$ 的假设，因此，河南省承接产业转移情况 $LnFDI$ 和二、三产业产值比重 LnY_1 之间存在一个协整方程，两个序列之间存在长期稳定的均衡关系。表 5-4 的迹统计量检验表明，在 5% 的显著性水平下，拒绝协整向量个数 $r=0$ 的假设，而接受协整向量个数 $r \leqslant 1$ 的假设，因此，河南省承接产业转移情况 $LnFDI$ 和二、三产业就业比重 LnY_2 之间存在一个协整方程，两个序列之间存在长期稳定的均衡关系。即 FDI，二、三产业产值比重，二、三产业就业比重这三个变量，在 5% 显著性水平上的迹检验和最大特征值检验都存在长期协整关系。它们存在协整关系表明这三个变量在某种组合下的长期变动趋势是一致的，即这三个变量具有长期相同的变化趋势。这就说明外商直接投资量与河南省产业结构的变化较为一致，FDI 能够影响其他两个变量，进而影响整个河南省产业结构变动。本书主要研究产业转移对河南省产业结构的影响，基于此考虑，本书重点分析 FDI 变量与二、三产业产值比重，FDI 与二、三产业就业比重，这两组变量之间的协整关系，协整方程如下：

$$LnY_1 = 0.5851 LnFDI + \eta_1$$
$$(0.1029) \quad \text{log likelihood} = 39.9242 \quad (7)$$
$$LnY_2 = 0.5991 LnFDI + \eta_2$$
$$(0.0497) \quad \text{log likelihood} = 42.8039 \quad (8)$$

（7）、（8）式圆括号中的数字为标准误。由于实证中的数据进行了取自然对数处理，因此承接产业转移参数为弹性概念，意味着河南省吸收外商直接投资比例每上升 1 个百分点，导致二、三产业产值比重上升 0.5851 个百分点、二、三产业就业比重上升

0.5991个百分点。

5.1.4 Granger因果关系检验

1. Granger因果关系检验思想

为进一步研究时间序列变量之间的关系，我们对各时间序列变量进行因果关系检验。Granger因果关系检验是考察序列 X 是否序列 Y 产生的原因时采用的方法。该方法的基本原理是：首先估计 Y 值对其自身滞后值的解释情况，而后研究引入时间序列 X 后，是否能够提高 Y 的被解释情况（雷良桃、黎实，2007）。如果引入序列 X 后，能够提高 Y 的被解释程度，且序列 X 与 Y 在统计上显著，则可以说 X 是 Y 的 Granger 原因。

时间序列 x_t 与 y_t 间 Granger 因果关系回归检验式为：

$$y_t = \sum_{i=1}^{p} \alpha_i y_{t-i} + \sum_{i=1}^{p} \beta_i x_{t-i} + u_{1t}$$
$$x_t = \sum_{i=1}^{p} \alpha_i x_{t-i} + \sum_{i=1}^{p} \beta_i y_{t-i} + u_{2t} \tag{9}$$

根据检验的具体情况，我们可在上式中加入位移项、趋势项以及季节虚拟变量等。Granger因果关系检验的零假设为：

$$H_0: \beta_1 = \beta_2 = \cdots = \beta_p = 0$$

显然，如果（9）式中 x_t 的滞后变量回归系数估计值都不显著，则 H_0 不能被拒绝，即 x_t 对 y_t 不存在 Granger 因果性。反之，如果 x_t 的任何一个滞后变量回归系数的估计值是显著的，则 x_t 对 y_t 存在 Granger 因果关系。

同样，我们可以通过构建 F 统计量，来检验 y_t 对 x_t 是否存在

Granger 因果关系。当 $F > F_\alpha$ 时,接受 H_0,不存在 Granger 因果关系;当 $F < F_\alpha$ 时,拒绝 H_0,x_t 对 y_t 存在 Granger 因果关系。Granger 因果关系检验的结果有四种情况:存在由 X 到 Y 的单向 Granger 因果关系;存在由 Y 到 X 的单向 Granger 因果关系;Y 和 X 之间存在双向的 Granger 因果关系;Y 和 X 之间不存在任何形式的 Granger 因果关系。

2. Granger 因果关系检验结果

上文的 Johansen 协整检验表明河南省承接产业转移情况 $LnFDI$ 和产业结构优化情况 LnY_1、LnY_2 之间存在长期稳定的关系,在此,为确定产业转移和产业结构优化之间的相互关系,进行了 Granger 因果关系检验,检验结果如表 5-5 所示。

表 5-5 产业转移 $LnFDI$ 和产业结构优化 LnY_1、LnY_2 序列的 Granger 因果关系检验结果

滞后阶数:2

零假设	观测个数	F 统计量	p 值
LnY_1 不是 $LnFDI$ 的 Granger 原因	13	4.3541	0.0526
$LnFDI$ 不是 LnY_1 的 Granger 原因	13	0.3229	0.7331
LnY_2 不是 $LnFDI$ 的 Granger 原因	13	30.6826	0.3532
$LnFDI$ 不是 LnY_2 的 Granger 原因	13	1.1887	0.0002

注:如果在 10% 显著性水平下拒绝原假设,表明 Granger 因果关系成立。

表 5-5 的检验结果表明:①河南省承接产业转移情况 $LnFDI$ 和二、三产业产值比重 LnY_1 之间存在单向的 Granger 因果关系,即 $LnFDI$ 是 LnY_1 的 Granger 原因。在这个意义上,也说明区域经济的发展根植于内源性经济的同时,外在力量对区域产业结构的演化升级在很长一段时间内有着显著的促进作用。因此,河南省

经济的发展不仅要挖掘内在潜力,更要借助外源的动力,只有这样才能实现经济的腾飞和产业结构的优化升级。②河南省承接产业转移情况 $LnFDI$ 和二、三产业就业比重 LnY_2 之间也存在单向的 Granger 因果关系,即 LnY_2 是 $LnFDI$ 的 Granger 原因。这说明二、三产业就业人数的增加促进了河南省产业转移的承接,丰富的廉价劳动力吸引了大量的外商企业向河南省转移。

本部分基于河南省 1998~2012 年的相关数据,采用 Johansen 协整检验、Granger 因果关系检验等手段,实证检验了承接产业转移对河南产业结构升级的影响。结果发现:承接产业转移对河南省产业结构的优化升级具有正效应。Granger 因果关系检验表明,承接产业转移与河南省产业结构调整之间存在单向的 Granger 因果关系。同时,Johansen 协整检验表明二者之间存在长期稳定的均衡关系。由协整方程可知,河南省吸收外商直接投资比例每上升 1 个百分点,导致二、三产业产值比重上升 0.5851 个百分点,二、三产业就业比重上升 0.5991 个百分点。

5.2 承接产业转移对河南省产业结构影响的综合评价

通过上一节的分析,本研究得出承接产业转移促进了河南省产业结构的优化和调整这一结论,但是,河南省通过承接产业转移促进产业结构优化升级的效果如何?河南省承接产业转移的承载力如何?为了更好地了解河南省承接产业转移促进产业结构优化调整的实际情况,本节从三个方面对河南省承接产业转移与产业结构之间关系的情况进行分析:河南省承接产业转移的承载能力;河南省各地市承接产业转移引起的产业结构转换;河南省承接产业转移促进产业结构转换的速度。

5.2.1 产业结构评价的一般方法

对于产业结构的评价方法，本研究采用因子分析法。因子分析（factor analysis）模型是利用降维的思想，从原始变量相关矩阵内部的依赖关系出发，把一些具有错综复杂关系的变量归结为少数几个综合因子的多变量统计分析方法。与主成分分析法相比，因子分析法更倾向于描述原始变量之间的相关关系，因此，因子分析法的出发点是原始变量的相关矩阵。因子分析法由英国心理学家查尔斯·爱德华·斯皮尔曼（Charles Edward Spearman）于1904年提出。下面将对因子分析法做详细的介绍。

1. 因子分析法的基本思想

因子分析法的基本思想是根据相关性大小将原始变量分组，使得同组内的变量之间相关性较高，不同组变量间的相关性较低。每组变量代表一个基本结构，并用一个不可观测的综合变量表示，这个基本结构被称为公共因子。对于所研究的某一具体问题，原始变量可以分解成两部分之和的形式，一部分是少数几个不可观测的所谓公共因子的线性函数，另一部分是与公共因子无关的特殊因子。这是一种利用几个有代表性的因素来反映大部分信息的分析方法。因子分析的方法有10多种，但在日常一般的应用中，以主成分分析法最为普遍。主成分分析法就其本质来说，是一种降维的化繁为简的处理技术，其原理主要是选择几个方差最大的变量作为代表，通过这几个代表变量反映原有变量的绝大部分信息，从而实现不用那么多变量来分析问题，达到化繁为简的效果。

2. 因子分析法的基本原理

假设有 n 个样本，每个样本观测 p 个指标，这 p 个指标之间有较强的相关性。为了便于研究，并消除观测量纲之间的差异及数量级不同所造成的影响，本研究对样本观测数据进行标准化处理，使标准化后的变量均值为 0，方差为 1。为方便，把原始变量和标准化后的变量均用 X 表示，用 $F_1, F_2, \cdots, F_m (m < p)$ 表示标准化的公共因子，ε 表示与公共因子无关的特殊因子。如果：

第一，$X = (X_1, X_2, \cdots, X_p)'$ 是可观测随机向量，且均值向量 $E(X) = 0$，协方差矩阵 $\text{cov}(X) = H$，且协方差矩阵 H 与相关矩阵 R 相等；

第二，$F = (F_1, F_2, \cdots, F_m)'(m < p)$ 是不可观测变量，其均值向量 $E(F) = 0$，协方差矩阵 $\text{cov}(F) = I$，即向量 F 的各分量是相互独立的；

第三，$\varepsilon = (\varepsilon_1, \varepsilon_2, \cdots, \varepsilon_p)'$ 与 F 互相独立，且 $E(\varepsilon) = 0$，ε 的协方差矩阵 H_ε 是对角方阵：

$$\text{cov}(\varepsilon) = H_\varepsilon = \begin{bmatrix} \sigma_{11}^2 & & & 0 \\ & \sigma_{22}^2 & & \\ & & \ddots & \\ 0 & & & \sigma_{pp}^2 \end{bmatrix} \tag{10}$$

即 ε 各分量之间也是相互独立的，则模型

$$\begin{cases} X_1 = a_{11}F_1 + a_{12}F_2 + \cdots + a_{1m}F_m + \varepsilon_1 \\ X_2 = a_{21}F_1 + a_{22}F_2 + \cdots + a_{2m}F_m + \varepsilon_2 \\ \quad \vdots \\ X_p = a_{p1}F_1 + a_{p2}F_2 + \cdots + a_{pm}F_m + \varepsilon_p \end{cases} \tag{11}$$

称为因子模型。该模型的矩阵形式为：

$$X = AF + \varepsilon$$

其中：
$$A = \begin{bmatrix} a_{11} & a_{12} & \cdots & a_{1m} \\ a_{21} & a_{22} & \cdots & a_{2m} \\ \vdots & \vdots & \vdots & \vdots \\ a_{p1} & a_{p2} & \cdots & a_{pm} \end{bmatrix} \qquad (12)$$

对于矩阵模型 A，如果出现 p 比较大的情况，则在 p 维空间里分析问题比较复杂，这时可用降维的处理方式，即用较少几个变量能尽量反映所有变量信息的处理方式，达到化繁为简的目的。假设 $x_1, x_2, \cdots, x_p$ 为原变量指标，而 $z_1, z_2, \cdots, z_m$（$m \leq p$）为经过降维后的变量指标，则存在如下线性组合：

$$\begin{cases} z_1 = l_{11}x_1 + l_{12}x_2 + \cdots + l_{1p}x_p \\ z_2 = l_{21}x_1 + l_{22}x_2 + \cdots + l_{2p}x_p \\ \vdots \\ z_m = l_{m1}x_1 + l_{m2}x_2 + \cdots + l_{mp}x_p \end{cases} \qquad (13)$$

l_{ij} 是原变量对应各自主成分变量的因子载荷，任意的主成分变量 z_i 与 z_j 相互无关；$z_1, z_2, \cdots, z_m$ 分别是 $x_1, x_2, \cdots, x_p$ 中方差最大的变量，并且分别被称为第一、第二……主成分。

3. 进行因子分析法的具体步骤

（1）相关性检验

相关性检验的目的是分析降维后的矩阵是否适合进行因子分析。如果出现相关系数矩阵 R 的系数小于 0.3，则不宜进行因子分析，SPSS 软件提供了三种进行相关性检验的方法（张文彤，2004），即巴特利特球形检验（Bartlett Test of Sphericity）、反映像相关矩阵检验（Anti-image Correlation Matrix）和 KMO（Kaiser-

Meyer – Olkin）检验。

$$R = \begin{bmatrix} r_{11} & r_{12} & \cdots & r_{1p} \\ r_{21} & r_{22} & \cdots & r_{2p} \\ \vdots & \vdots & \vdots & \vdots \\ r_{p1} & r_{p2} & \cdots & r_{pp} \end{bmatrix} \tag{14}$$

$$r_{ij} = \frac{\sum_{k=1}^{n}(x_{ki} - \overline{x_i})(x_{kj} - \overline{x_j})}{\sqrt{\sum_{k=1}^{n}(x_{ki} - \overline{x_i})^2 \sum_{k=1}^{n}(x_{kj} - \overline{x_j})^2}} \tag{15}$$

由于原始变量的数据具有不同的属性，因此在对其进行相关性分析之前，需要对其进行标准化计算。标准化主要是将各变量重要性的度量统一到相同的尺度上，标准化后的数据都具有均值为 0、方差为 1 的特性。

（2）确定进行因子分析的主因子变量

确定主因子变量的方法一般是主成分分析法，通过计算相关系数的特征根来计算方差贡献率与累积贡献率。一般来说，累积贡献率达到 80% 以上的作为主因子变量。

（3）确定主因子变量得分

主因子变量确定下来以后，通过回归法、巴特利特球形检验法来计算因子得分。

5.2.2 河南省承接产业转移能力评价

河南省承接产业转移的能力受多种因素的共同影响。本研究选取了具有代表性的四大因素：成本因素、市场潜力因素、投资环境因素、产业配套能力因素。

其中，影响产业转移的成本因素主要有原材料成本、劳动力成本。计算过程中，原材料成本用地区工业主营业务成本来表示，劳动力成本用行业职工平均工资来表示。市场潜力因素主要有行业产品的销售率这一指标，用行业产品销售率来表示。投资环境因素主要与政府对经济的干预程度有关，为了能将投资环境因素量化，采用地区市场化指数水平来衡量。产业配套能力因素，一方面主要与一国（地区）的基础设施建设程度有关，本研究选用一国（地区）的公路铁路通车里程来表示；另一方面还与一国（地区）的技术研发水平密切相关，本研究用行业科技人员占从业人员总数比例、R&D 投资占一国（地区）地区生产总值比例来表示。一国（地区）的技术研发水平反映了其承接产业转移的软实力，为转移企业的发展奠定了人力资源基础。影响产业转移的承载能力指标见表 5-6。

表 5-6 产业转移承载能力评价指标体系

影响因素	指标	代理变量
成本因素	原材料成本	工业主营业务成本
	劳动力成本	行业职工平均工资
市场潜力因素	行业产品的销售率	行业产品销售率
投资环境因素	地区的市场化水平	地区市场化指数
产业配套能力因素	基础设施发展水平	公路铁路通车里程
	技术研发水平	行业科技人员占从业人员总数比例
		R&D 投资占地区生产总值比例

对一国（地区）产业转移承载能力的评价，一般选用主成分分析法。本研究选用 2008~2012 年河南、北京、上海、广东、重庆、湖南的数据，来比较分析这些地区的产业转移承载能力，具

体数据见表5-7。通过对原始数据进行标准化处理和主成分分析,可以得到河南、北京、上海、广东、重庆、湖南这些地区产业转移承载能力的综合得分和排名,具体情况见表5-8。

表5-7 2008~2012年地区产业转移承载能力评价指标值

年份	省市	行业职工平均工资（元/年）	工业主营业务成本（亿元）	行业产品销售率（%）	地区市场化指数（%）	公路铁路通车里程（公里）	行业科技人员占从业人员总数比例（%）	R&D投资占地区生产总值比例（%）
2008	河南	24816	21251.31	98.40	36.00	244634	0.26	0.81
	北京	46346	10718.82	98.95	84.50	21296	4.59	9.05
	上海	39502	25214.57	98.70	87.50	11804	2.19	2.58
	广东	33110	60099.05	97.13	63.37	185014	0.70	1.41
	重庆	26985	6148.11	98.00	50.00	109890	0.23	1.05
	湖南	23082	8763.88	98.60	42.15	187363	0.17	0.42
2009	河南	27357	23765.05	98.50	37.70	246212	0.24	1.05
	北京	49592	11430.14	98.78	85.00	21711	5.31	5.50
	上海	42789	23933.17	98.99	88.30	11980	3.18	2.81
	广东	36355	61913.41	97.09	63.40	187136	0.67	1.65
	重庆	30965	6762.92	98.30	51.60	112236	0.35	1.22
	湖南	26008	11945.17	98.60	43.20	195098	0.24	0.50
2010	河南	30303	30316.67	98.70	38.80	249313	0.43	1.07
	北京	55464	13778.78	98.74	86.00	22070	5.14	5.82
	上海	46757	29670.94	99.00	88.90	12388	3.07	2.81
	广东	40358	77875.21	97.46	66.17	192441	0.76	1.76
	重庆	35326	8115.50	98.10	53.00	118345	0.24	0.95
	湖南	29275	14925.93	98.54	43.30	231693	0.24	0.40
2011	河南	34203	40301.82	98.60	40.60	251790	0.47	1.13
	北京	65294	14623.86	98.92	86.20	22414	5.66	5.76
	上海	51968	31833.54	99.00	89.30	12537	3.40	3.11
	广东	45152	87122.85	97.22	66.50	193279	0.87	1.96
	重庆	40042	9738.61	97.40	55.00	119948	0.41	1.28
	湖南	35520	20352.21	98.62	45.10	235883	0.32	0.48

续表

年份	省市	行业职工平均工资（元/年）	工业主营业务成本（亿元）	行业产品销售率（%）	地区市场化指数（%）	公路铁路通车里程（公里）	行业科技人员占从业人员总数比例（%）	R&D投资占地区生产总值比例（%）
2012	河南	37958	44546.45	98.30	42.40	254471	0.49	1.20
	北京	74464	15637.25	99.04	86.20	22607	5.88	5.95
	上海	56300	31766.98	98.94	89.80	12998	3.49	3.37
	广东	50577	88356.83	98.15	67.40	197520	1.05	2.17
	重庆	45392	11002.33	97.84	57.00	122180	0.44	1.40
	湖南	35520	22794.48	98.62	47.00	235883	0.32	0.48

数据来源：各省统计年鉴（2009~2013年）。

表5-8 2008~2012年地区产业转移承载能力总得分及排名

地区	2008年 得分	排名	2009年 得分	排名	2010年 得分	排名	2011年 得分	排名	2012年 得分	排名
北京	1.18	1	0.89	1	1.11	1	1.13	1	1.04	1
上海	0.55	2	0.52	3	0.67	2	0.64	2	0.62	2
广东	-0.47	5	0.53	2	-0.42	4	-0.26	3	0.29	3
重庆	-0.28	3	-0.46	4	-0.28	3	-0.32	4	-0.58	4
湖南	-0.43	4	-0.79	6	-0.55	6	-0.58	5	-0.77	6
河南	-0.57	6	-0.68	5	-0.54	5	-0.61	6	-0.59	5

从表5-8可以看出，北京、上海、广东地区的产业转移承载能力最高，重庆次之，湖南、河南较弱。显然，东部地区的产业转移承载能力高于其他地区，这主要与这些地区的市场潜力因素、投资环境因素、产业配套能力因素有关。上海、广东处于中国改革开放的前沿阵地，而北京具有良好的投资环境和强大的产业配套能力，这些因素导致了这三个地区产业转移承载能力较

高。湖南、河南、重庆这些地区是中西部地区的代表，可以看出，中部地区的产业转移承载能力落后于西部地区，这是由于西部地区受国家宏观政策的影响较大，其产业转移承载能力的增强与中国实行西部大开发政策息息相关。目前来看，中部地区产业转移承载能力相对较弱，但随着产业转移的加速，通过投资环境、产业配套能力、基础设施等方面的建设不断完善，中部地区产业转移承载能力有望逐步超过西部地区。

5.2.3 河南省产业结构转换能力综合评价

1. 河南省产业结构转换的总体情况

一国（地区）的产业结构调整与其经济发展水平息息相关。产业结构转换能力是一国（地区）产业结构优化和调整的前提和基础，分析一国（地区）的产业结构转换能力，有助于了解一国（地区）产业结构的优化和调整能力及其一些产业的发展潜力，对于一国（地区）制定正确的产业发展战略、提升产业结构优化和调整的能力具有十分重要的作用。

要分析一国（地区）的产业结构转换能力，必须了解影响产业结构转换的因素。根据郑伟（2010）的研究，影响一国（地区）产业结构转换能力的因素从大的方面来讲，主要包括四个：一国（地区）的供给因素、一国（地区）的结构因素、一国（地区）的需求因素、一国（地区）的对外贸易发展水平。为了更好地分析产业结构的转换情况，以及承接产业转移对河南省产业结构变换的影响，本研究选择了以下评价产业结构转换能力的指标，详见表5-9。

表 5-9　产业结构转换能力评价指标体系

影响因素	具体指标	单　位
供给因素	创新能力	城镇单位每万名职工拥有专业技术人员（人）
供给因素	积累能力	投资率（%）
		人均 GDP（元/人）
		GDP 年增长率（%）
结构因素	供给弹性	第二产业产值占 GDP 的比例（%）
需求因素	规模水平	居民消费水平（元/人）
需求因素	需求层次	城镇居民非食品支出占生活消费支出比例（%）
		农村居民非食品支出占生活消费支出比例（%）
对外贸易发展水平	贸易依存度（%）	

本研究采用主成分分析法对区域产业结构转换能力进行了评价，对应以上指标所采用的数据来源于 2013 年《中国统计年鉴》。为了便于分析以及考虑到数据的可获得性，相应数据采集了中国部分区域数据，东部地区只采集了北京、上海、广东三地的，中部地区只采集了河南、安徽、湖南三地的，西部地区只采集了广西、陕西、重庆三地的，具体数据见表 5-10。本研究运用 SPSS 19.0 软件对 9 个指标进行了主成分分析，可以得到主成分因子的特征值、贡献率、累积贡献率及因子载荷。为了便于分析问题，本研究将表 5-10 中的 9 个指标按照前后次序编码，其顺序为 X1，X2，X3，…，X9，并根据累积贡献率大于 80% 的原则，主要选择前两个因子进行分析，其主要结果见表 5-11。

表 5-10　2012 年产业结构转换能力评价指标值

地区	城镇单位每万名职工拥有专业技术人员（人）	投资率（%）	人均 GDP（元/人）	GDP 年增长率（%）	第二产业产值占 GDP 的比例（%）	居民消费水平（元/人）	城镇居民非食品支出占生活消费支出比例(%)	农村居民非食品支出占生活消费支出比例(%)	贸易依存度（%）
北京	971.00	36.15	87475.00	10.00	22.90	30350.00	69.40	66.80	144.09
上海	412.00	26.04	85373.00	5.12	38.92	36893.00	63.19	60.01	136.61
广东	1119.00	33.83	54095.00	7.25	45.10	21823.00	63.13	50.95	108.84
河南	221.00	71.96	31499.00	9.90	56.30	10380.00	66.50	66.20	10.96
安徽	267.00	87.47	28792.00	12.10	54.64	10978.00	61.30	60.70	14.42
湖南	216.00	65.80	33480.00	11.30	54.00	10547.00	62.70	56.10	6.25
重庆	184.80	88.53	42976.88	12.30	50.55	17814.00	59.33	56.76	34.26
陕西	289.00	80.02	42752.00	11.00	55.54	15333.00	63.79	70.28	7.91
广西	301.00	79.18	30709.10	10.20	47.73	14244.00	61.01	57.24	12.94

数据来源：各省 2013 年统计年鉴。

表 5-11　九大指标体系的主成分分析结果

因子	特征值	贡献率	累积贡献率	因素	第一主成分	第二主成分
1	5.887	65.408	65.408	X1	0.776	-0.103
2	1.596	17.734	83.143	X2	-0.943	0.155
3	0.721	8.013	91.156	X3	0.950	0.109
4	0.564	6.272	97.427	X4	-0.756	0.332
5	0.148	1.644	99.071	X5	-0.886	-0.153
6	0.060	0.669	99.740	X6	0.921	-0.075
7	0.020	0.220	99.960	X7	0.571	0.709
8	0.004	0.040	100.000	X8	-0.001	0.948
9	0.000	0.000	100.000	X9	0.981	-0.100

从主成分因子贡献率来看，前两个因子贡献率为65.408%、17.734%，累积贡献率大于80%。由因子载荷可以看出，产业结构转换能力主要由地区的社会经济发展水平、产业结构特征和城镇需求层次、投资水平和地区的创新能力因素反映出来。对原始数据进行标准化处理，可计算出各地区的综合得分，负分值不代表产业结构转换能力差，评价分值只是反映了产业结构转换能力的相对强弱。F_1反映地区经济发展水平和地区投资水平，F_2反映地区产业结构和城镇需求层次，F为转换能力综合得分。分析得到的东、中、西部9个地区产业结构转换能力结果，见表5-12。

表5-12 东、中、西部部分地区产业结构转换能力

地区	F_1	F_2	F	名次
北京	1.33	1.75	1.18	1
上海	1.50	-0.37	0.92	2
广东	1.13	-1.29	0.51	3
河南	-0.73	0.91	-0.31	4
安徽	-0.87	-0.18	-0.60	9
湖南	-0.59	-0.49	-0.47	7
重庆	-0.55	-0.74	-0.49	8
陕西	-0.76	1.04	-0.31	4
广西	-0.46	-0.64	-0.41	6

由表5-12可以看出，产业结构转换能力综合评价得分排名

靠前的有北京、上海、广东，表明北京地区的产业结构转换能力相对较强，其产业的综合能力强于上海和其他地区。在这些指标中，第一主成分因子 F_1 得分较高的有上海、北京、广东，反映出这些地区的经济发展水平及投资水平较高。第二主成分因子 F_2 得分较高的有北京、陕西、河南，反映出这些地区的产业结构和城镇需求层次较为合理。从这些分析我们可以看到，产业结构转换能力影响因素在不同地区的一些差异，这些差别为找出地区之间差距、提高转换能力、推动产业升级、提高经济水平提供了参考。根据不同地区指标的强弱特征，不断提高相对薄弱的方面，有助于最终实现产业结构不断向更高层次转换。

2. 河南省各地市产业结构转换能力

从对全国东、中、西部的分析中不难看出，河南的产业结构转换能力比东部地区的北京、上海、广东要差一些；与中部地区的湖北和湖南相比，要强一些；与西部地区的陕西基本持平，比重庆和四川强一些。这也说明河南省在承接产业转移，促进产业结构优化方面取得了很大的进步。为了能更详细地了解河南省各地市产业结构情况，本研究对河南省各地市的产业结构转换能力进行了分析，其综合评价指标与表5－9相同。本研究采用的河南省2012年的相关数据见表5－13。本研究运用SPSS 19.0软件对9个指标进行了主成分分析，得到主成分因子的特征值、贡献率、累积贡献率及因子载荷，并根据累积贡献率大于80%的原则，主要选择前三个因子进行分析，其分析结果见表5－14。

表 5-13 2012 年河南省各地市产业结构转换能力评价指标值

地区	城镇单位每万名职工拥有专业技术人员（人）	投资率（%）	人均 GDP（元/人）	GDP 年增长率（%）	第二产业产值占 GDP 的比例（%）	居民消费水平（元/人）	城镇居民非食品支出占生活消费支出比例（%）	农村居民非食品支出占生活消费支出比例（%）	贸易依存度（%）
郑州	536.94	66.12	62054.00	11.44	56.45	19168.00	65.28	75.43	40.79
开封	252.61	64.22	25922.00	12.55	44.18	10634.00	68.95	66.49	2.10
洛阳	616.71	72.41	45316.00	10.30	59.98	11495.00	68.37	71.25	3.34
平顶山	380.52	69.18	30380.00	0.75	60.89	9836.00	68.47	63.16	1.72
安阳	330.37	71.50	30624.00	5.40	57.49	9547.00	67.93	71.57	5.06
鹤壁	141.01	78.24	34456.00	9.04	70.47	10411.00	69.27	67.63	2.17
新乡	533.31	81.49	28598.00	8.75	57.15	10228.00	69.45	71.52	4.10
焦作	513.83	74.40	44029.00	7.54	67.49	14031.00	68.80	72.86	9.05
濮阳	274.80	76.98	27654.00	10.29	65.12	8095.00	65.11	64.02	3.95
许昌	524.05	67.34	39947.00	8.02	67.02	11254.00	69.21	69.63	7.64
漯河	190.30	69.08	31211.00	6.06	68.49	10065.00	64.73	67.69	3.27
三门峡	274.53	83.18	50406.00	9.40	67.99	8842.00	73.88	68.24	1.29
南阳	251.37	77.72	23086.00	6.29	52.16	9518.00	66.85	61.75	3.54
商丘	155.09	76.50	19029.00	6.80	46.75	6802.00	66.03	60.98	0.97
信阳	107.26	91.21	22347.00	11.10	39.96	8227.00	56.14	52.25	3.13
周口	170.71	66.06	17734.00	11.88	47.59	7385.00	66.06	63.98	2.25
驻马店	261.07	65.23	19592.00	10.35	42.82	9474.00	69.51	62.07	1.25
济源	432.69	66.56	62358.00	15.40	75.63	13955.00	71.70	66.34	35.09

数据来源：2013 年《河南统计年鉴》。

表 5-14 九大指标体系主成分分析结果

因子	特征值	贡献率	累积贡献率	因素	第一主成分	第二主成分	第三主成分
1	4.411	49.012	49.012	X1	0.783	-0.151	0.002
2	1.547	17.186	66.20	X2	-0.449	0.024	0.830
3	1.03	11.441	77.64	X3	0.906	0.123	0.305
4	0.836	9.290	86.93	X4	0.245	0.704	-0.101
5	0.542	6.027	92.96	X5	0.633	-0.421	0.419

续表

因子	特征值	贡献率	累积贡献率	因素	第一主成分	第二主成分	第三主成分
6	0.262	2.912	95.87	X6	0.874	0.306	0.013
7	0.226	2.512	98.38	X7	0.531	-0.582	-0.228
8	0.084	0.931	99.31	X8	0.822	-0.329	-0.087
9	0.062	0.688	100.00	X9	0.767	-0.543	0.047

从表5-14的载荷因子矩阵可以看出，影响河南省各地市产业结构转换能力的主要因素为供给因素、需求因素、结构因素。以 F_1 反映地区经济发展水平，F_2 反映地区产业结构和城镇需求层次，F_3 反映地区投资水平，F 为转换能力综合得分，运用该模型对河南省各地市产业结构转换能力进行评价，结果如表5-15所示。

表5-15 河南省18地市产业结构转换能力情况

地市	F_1	F_2	F_3	F	排名
郑州	0.566	2.751	0.467	0.804	1
开封	-1.112	0.250	1.638	-0.315	13
洛阳	0.748	0.165	0.221	0.420	5
平顶山	0.496	-1.363	0.332	0.047	10
安阳	0.351	-0.745	0.409	0.091	8
鹤壁	0.518	-0.485	-0.771	0.082	9
新乡	0.667	-0.421	-0.363	0.213	7
焦作	1.248	0.081	-0.180	0.605	3
濮阳	-0.194	-0.161	-0.777	-0.212	12
许昌	0.811	-0.192	0.592	0.432	4
漯河	0.156	-0.538	-0.073	-0.024	11
三门峡	1.207	-0.692	-1.043	0.354	6
南阳	-0.437	-0.531	-0.393	-0.350	14

续表

地　市	F_1	F_2	F_3	F	排名
商　丘	-1.005	-0.744	-0.174	-0.640	17
信　阳	-2.130	0.912	-2.670	-1.193	18
周　口	-1.458	-0.068	1.104	-0.600	16
驻马店	-1.243	-0.211	1.556	-0.468	15
济　源	0.810	1.990	0.123	0.753	2

从以上的分析可以看出，河南省产业结构转换能力呈现如下特征：一是产业结构转换能力与地区经济发展水平相关，经济发展程度越高，产业结构转换能力越强。根据计算的结果可知，郑州、济源、焦作、许昌、洛阳地区的产业结构转换能力较强。从这五个地区的人均GDP来看，其在河南省的排名为前六。而人均GDP排名靠后的商丘、信阳、周口、驻马店地区的产业结构转换能力最弱。二是河南省各地市产业结构转换能力存在差异，主要体现在中西部地区的产业结构转换能力较强，而北部、东部、南部地区的产业结构转换能力偏弱，中原城市群明显高于周边其他地区，反映出河南省承接产业转移能力的非均衡性。三是河南省承接产业转移的整体能力还不强。综合得分为负值的地市几乎占到全省的一半，而且地市之间的差距较大，如郑州的综合得分为0.804，信阳的综合得分为-1.193，虽然计算中将数据进行了无量纲化，剔除了大部分因子，但还是能够在一定程度上反映两者之间的巨大差距。

5.3 本章小结

通过设立计量模型，本研究实证分析了河南省产业转移与产业结构优化之间的关系。由实证分析结果可知，河南省承接产业转移与产业结构优化两者之间存在单向 Granger 因果关系：一方面，河南省承接产业转移情况是二、三产业产值比重的 Granger 原因；另一方面，二、三产业就业比重是河南省承接产业转移情况的 Granger 原因。从理论上讲，这两者应是相互影响的。本章的计量分析在指标数据选取、时间跨度选择和模型设定方面都有一定的局限性，因为在实际的经济活动中，河南省不仅承接国际上的产业转移，同时也承接国内发达区域的产业转移。目前对产业转移进行实证研究的专家学者，大多将外商直接投资（FDI）作为产业转移的量化替代指标，所以在产业转移对河南省产业结构影响的问题上，本研究把河南省的 FDI 作为其承接产业转移的替代变量，这既有选择的合理性，也有解决问题的局限性。但就总体而言，本章的计量模型设定是合理的，能有力地解释承接产业转移有助于河南省产业结构的优化。本研究应用此方法实证探讨了产业转移对产业结构优化的影响，并采用因子分析法对河南省承接产业转移能力进行了综合评价，并具体分析了影响产业转移的因素。通过中、东、西部部分地区的对比分析，本研究发现中部地区承接产业转移能力相对较弱。通过河南省 18 个地市的对比分析，本研究发现：①产业结构转换能力与地区经济发展水平相关，经济发展程度越高，产业结构转换能力越强；②河南省各地市产业结构转换能力存在差异，主要体现在中西部地区的产业结构转换能力较强，而北部、东部、南部地区的产业结构转换能力偏弱；③河南省承接产业转移的整体能力还不强。综合得分为负值的地市几乎占全省的一半，而且地市之间的差距较大。由此可见，河南省承接产业转移能力有待进一步提升，加快区域经济发展是提高承接产业转移能力，进而促进区域产业结构优化调整的有效途径。

第6章

河南省承接产业转移促进产业结构优化升级的路径

6.1 河南省产业结构优化升级的目标

6.1.1 河南省承接产业转移的目标

河南省承接产业转移需要达到的总体目标是在产业结构优化升级基础上实现经济发展。为应对国际金融危机，适应经济全球化发展趋势，河南省应结合本省产业振兴规划，以国家级开发区、省级开发区和各类产业集聚区为主要载体，找准本省承接产业转移的结合点和突破口，积极承接境内外产业转移，提高招商引资的针对性和实效性，培育经济发展新的增长极，促进本省产业结构优化升级，加快开放型经济发展，构建现代产业体系，努力打造一批承接产业转移的重要基地，为本省经济社会平稳较快发展提供有力支撑，且为本省经济跨越式发展态势提供强大动力。

河南省以"大项目—产业链—产业集群—产业基地"为目标，有重点地确定主攻方向，以大招商推动产业大转移；提升承接产业转移的质量；构建特色园区；创新开发模式，共建共享"飞地经济"；培育重点承接地，大力发展加工贸易；推动国企战略重组，培育有竞争优势的产业集群。河南省承接产业转移的具体目标包括：稳定第一产业，积极引进现代化农耕技术，优化品种，加大农产品深加工，培育农副产品品牌，发展生态农业；发展壮大第二产业，积极引进高成长性产业，改造高污染、高耗能产业，鼓励创新和技术研发，培育新形态产业；提高第三产业在三次产业中所占比重，将河南省打造成为中原的物流和金融中心。

6.1.2 河南省产业结构优化升级目标

河南省产业结构优化升级的目标，包含产业结构优化的目标与产业结构高度化的目标。与国际产业转移相比，目前国内产业转移并不明显。中国东部地区，尤其是沿海发达地区，凭借国家区域梯度发展的倾斜政策以及自身得天独厚的区位优势，一直以来就走在改革开放的最前列，是中国承接国际产业转移的主要区域，而且东部也未形成向中西部地区的大规模的产业转移。正如前文提到的河南省三次产业结构不合理，即第一产业发展落后，农产品缺少突出特色，工业实力不强，第三产业发展滞后等现象，使得河南省需要进一步优化调整产业结构，努力促进其三次产业的协调发展。首先，不断巩固和加强农业的基础地位，优化农业内部结构，加快传统农业向现代农业转变的步伐。其次，不断增强工业实力，促进工业经济稳中求好，加大科技投入与创新力度，改造且提升传统产业，做大做强优势产业；优先发展高新技术产业，发展以装备制造业为重点的先进制造业。最后，全面发展服务业，努力提高服务业比重和水平，提速现代物流、信息服务、电子商务、金融保险、文化旅游等现代服务业的发展。总之，根据本省"十二五"规划和2014年本省政府工作报告的要求，河南省要积极利用粮食生产核心区、中原经济区、郑州航空港经济综合实验区国家三大战略规划的实施，拓展其发展空间，着力提升产业集聚区、商务中心区、特色商业区等载体的建设，进一步淘汰落后产能，提高成长性产业、高新技术产业占规模以上工业的比重，加快智能终端、智能装备、家电、家具等终端产品及传统支柱产业中高附加值产品的增长。

河南省产业结构优化升级的具体目标如下。

1. 推动工业产业转型升级

第一，发展壮大高成长性产业。根据本省"十二五"规划和2014年河南省政府工作报告的要求，为适应消费结构升级和城镇化进程加快的新要求，河南省需要选择市场空间大、增长速度快、转移趋势明显的汽车、电子信息、装备制造、食品、轻工、建材等六大类高成长性产业，即围绕发展电子信息、装备制造、汽车及零部件加工、现代家居、食品、服装服饰等高成长性制造业，重点抓好1000个基地型、龙头型项目建设，加快建设制造业大省。

第二，改造提升传统优势产业。突破产业发展瓶颈制约，培育产业发展新优势，推动化工、钢铁、有色金属、纺织等传统优势产业，在优化调整中加快发展，对冶金、建材、化工、轻纺、能源等传统支柱产业进行延伸链条、技术改造、兼并重组、淘汰落后等的改造提升，抓好600个重点技改项目建设。

第三，积极培育战略性新兴产业。把握科技、产业发展新方向，跟踪市场和技术发展新趋势，大力培育新能源汽车、生物、新能源、新材料和节能环保产业，抢占未来制高点。围绕培育壮大生物医药、节能环保、新能源、新材料、新能源汽车等战略性新兴产业，优化资源配置，加大政策支持，实施460个产业创新发展重大项目，带动相关产业发展，尽快形成战略支撑手段。

2. 全面发展服务业

新一代互联网、云计算、大数据等信息技术的飞速发展，为河南省提供了做大服务业的新机遇，催生了多种新业态，拓展了大批新领域，构建了充分融入经济各领域和社会生活各方面、有效服务生产生活的现代服务业发展格局。

第一，大力发展高成长性服务业。依托中原经济区、中原城市群、郑州航空港经济综合实验区的建设，进一步打造河南省开放平台，围绕提升现代物流、信息服务、金融保险、文化旅游等高成长性服务业，支持建设一批配送中心、软件园区、电商产业园、金融集聚区、精品旅游景区，促进这些产业的扩量提质，使其逐步发展成服务业的主导力量。

第二，积极培育新兴服务业。大力支持科技研发、工业设计、教育培训、商务服务、健康服务、养老及家庭服务等新兴服务业发展，加快专业化第三方研发机构、高端商务服务业集群、区域性会展中心、健康服务产业基地、大型连锁养老机构、社区日间照料服务中心建设，逐步将这些产业培育成服务业发展生力军。

第三，改造提升传统服务业。引入现代管理理念和新型商业模式，支持电商服务平台建设，鼓励大型商贸企业建设网上商城，鼓励中小微企业开设网店。大力发展城市综合体、文化旅游地产、养老地产等新兴业态，促进房地产业持续健康发展，满足居民多层次住房需求。

3. 坚持做优农业、加快建设现代化农业大省

第一，切实抓好粮食生产核心区建设。继续实施高标准粮田"百千万"建设工程。完善推进机制，加快高标准粮田建设和中低产田改造，持续推进农业综合开发、土地整理和复垦开发，力争新建高标准粮田900万亩，确保粮食总产量稳定在1100亿斤以上，努力提高粮食质量。

第二，继续实施现代农业产业化集群培育工程。大力发展畜牧业、果蔬花卉园艺业。抓好现代肉牛、肉羊产业基地建设，扩大现代乳品产业化集群发展规模，促进猪禽养殖场集约化、标准化改造，加快花卉、苗木、林果等特色高效农产品生产基地建设，鼓励有条件的地区发展复合型现代畜牧业和高标准蔬菜、食用菌、优质粮油产业化集群，建设示范性农业产业化集群。

第三，大力发展新型农业经营主体。推广龙头企业主导、中小企业集群发展、合作组织和种养大户联动发展等农业经营组织模式，提高农民组织化程度。启动实施都市生态农业发展工程。在城乡一体化示范区，以特色种植业、设施园艺业、生态休闲业、农产品加工和流通业为主体，发展新型都市农业业态，规划建设一批兼具城市"菜篮子"、生态绿化、休闲观光等功能的现代农业园区。着力构建新型农业经营体系。培育专业大户、家庭农场、农民合作社、农业企业等新型农业经营主体，开展农民专业合作组织发展创新试点，支持符合条件的农民合作社承担实施财政支农建设项目，有序推动土地承包经营权向新型农业经营主

体流转，鼓励和引导工商资本到农村发展适合企业化经营的现代种养业。培养有文化、懂技术、会经营的职业农民。实施农业生产全程社会化服务试点，推行合作式、订单式、托管式等服务模式。

第四，完善现代农业服务体系。加强优良品种繁育和推广，提高农业物资技术装备水平。加快气象现代化建设，搞好气象服务。大力发展农村金融，开展政策性农业保险试点，设立中原农业保险公司，提高农业生产抗风险能力。完善补贴制度，提高补贴精准性、指向性。强化生产源头治理和产销全程监管，确保农产品质量安全。有序推进新农村建设。以县为单元，按照产业、新农村、土地、公共服务和生态规划"五规合一"要求，编制修订完善新农村规划。加快农村基础设施建设，推进村庄环境与风貌整治，实施农村公路"乡村通畅"工程，加强农业科技创新和推广能力建设，完善现代农业产业技术体系。

6.2 河南省承接产业转移的主导产业选择

根据第 5 章有关河南省承接产业转移对产业结构升级影响的综合评价分析，河南省虽然在地理位置、能源供给、劳动力成本、市场需求、基础设施等方面具有较强的竞争优势，但在引入产业的过程中必须做到有选择的引入，遵守一定的原则，避免盲目引入一些不适当的产业。

通过将河南省各行业相关统计数据与全国相应数据进行对比分析，可以得出河南省三次产业内部各行业的比较劳动生产率、区位商以及产业梯度系数（见表6-1、图6-1、图6-2）。

表6-1 河南省各行业比较劳动生产率、区位商、产业梯度系数分布

一级指标	二级指标	比较劳动生产率	区位商	产业梯度系数
第一产业	农林牧渔业	0.0095	1.2967	0.0123
第二产业	采矿业	0.8188	1.4669	1.2011
	制造业	0.2722	1.2941	0.3522
	电力、燃气及水的生产和供应业	0.7744	0.9141	0.7078
	建筑业	0.1376	0.8111	0.1116
第三产业	批发和零售业	0.0459	0.6401	0.0294
	交通运输、仓储及邮政业	0.1285	0.7514	0.0965
	住宿和餐饮业	0.1236	1.5252	0.1885
	信息传输、软件和信息技术服务业	0.2078	0.5842	0.1214
	金融业	0.7418	0.6098	0.4523
	房地产业	0.4129	0.6461	0.2667
	租赁和商务服务业	0.2491	0.4939	0.1230
	科学研究和技术服务业	0.4227	0.4179	0.1766
	水利环境和公共设施管理业	0.5474	0.5471	0.2995
	居民服务、修理和其他服务业	0.0057	0.5314	0.0030
	教育业	0.7107	0.8979	0.6381
	卫生和社会工作	0.5429	0.6174	0.3352
	文化、体育和娱乐业	0.3477	0.4334	0.1506
	公共管理、社会保障和社会组织	0.5309	0.6546	0.3475

数据来源：2013年《河南统计年鉴》和2013年《中国统计年鉴》。

第6章 河南省承接产业转移促进产业结构优化升级的路径

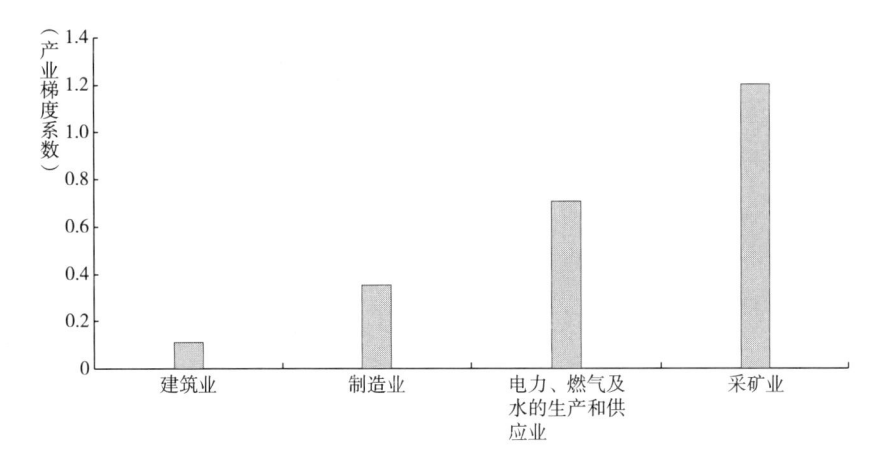

图6-1 河南省第二产业产业梯度系数分布

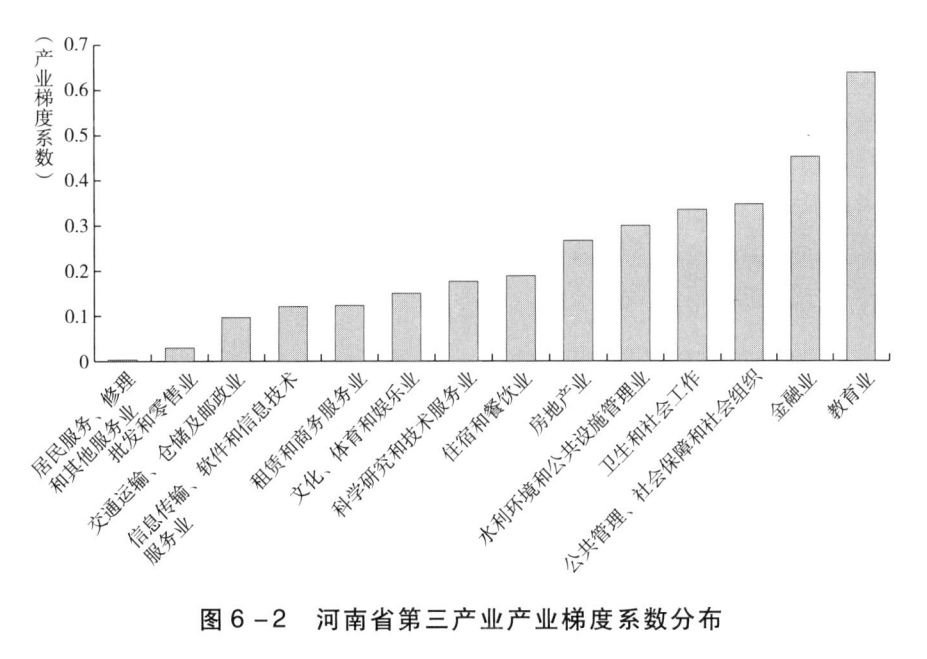

图6-2 河南省第三产业产业梯度系数分布

由第3章中西部主要省份梯度系数对比和表6-1、图6-1、图6-2的分析可得出,河南省产业梯度系数比较低,处于全国同行业中比较劣势的地位。河南省优势产业主要集中在第二产业中的采矿业,电力、燃气及水的生产和供应业,第三产业的教育业和金融业。

以区域发展理论、产业结构理论和 Weaver – Thomas 模型为依据,对中部崛起的战略产业进行优选,可得出中原崛起的战略产业,即农副产品加工业,通信设备、计算机及其他电子设备制造业,黑色、有色金属冶炼及压延加工业,电力、热力的生产和供应业,烟草制品业,非金属矿物制品业和交通设备制造业(见表 6 – 2)。

表 6 – 2　河南省承接产业转移重点行业对比

选择方向	重点行业
1. 梯度系数反映主要优势行业	煤矿业、电力燃气及水的生产和供应业、教育业、金融业
2. 中部崛起的战略产业	农副产品加工业,通信设备、计算机及其他电子设备制造业,黑色、有色金属冶炼及压延加工业,电力、热力的生产和供应业,烟草制品业,非金属矿物制品业和交通设备制造业
3. 外商投向的主要行业	化工、冶金、建材、电力、采矿、轻工纺织、食品、机械制造、房地产、教育、批发和零售
4. 国家区域产业布局主要行业	煤炭、电力、化工、冶金、食品、建材、装备制造、高新技术、交通、物流
5. 河南省"十二五"规划主要行业	汽车、电子信息、装备制造、食品、轻工、建材、现代物流业、金融业
6. 河南省承接产业转移重点行业选择	汽车、电子信息、装备制造、食品、轻工、煤炭、电力、建材、现代物流业、金融业、旅游业

从河南省产业实际发展和上述分析可得出,首先,河南省是农业大省,粮、棉、油等主要农产品产量均居全国前列,是全国重要的优质农产品生产基地。而且,随着粮食生产核心区建设力

度的加大,河南省现代化农业生产体系不断完善,农副产品发展迅速,食品加工位于全国领先地位,如郑州三全食品股份有限公司、郑州思念食品有限公司已成为中国速冻食品行业的龙头企业;白象食品集团是河南省粮食深加工和食品生产的龙头企业,同时也是全国农业产业化重点龙头企业;总部位于漯河的双汇集团始终围绕"农"字做文章,是中国最大的肉类加工基地。因此,河南省对全国第一产业的发展做出了重要贡献,拥有雄厚的农副产品加工基础,具有承接第一产业中农林牧渔业的基础和优势。其次,随着中原经济建设步伐的加快、郑州航空港经济综合实验区的不断落实、对外开放平台的进一步扩大,河南省成为吸引外部产业转移的重要承接地。河南省拥有优越的区位和交通,丰富的自然资源和劳动力资源,巨大的市场容量、经济发展空间和市场辐射优势,良好的工业基础以及政府扶持力度不断加大等优势,为该省承接产业转移提供了有利条件。因此,河南省可在此基础上,发展壮大第二产业中汽车产业、电子信息产业、装备制造业、轻工产业、建材工业等高成长性产业,改造提升煤炭、电力等传统优势产业,积极培育新能源汽车、生物、新能源、新材料和节能环保产业等先导产业,着力做大第三产业中现代物流、金融、旅游等高成长性服务业。

综合考虑,河南省可以选择汽车、电子信息、装备制造、食品、轻工、煤炭、电力、建材、新能源、新能源汽车、生物、现代物流、金融、旅游等产业,作为承接区域间产业转移的重点。

6.3 河南省承接产业转移的产业定位

随着国内外产业转移的速度不断加快,承接产业转移的机会稍纵即逝,中西部面临承接产业转移最后几年的黄金时期,争夺产业转移的竞争十分激烈。当前,东部地区产业转移更多看中的是河南丰富的能源、自然资源、劳动力供给和优惠的土地、税收、环保政策。然而,若转移的产业层次比较低,容易造成承接地区能源资源大量消耗,环境污染加重,土地资源被大量占用等问题。我们必须结合国内外产业转移趋势,找准河南省的产业对接点,明确承接的重点行业和重点区域,提高承接产业转移的效率和水平。

6.3.1 河南省承接产业转移的原则

在分析东部地区产业转移态势、河南省自身基础条件和竞争优势的基础上,本研究认为河南省承接产业转移需要做到有的放矢,有选择地引入,遵守一定的原则。

1. 竞争优势原则

区域间存有竞争优势,使得区域产业转移成为可能。同东部地区相比,河南省拥有能源资源、劳动力成本、市场需求及产品配套(特别是在能源工业和原材料工业等基础条件方面)上比较明显的优势,且这些优势已在承接产业转移、招商引资方面发挥重要作用,因此,在选择承接重点时,一定要准确把握和发挥这些优势,增强吸引力和竞争力。同时,随着经济的发展,一个地区的竞争优势是在不断变动的,可能原有的优势会消失,而形成新的更高层次的优势。如东部地区逐步褪去劳动力成本、市场需

第6章 河南省承接产业转移促进产业结构优化升级的路径

求等优势，形成技术、人才等新优势。河南省也要立足现实，不断在承接产业转移过程中培育新的竞争优势。

2. 可持续原则

当前，中国区域间的产业转移以梯度转移为主。东部地区一部分产业主要受能源资源和环境约束而内迁，这些产业虽然可以带动承接地经济的发展，但也会因为是落后产业、落后生产力而造成承接地的资源浪费和环境污染。同时，河南省一些落后地区由于经济发展基础较差，缺乏先进技术和管理的指导，在承接产业转移过程中容易产生盲目的、不科学的行为，出现以资源、环境为代价换取短期经济增长现象。因此，在承接产业转移过程中，河南省必须坚持可持续发展原则，采取有效措施避免或减少污染，保护资源和环境。同时，还要从本省的长远发展考虑，加快引进有助于提升本省产业竞争力和产业层次的产业，促进经济更快更好地发展。

3. 适应性原则

产业的迁入有一个起点和适应性的问题。一方面，产业的迁入与技术的发展和应用都是有条件的，必须适合河南省的基本情况和具体产业发展的实际需要。尽可能地引进最先进的产业和技术无疑是好的，但先进与否是相对而言的，最先进的未必是最适用的，因此承接的产业一定要与本省的产业基础相适应，要与本省产业自身的消化、吸收和再创新能力相适应。另一方面，承接的产业要与国家和本省的产业政策相匹配，与国家在产业布局中对本省的定位相匹配，与本省的产业规划重点相匹配，且要有助于促进产业结构升级和经济转型。

4. 增长极原则

在承接产业转移时，不能采取平均主义和全民招商的办法，要相对集中力量，选择一定的重点区域和重点产业，给予一些特殊政策，培育经济发展和招商引资的增长极，使其成为承接产业转移的龙头，从而带动全省承接产业转移水平再上新台阶。

6.3.2 河南省承接重点产业定位

正如前文所言，河南省有着良好的区位、丰富的矿产资源、众多的人口等优势。根据《河南省能源中长期发展规划（2012~2030年）》和河南省"十二五"规划的要求，对于正处在发展阶段的河南省而言，综合利用和突出自身优势，合理布局三次产业，突出第二产业，稳定第一产业，提高第三产业的比重，突出发展第二产业中的煤炭、电力、汽车、电子信息、装备制造、食品、轻工、建材、新能源、新能源汽车、生物等产业，以及第三产业中的现代物流、金融、文化旅游等产业。

1. 煤炭业

河南省将自身定位为国家大型煤炭基地、全国重要煤炭储配中心，为此提出推进煤炭资源优化配置、安全高效开采和合理利用、加强煤炭输运储配设施建设，以进一步夯实能源安全保障基础。

表6-3 河南省煤矿建设重点工程

时 期	煤矿建设重点工程
"十二五"	重点推进赵固二矿180万吨/年、禹州平禹九矿120万吨/年、孟津矿120万吨/年、新郑李粮店矿240万吨/年等29处矿井建设，新增产能2200万吨/年；大力推进煤炭产业升级，完成登封丰阳煤矿60/90万吨/年、平顶山吴寨矿45/90万吨/年等31处矿井改造工程，新增产能900万吨/年。

续表

时　　期	煤矿建设重点工程
"十三五"	建成襄城县首山二矿300万吨/年、汝州黄庄矿240万吨/年、新乡块村营120万吨/年、巩义西村300万吨/年、新密李岗矿120万吨/年、郏县安良矿120万吨/年、安阳伦掌矿120万吨/年等22处矿井，新增产能3000万吨/年。
2021～2030年	建成禹州蔡寺矿120万吨/年、焦作五里源矿240万吨/年、永城茴村矿120万吨/年、郏县狮王寺矿120万吨/年、永城马桥北矿240万吨/年、永城薛湖二矿90万吨/年、台前吴坝矿120万吨/年等矿井，新增产能1000万吨/年。

2. 电力

河南省将自身定位为全国重要的区域性大型火电基地和电力联网枢纽，提出充分发挥本省的交通和区位优势，输煤输电并举，加快电力结构调整，建设坚强智能电网，推进电力资源优化配置和合理布局，构建适度超前、区域平衡、输配协调、集约高效、智能便捷、安全环保的现代电力体系，如表6-4和表6-5所示。

表6-4　河南省火电建设重点工程

时　　期	火电建设重点工程
"十二五"	以"上大压小"为重点，推进沁北三期、新密二期、三门峡三期等2×100万千瓦级机组，登封二期、商丘神火、焦作龙源、洛阳龙泉金亨、新乡中益、鹤壁鹤淇、大唐巩义、焦作电厂异地扩建等2×60万千瓦级机组，林州、驻马店、渑池、焦作东区、新乡渠东、洛阳阳光二期等2×30万千瓦级热电机组以及具备条件的低热值煤发电机组建设，新投运煤电装机2100万千瓦以上；推进周口、信阳等高参数燃气热电和天然气分布式能源发电示范项目建设，新投运燃气发电装机170万千瓦左右。

193

续表

时　期	火电建设重点工程
"十三五"	推进姚孟扩建、焦作丹河异地扩建、国投内乡、华能豫南、鸭河口三期等2×100万千瓦级机组，国电宛西、新安电力扩建、周口隆达扩建、省投濮阳等2×60万千瓦级机组，商丘、许昌西区、邓州、滑县—浚县、武陟、新郑、潢川—光山等2×30万千瓦级热电机组以及具备条件的低热值煤发电机组建设，新投运煤电装机2000万千瓦以上；推进郑州、洛阳吉利、开封西等高参数燃气热电及天然气分布式能源发电项目，新投运燃气发电装机280万千瓦左右。
2021~2030年	继续推进沿陇海铁路、晋鲁豫铁路、宁西铁路以及蒙西—华中铁路火电基地等2×100万千瓦级机组以及一批热电联产机组建设，新投运煤电装机2700万千瓦以上；继续在其他空气质量敏感省辖市城区和热电（冷）负荷中心布局建设高参数燃气热电（冷）联产机组，加快天然气分布式能源发电项目建设，新增燃气发电装机400万千瓦。

表6-5　河南省电网建设重点工程

时　期	电网建设重点工程
"十二五"	新建扩建500千伏变电站23座次、220千伏及以下变电站790座次，按照国家规划，积极推进新疆哈密—郑州直流特高压及其他特高压输电工程河南段建设；优化110千伏及以下城乡配电网供电半径，重点建设郑州、鹤壁、洛阳三市配电自动化系统。新增110千伏及以上输变电容量11700万千伏安，其中，特高压交直流输变电容量2900万千伏安，110千伏及以上智能变电站比例达到30%以上。
"十三五"	新建扩建500千伏变电站27座次、220千伏及以下变电站960座次，按照国家规划，稳步推进以豫北、南阳、驻马店等为落（节）点的外电入豫和跨区输电工程；持续改造提升城乡配电网，重点建设许昌等5市配电自动化系统。新增110千伏及以上输变电容量13200万千伏安，其中，特高压交直流输变电容量2500万千伏安，基本建成坚强智能电网，110千伏及以上智能变电站比例达到65%以上。

续表

时 期	电网建设重点工程
2021~2030年	继续推进沿陇海铁路、晋鲁豫铁路、宁西铁路以及蒙西—华中铁路火电基地等2×100万千瓦级机组以及一批热电联产机组建设，新投运煤电装机2700万千瓦以上；继续在其他空气质量敏感省辖市城区和热电（冷）负荷中心布局建设高参数燃气热电（冷）联产机组，加快天然气分布式能源发电项目建设，新增燃气发电装机400万千瓦。

3. 汽车产业

河南省将自身定位为中西部汽车制造和服务贸易中心，提出扩大整车规模，积极发展专用车，以整带零、以零促整，推动整车与零部件的集聚发展和互动发展。依托郑汴新区，加快百万辆汽车基地建设，推进郑州日产公司、郑州海马公司、郑州宇通公司、开封奇瑞公司、恒天重工公司等骨干企业壮大规模，积极引进国内优势汽车企业建设生产基地，加快新车型开发，推动汽车零部件产业园建设，形成经济型轿车、轻型商用车、中高端客车和中重卡车四大系列优势产品。大力发展专用车，扩大冷藏车、工程养护车、特种运输车等优势专用汽车生产规模，依托有条件的市推动汽车零部件集群化发展。力争2015年全省整车生产能力超过200万辆。

4. 新能源汽车产业和新能源产业

河南省将新能源汽车产业、新能源产业定位为未来本省发展的新支柱产业之一。首先，加快培育新能源汽车产业。以示范运营促发展，培育动力电池及材料产业链，提升核心零部件配套能力，推动混合动力、纯电动客车和电动乘用车产业化，发展高能效、低排放节能汽车。建设郑州电动汽车整车、新乡和三门峡整车及电源、洛阳动力电源系统等特色产业园区，开展郑州、新乡等市的公共交通电动汽车示范线路运营，重点实施锂离子动力电池、电动汽车动力总成系统等关键技术开发及产业化项目，力争在动力电池领域率先突破。推动新能源汽车设施建设。配合充电式混合动力汽车、纯电动汽车的发展，积极推动在城市路网、居民区、公共停车场、高速公路服务区、重要公路沿线等区域建设统一标准的可满足各类电动汽车充（换）电需要的设施。以满足公共交通车辆加气需要为重点，合理规划建设加气站。积极建设集加油、加气、充电等多种功能于一体的综合场站。其次，发展新能源产业。巩固提升多晶硅产业优势，积极开发利用太阳能，推进生物质能源、风电及核电设备产业化，扩大新能源产业规模。加快突破纤维乙醇产业化技术，建设南阳新能源国家高技术产业基地，依托骨干企业和有条件的地区，建设多晶硅及太阳能电池、风电装备等特色产业园区。重点实施万吨级多晶硅、百兆瓦级薄膜及晶硅太阳能电池、万吨级纤维乙醇、生物柴油、风电、核电关键部件及控制系统等关键技术开发及产业化项目。以风能和太阳能新能源发展为例，重点工程如表6-6所示。

表6-6 河南省风能与太阳能发电重点工程

时期	风能与太阳能发电重点工程
"十二五"	重点在三门峡、南阳、信阳、驻马店、平顶山等地建设并网风电项目，因地制宜建设分散式风电示范项目；重点推进郑州航空港区、许昌新区、洛阳阿特斯、安阳农业大棚等示范工程及新能源示范城市、分布式光伏发电规模化应用示范区建设。新增风电装机容量490万千瓦、光伏发电装机容量100万千瓦。

续表

时 期	风能与太阳能发电重点工程
"十三五"	重点在三门峡、南阳、信阳、驻马店、平顶山、洛阳等地建设风电项目，因地制宜建设分散式风电项目；积极推进屋顶并网型光伏发电和以自发自用为主的用户侧光伏发电工程。新增风电装机容量600万千瓦、光伏发电装机容量200万千瓦。
2021~2030年	重点建设低风速和分布式风力发电项目以及公共设施、住宅小区等屋顶太阳能发电项目。新增风电装机容量900万千瓦、光伏发电装机容量700万千瓦。

5. 电子信息产业

河南省将自身定位为中西部重要的电子信息产业承接地，提出积极承接产业转移，龙头引领、配套协同、集群发展，培育壮大信息家电、半导体照明、新型显示、下一代网络技术及服务等产业，努力把电子信息产业发展成为全省新的支柱产业。加快实施智能手机、笔记本电脑、数码播放器、半导体照明、光纤交换机、安全芯片等关键技术开发和产业化项目，重点支持富士康IT产业园建设，提升配套能力，引导有条件的地区积极承接产业转移，加快建设一批特色产业园区，推动形成以郑州、漯河、鹤壁、南阳为重点的产业集聚发展格局。

6. 装备制造业

河南省将自身定位为全国重要的大型动力装备制造基地、世界先进水平的电力装备研发和制造基地，提出增强自主创新、服务增值、先进制造和产业配套四大能力，壮大整机产品规模，推动基础部件和配套产品集群化发展，加快建设现代装备制造基地。依托许昌、平顶山，加快中原电气谷建设，实施智能电网产业园、高压开关产业园等一批重大项目，巩固提升超特高压开关和电力二次设备自主化设计和成套化水平，力争到2015年主营业务收入达到1500亿元。壮大提升洛阳动力谷实力，扩大重型装备、现代农机、工程机械、大功率柴油机、精密轴承等产品竞争优势，力争到2015年主营业务收入达到1500亿元。加快南车集团洛阳轨道车辆项目建设，壮大站台设备、盾构设备、施工设备等关键装备规模，构建轨道交通装备产业链，发展成为全国重要的轨道交通车辆装备基地。加快建设煤矿机械、起重机械、防爆电气、空分装备、数控机床、矿山安全装备等特色装备制造基地，形成一批主营收入超500亿元的产业集群和一批具有国际竞争力的大型企业集团。

7. 食品工业

河南省将自身定位为食品工业强省，提出强化原料基地、产品开发、冷链物流、安全检测等关键环节建设，积极引进龙头企业和产业资本，推动食品工业和现代物流业互动融合，促进优质原料基地和加工制造一体化发展。加快实施千万吨绿色食品深加工工程，提升面制品、肉制品、乳品果蔬饮料三大主导产业优势，推进主食工业化，做大休闲食品、调味品等成长性产业，提高烟酒品牌影响力。培育壮大双汇集团等10大全产业链龙头企业，加快漯河中国食品名城和郑州综合食品产业基地建设，引导农产品深加工企业在农产品主产区集中布局，加快发展特色食品产业，形成一批超500亿元的食品产业集群。

8. 轻工产业

河南省将自身定位为现代家居和劳动密集型产品龙头企业、优势品牌吸引基地，提出大力发展现代家居和劳动密集型产品，吸引行业龙头企业和沿海产业链整体转移，加快推进格力电器产业园、美国纬伦制鞋基地等一批重大项目建设，培育壮大郑州家电、周口制鞋等一批特色产业集群，发展形成一批龙头企业、优势品牌和产业基地，形成家用电器、家具厨卫、皮革皮具、包装印刷、塑料制品等五个千亿元产业。

9. 建材工业

河南省将自身定位成中国重要的建筑陶瓷产业基地，提出抢抓城镇化加快推进机遇，大力发展节能、环保和绿色建筑材料，积极引进沿海家居建材龙头企业，加快发展中高端建筑陶瓷、卫生洁具陶瓷、化学建材、高档石材、石膏轻质复合板等新型建筑材料，壮大节能玻璃、优质耐火材料等优势产品规模，培育安阳和鹤壁陶瓷、焦作塑料建材等特色产业集群。淘汰日产1000吨以下干法旋转窑水泥生产线，突出发展水泥制品，推动企业整合重组，提高水泥产业集中度。

10. 生物产业

河南省将生物产业定位为其未来发展的支柱产业，提出加快新型疫苗和诊断试剂、化学创新药物、现代中药、生物育种、生物制造等产业发展，建设全国重要的生物产业基地。加快郑州生物国家高技术产业基地以及新乡、焦作、周口、驻马店、南阳省级生物高技术产业基地建设，重点实施干细胞与再生医学工程、新型疫苗及高端血液制品、重大疾病快速诊断试剂、重大疾病防治新药、动植物新品种选育、生物基材料等关键技术开发和产业化项目，扩大竞争优势。

11. 金融业

河南省将自身定位成区域性金融中心，提出完善金融机构、金融市场和金融产品体系，增强金融服务功能，将郑州建设成为区域性金融中心。推进地方及涉农金融领域改革创新，构建与中原经济区建设相适应的现代金融服务体系。设立地方保险法人机构，做大做强中原证券公司，支持中原信托公司、百瑞信托公司发展，壮大投资集团、交投集团等投融资平台，推动设立产业投资基金和创业投资机构，完善担保体系，发展融资租赁、财务公司。构建多层次金融市场体系，支持郑州商品交易所增加交易品种、扩大交易规模，积极支持产权交易市场发展。到2015年，全省金融业实现增加值1300亿元，直接融资规模翻一番以上。

12. 现代物流业

河南将自身定位为立足中原、面向全国、连通世界的现代物流中心，提出加快郑州国际物流中心建设，基本建成新加坡物流园区、航空港物流园等功能园区；建成郑州新郑综合保税区，拓展完善保税物流功能，大力发展国际物流；建设完善一批运输枢纽场站、物流通道、口岸通关等基础设施，构建与国际接轨的物流服务体系，建设内陆"无水港"，形成以郑州为枢纽、各物流节点城市为支撑的区域一体化物流发展格局。到2015年，将全省物流业增加值占生产总值比例提高到5%左右。

13. 文化旅游业

河南将自身定位成世界知名、全国一流的旅游目的地，提出推动文化和旅游融合发展，实施大板块、大品牌、大集团战略，整合旅游资源，着力构建新型旅游产业链。突出培育文化体验、都市休闲、山地度假和乡村游憩四大旅游产品板块。加强旅游基础设施和公共服务体系建设,完善主要景区旅游通道,建设航空、高铁、高速公路与主要景区高效对接的旅游交通网络,提升景区通行、停车、住宿、餐饮、娱乐、购物等综合服务能力。加强与国内外龙头旅游企业的战略合作,强化优势互补,推进区域合作,建设覆盖全国、连接海外的旅游营销网络。积极培育大型旅游企业集团,支持骨干旅游企业上市融资,具体如表6-7所示。

表6-7 河南省物流业、旅游业重大工程项目

产业类型	重大工程项目
物流业	重点建设新加坡物流园区、航空港物流园区、商丘豫东综合物流园区、周口水运港口物流园区等大型综合物流园区和双汇冷链物流中心、郑州雨润农副产品全球采购中心、华润爱生医药冷链物流园、国药控股河南物流中心、美的物流园、格力电器物流配送中心、中南邮政物流集散中心、华丰钢铁物流园区、中国(郑州)国际汽车后市场、郑州花卉综合物流园、鹤壁煤炭储配园等40个食品冷链、医药、家电、邮政快递、钢铁、汽车、花卉、煤炭等专业物流园区及分拨中心。建成省物流公共信息服务平台。到2015年,形成8~10个业务收入超100亿元的大型物流园区。
旅游业	重点建设嵩山天地之中文化旅游城、龙门文化旅游园、殷墟大遗址文化产业园、宋都古城产业园、中华姓氏文化园、沿黄风情文化产业带、芒砀山汉文化产业园、轩辕圣境黄帝故里文化产业园、焦作太极拳文化旅游产业园等文化体验游项目,宝天曼、白云山、老君山、鸡公山、云台山、尧山及大佛文化旅游景区等山地度假项目,航空运动体验游,华强文化科技产业基地、志高文化科技动漫产业园、环球美食城、花木之都旅游生态园等都市休闲游项目,以乡村生活体验、农业采摘、生态观光等为主要内容的300个乡村休憩游项目。

6.4 河南省承接产业转移的主导产业空间布局

河南省域经济发展的不平衡，决定了转移产业在河南进行区域布局时，将会选择基础设施完善、经济实力较强的城市区域进行布局。因此，在承接产业转移上，河南省需要以中原城市群、依中原城市群规划的四大产业带、产业集聚区为主布局产业发展。

1. 中原城市群

中原城市群是以郑州为中心，以洛阳为副中心，以开封、新乡、焦作、许昌、平顶山、漯河、济源等地区性城市为节点的紧密联系圈。中原城市群也是河南省乃至中部地区承接发达国家及中国东部地区产业转移、西部资源输出的枢纽和核心区域之一，并将成为参与国内外竞争、促进中部崛起、辐射带动中西部地区发展的重要增长极，其产业布局如图6-3、表6-8所示。

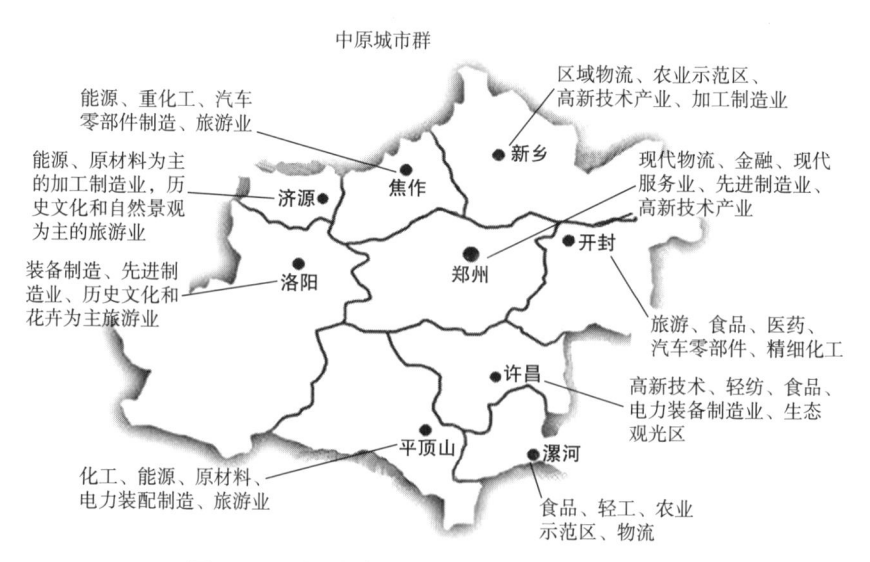

图6-3 河南省中原城市群主导产业布局

表6-8　河南省中原城市群主导产业布局

城　市	主导产业
郑　州	生物医药、电子信息、新能源、金融、现代物流、先进制造业
洛　阳	装备制造、先进制造、历史文化和花卉为主的旅游业
开　封	旅游、食品、医药、汽车零部件、精细化工
新　乡	区域物流、农业示范区、高新技术产业、加工制造业
焦　作	能源、重化工、汽车零部件制造、旅游
许　昌	高新技术、轻纺、食品、电力装备制造、生态观光区
平顶山	化工、能源、原材料、电力装备制造、旅游业
漯　河	食品、轻工、农业示范区、物流
济　源	能源与原材料为主的加工制造、历史文化和自然景观为主的旅游业

以郑州为例，其产业布局为：集中精力发展现代服务业、高新技术产业，将自身打造成中原城市群的中心城市、全国区域性中心城市。充分发挥交通、信息枢纽的区位优势，建成全国重要的现代物流中心。加快金融开放步伐，吸引中外金融机构在郑州设立分支机构，把郑州建成全国重要的金融机构聚集区和区域性金融中心。加快高等院校和科研院所建设，积极发展旅游文化产业，形成全国重要的区域性科教文化中心。大力发展会计、税务、律师、管理咨询、工程咨询等中介服务业，把郑州建成中国中西部地区中介机构集中、竞争力强的城市。发展信息产品制造业、汽车制造业、生物化工和食品制造业，形成资金技术密集型和劳动密集型产业协调发展的格局，使郑州成为中原城市群现代制造业基地的核心区。

2. 依中原城市群规划的四大产业带

《中原城市群总体发展规划纲要（2006~2020）》明确将

四大产业带发展为"十"字形核心区、建成区内任意两城市间两小时内通达的经济圈。河南省四大产业带以重要的交通干线为纽带，以支点城市为载体，以中小城市为支撑，整合区域资源，加强区域间的分工和协作，促进产业聚集，加快产业融合。这四大产业带分别为：第一带，沿黄河由东向西的陇海铁路、连霍高速公路、310国道组成的复合发展轴；第二带，自北向南由京广铁路、京珠高速、107国道组成的复合发展轴；第三带，由连接新乡、焦作、济源、洛阳的铁路和公路构成的复合轴线；第四带，由连接漯河、平顶山等市的漯阜铁路和正在建设的洛阳至平顶山、漯河、周口，以及阜阳至上海的高速公路组成的复合轴线。与此对应，分别建设汴—郑—洛城市工业走廊（陇海产业发展带）、新—郑—漯（京广）产业轴、新—焦—济（南太行）产业轴、洛—平—漯产业轴等四个产业发展轴带。这四条轴线和四个产业发展轴带相对应，构成了中原城市群整合发展的四条重要的"经脉"，其产业布局如表6-9所示。

表6-9 河南省四大产业带主导产业选择

产业发展带	主导产业
汴—郑—洛产业发展带	高新技术、先进制造业、汽车、铝工业、煤化工、石油化工、汽车及零部件
新—郑—漯产业发展带	电子电器、生物医药、新型材料、化纤纺织、电力装备、超硬材料、食品、造纸、汽车零部件
新—焦—济产业发展带	煤炭、电力、铝工业、化工、汽车零部件、铅锌加工

续表

产业发展带	主导产业
洛—平—漯产业发展带	能源、煤化工、钢铁、盐化工、建材

3. 产业集聚区

产业集聚区是优化经济结构、转变发展方式、实现节约集约发展的基础工程，包括经济技术开发区、高新技术产业开发区、工业园区、现代服务业园区、科技创新园区、加工贸易园区、高效农业园区等在内的各类开发区和园区。产业集聚区是以若干特色主导产业为支撑，产业集聚特征明显，产业和城市融合发展，产业结构合理，吸纳就业充分，以经济功能为主，可推动企业生产生活服务的社会化。河南省产业集聚区主导产业的空间布局如表6-10、图6-4所示。

表6-10 河南省产业集聚区主导产业选择

单位：个

所在城市	产业集聚区	产业选择
郑州	15	汽车、电子信息、食品、装备制造、物流、金融
安阳	9	装备制造、电子信息、食品加工
开封	8	食品、汽车零部件加工
洛阳	17	装备制造、电力、旅游产品
平顶山	10	煤炭、物流、电力、建材
鹤壁	4	建材、电子信息、煤炭
新乡	13	电子信息、物流、建材、煤炭、汽车配件制造
焦作	9	煤炭、汽车零部件制造、装备制造、食品加工
濮阳	8	电光源、原能机械装备制造、食品加工
许昌	8	电力装备制造、食品加工、汽车零部件制造、汽贸物流

续表

所在城市	产业集聚区	产业选择
漯河	6	食品加工
三门峡	7	煤炭、装备制造
商丘	11	装备制造、轻工、食品加工
周口	11	食品加工、物流
驻马店	12	轻工、装备制造、建材
南阳	14	汽车零部件加工、建材、食品加工
信阳	15	仓储物流、建材、食品加工、机电类产品加工为主的装备制造、化工
济源	3	电子电器、装备制造、煤化工

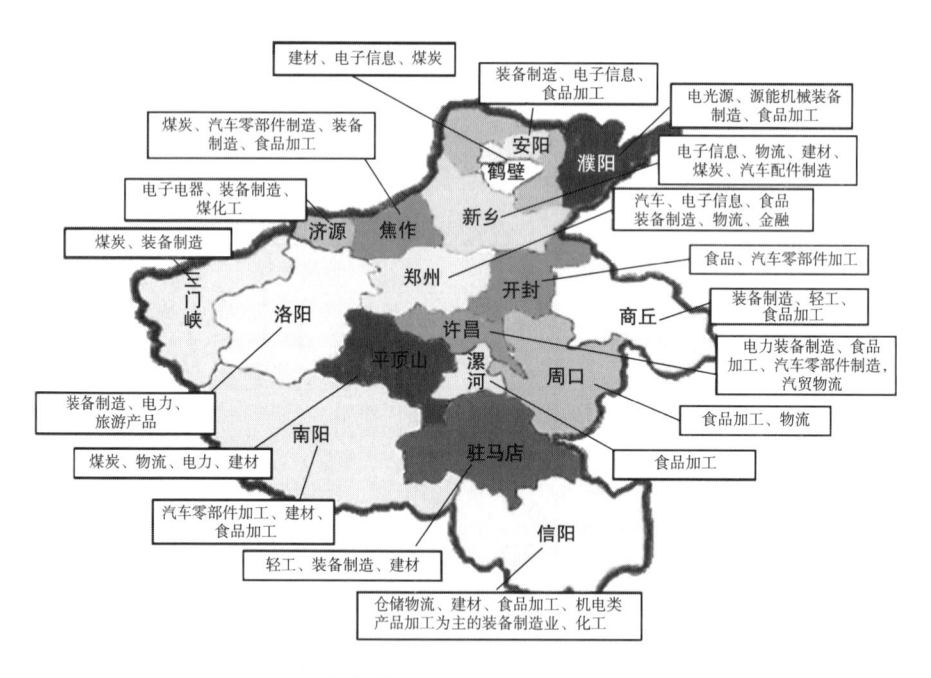

图6-4 河南省产业集聚区主导产业的空间布局

6.5 本章小结

本章主要以推动工业升级，全面发展第三产业，坚持做优农业、建设现代农业大省为目标，以推进三次产业结构调整。河南省应结合国家的宏观经济政策，有针对性地选择承接转移的产业，推动工业产业转型升级，加快发展第二产业中电子信息、装备制造、汽车及零部件、食品、轻工等高成长性制造业，改造第二产业中建材、煤炭、电力等传统支柱产业，培育壮大生物医药、新能源、新材料、节能环保等新兴产业；全面发展第三产业，大力发展现代物流、金融保险、文化旅游等高成长性行业；大力发展现代农业，切实做好粮食核心区建设，继续实施现代农业产业化集群培育工程，大力发展新型农业经营主体，完善现代农业服务体系，重点发展畜牧业以及花卉、苗木、林果等特色高效农产品及农副产品深加工，以此促进河南省承接产业转移结构的优化。

从承接产业转移主导产业的选择来看，河南省以汽车、电子信息、装备制造、食品、轻工、煤炭、电力、建材、新能源、新能源汽车、生物、现代物流、金融、旅游等产业作为承接区域间产业转移的重点。河南省将自身定位为国家大型煤炭基地、全国重要煤炭储配中心，全国重要的区域性大型火电基地和电力联网枢纽，中西部汽车制造和服务贸易中心，中西部重要的电子信息产业承接地，全国重要的大型动力装备制造基地，世界先进水平的电力装备研发和制造基地，食品工业强省，现代家居和劳动密集型产品龙头企业、优势品牌吸引基地，全国重要的建筑陶瓷产业基地，区域性金融中心，立足中原、面向全国、连通世界的现代物流中心，世界知名、全国一流的旅游目的地。此外，该省还将新能源汽车、新能源、生物产业定位为未来该省发展的新支柱产业。

河南省主要以中原城市群、依中原城市群规划的四大产业带、产业集聚区为载体承接产业结构转移。本研究以此为基础进行主导产业布局，提高河南省承接产业转移的力度，调整河南省产业转移的结构，促进该省经济的起飞。

第 7 章

河南省承接产业转移促进产业结构升级的政策建议

7.1 不断改善投资环境,进一步增强承接产业转移的吸引力

随着基础设施的不断完善和投资环境的不断优化,河南省在承接产业转移方面取得了丰硕的成果。2011年,河南省180个产业集聚区科学有序地承接产业转移,仅当年就有72家世界500强企业和140多家国内500强企业落户该省。但随着承接产业规模的不断扩大、境内资源的逐渐枯竭和劳动力成本的上升,与中西部其他地区相比,河南省廉价劳动力的优势逐渐缺乏吸引力。为此,河南省要进一步调整和优化产业结构,进一步改善投资环境,增强承接产业转移的吸引力。要进一步改善投资环境,必须做到以下几个方面。

1. 软环境建设方面

首先,进一步完善体制机制在承接产业转移中的作用。目前,在承接产业转移的过程中,河南省之所以出现承接产业转移乏力的现象,与其现有的承接产业转移的体制有关。只有进行体

制机制的改革，才能为承接产业转移创造良好的投资环境。一是通过市场化改革，完善市场机制，完善市场体系，通过完善的资本市场、要素市场、金融市场，为转移的企业创造良好的投资环境。二是通过增加政策透明度为产业转移创造良好的投资环境，完善投资企业相关的法律法规，保障投资企业的合法权益，为产业转移企业提供良好的政策软环境。

其次，进一步营造对外开放的市场环境。扩大对外开放，就是要放开市场的准入门槛，使各类外来的企业进入本省市场与本土企业展开公平的竞争，形成强大的市场活力。这种强大的市场活力有利于市场规模和市场潜力的不断增强，有利于河南省增强自身吸纳产业转移的能力。目前，河南省存在市场壁垒严重、市场体系不完善等问题。要进一步推进产业转移，必须通过进一步对外开放市场，放开外来企业进入门槛。即使外来企业对河南省的产业形成了强有力的竞争并对之兼并收购，只要不涉及关键领域，也并不构成对市场的控制和垄断，就要尽量放开市场，增强对外企业的吸纳力度。

再次，以市场化运作推动生产要素的跨区域流动。产业转移与生产要素的流动是密切相关的，生产要素的流动为产业转移提供了基本和必要的手段。如果与产业转移相关的生产要素没有实现同向流动，那么产业转移也不可能实现真正的转移，因此，生产要素转移是产业转移的前提和基础。而要实现生产要素的转移和流动，需要加快构建生产要素市场，通过生产要素市场，实现资本、技术、劳动力等生产要素自由流动，为产业转移提供坚强的保障。总之，河南省要不断加强商品市场、金融市场、劳动力市场建设，通过完善的商品市场、金融市场、劳动力市场，推动生产要素在地区间、产业间优化配置，提高产业转移的效率。

最后，制定优惠的政策，积极扶持比较优势产业。比较优势产业是一个地区经济发展的重要保障。通过政策保障支持比较优势产业的发展，有利于增强与之相关产业的吸纳能力，从而针对该产业形成较强的配套能力。一个地区优势产业的发展，可对其产业链的相关产业形成极大的吸引力，可为当地比较优势产业承接产业链的相关产业形成极大的吸引力。从中国长三角和珠三角地区的发展来看，这两个地带的产业发展就是由于当地的比较优势产业形成了众多的产业集群，从而吸引了更多的企业来当地投资。因而，河南省应通过制定相关的优惠政策，为当地的比较优势企业提供良好的政策环境，使比较优势企业迅速发展壮大，为承接产业转移提供良好的基础。

2. 硬环境建设方面

第一，加快基础支撑能力建设。加强交通、信息化、能源等重大基础设施建设，推动局部优势向综合优势转变。根据国家"米"字形快速铁路规划，积极推进郑徐高铁和城际铁路建设，加快建设中原国际陆港。快速推进内联外通高速公路建设，加快实施国省干线公路升级改造和"县县畅、乡乡联"工程。根据国家新型城镇化规划，加快推进中原城市群建设。将河南省建设成为全国数据中心建设布局二类地区，将郑州建设成为国家级互联网骨干直联点。建成调试疆电入豫工程，初步形成辐射全部省辖市的多气源网络。全线贯通南水北调中线工程总干渠。

第二，稳步推进郑州航空港经济综合实验区建设。建立"两级三层"管理体制，赋予其省辖市级管理权限，实行与省直部门直通车制度。加快郑州机场二期及配套工程建设，郑欧国际铁路货运班列开通并实现常态化运营,全面启动郑州跨境贸易电子商务服务试点,持续深化与菜鸟科技等知名企业的战略合作,新引进一批货运航空公司,新开通一批国际货运航线,以使基础设施建设、国际货运枢纽和航空物流培育、高端产业集聚取得突破性进展。2013年,郑州机场旅客吞吐量达1314万人次、货邮吞吐量达25.6万吨,分别同比增长12.6%和69.1%。实验区已成为河南省对外开放的战略高地,窗口平台作用凸显。因此,河南省应以航空港实验区为主平台,以发展航空货运为突破口,加快郑州国际空港、国际陆港建设,完成机场二期工程、新郑综保区三期工程和经开综保区申建工作,力争申建获批郑州自由贸易园区,基本确立航空港开放门户地位。

7.2 加强产业集聚区建设,以产业集聚承接产业转移

产业转移遵循一定的规律。按照梯度转移理论,产业转移从发达地区向落后地区按照一定的梯度进行转移,因此,产业转移具有等级扩散的特点。河南省地处中部,如何促使东部的产业向该省转移,是必须解决的重大课题。与中部其他省份相比,河南省既有优势也有劣势,因而要想在产业转移的大好机遇下,获得更多的承接产业转移的机会,必须创造有利于产业转移的条件,通过产业集聚优势,形成承接产业转移的配套能力,推动东部产业向河南省转移。对于当前河南省来说,应主要做好以下几个方面的工作。

1. 以建设产业集聚区为载体,推动产业向河南省转移

产业集聚区是河南省构建现代产业体系的有效载体,构建产

业集聚区的目的是通过将一些优势产业在园区内集聚，并为当地的一些优势产业配套，从而实现产业集群式发展。这可为优化和调整河南省产业结构、实现节约集约发展提供良好的基础。2011年3月19日，河南省政府以豫政〔2011〕32号文的形式出台了《关于批转2011年河南省加快产业集聚区建设专项工作方案的通知》，明确提出了加快产业集聚区建设要求。这对于加快承接产业转移，推进产业集群发展，加快经济结构调整和发展方式转变，推动河南省产业集聚区实现更大规模、更高水平发展具有十分重要的现实意义。在河南省312个产业集聚区中，重点支持180个产业集聚区。河南省统计局数据显示，2012年底，这180个产业集聚区规模以上工业企业营业收入达到2.47万亿元，从业人数近300万人，累计新增就业人数占全省的一半以上。产业集聚区已成为河南省经济特别是县域经济的重要增长极，是促进转型升级和实现科学发展的突破口，也是河南省招商引资的主平台和农业转移就业的主渠道。

2. 提升产业集聚区的承载能力

随着产业集聚区的快速发展，河南省产业集聚区建设面临节能减排、能源资源保障与环境保护、土地、资金等方面的问题。这些问题的存在都成为河南省产业集聚区发展的瓶颈。在这些问题中，土地与资金问题是产业集聚区发展的最大瓶颈，因此，提升产业集聚区的承载能力是产业集聚区发展的关键。要提升产业集聚区的承载能力，必须进一步完善产业集聚区产业的功能要素和与产业集聚区相关的城市功能；在完善产业集聚区产业功能要素方面，主要通过提升产业集聚区的产业配套能力，即完善产业集聚区产业链的方式，提升产业集聚区产业的效率；在完善城市功能要素方面，主要为产业集聚区提供完善的生产经营和生活基础设施，为产业集聚区的生活、生产提供良好的配套设施。结合2013年4月河南省重点项目暨产业集聚区建设工作会议的要求，提高产业集聚区的承载能力需要做好以下几点。

一是提升产业集群发展水平。把培育壮大产业集群摆在更加突出的位置，科学编制和完善产业集群规划，合理配置要素，全面提升水平。强化龙头带动，结合主导产业，加强面向行业龙头企业的定向招商和关联招商，加强面向国内一流科研院所和高等院校的定向招商和引智招商。突出"招大引强"，引进一批龙头企业。大力发展战略性新兴产业、现代服务业和高端装备制造业。充分发挥政府引导作用，探索建立项目准入部门会商机制，综合运用项目准入要素配置、统一考核等手段，统筹推动市域范围内同类和关联项目按照主导产业在集聚区集中建设，优化产业布局，提高招商引资的实效。

二是推动产城互动发展。把产业集聚区建设与加快新型城镇化紧密结合起来，以扩大产业发展规模、创造就业岗位，以就业岗位增加促进农村人口在非农产业稳定就业。同时，推动城镇基础设施建设，提高公共服务水平，以产兴城、依城促产。要大力发展服务业，增强综合承载能力，为产业集聚提供更好的服务。

三是推动功能集合构建。进一步加强产业集聚区基础设施建设，完善水电路气、信息网络等配套条件，提升基础设施支撑能力和信息化发展水平。围绕产业集聚区主导产业，大力发展与之配套的生产性服务业。鼓励建设以终端消费品为主导的产业集聚区，建设产品展示中心和专业性批发交易市场，推动有条件的地方把"做产品"与"做市场"紧密结合。

四是增强创新驱动能力。把改革创新作为增强产业集聚区发展内生动力的强大源泉，以改革强活力，以创新增动力。要完善产业集聚区目标考核评价激励机制，加快产业集聚区创新体系建设，加强技术创新，依托主导产业和龙头企业，建设一批省级以上企业技术中心和技术研发平台，攻克一批关键核心技术，引领产业转型升级。

五是增强可持续发展能力。把加快产业集聚区发展与生态文明建设紧密结合起来，突出节约集约、生态环保，推动产业集聚区绿色发展、低碳发展、循环发展。要进一步提高土地投入产出强度，坚持用好增量与盘活存量并重。积极发展循环经济，推进企业清洁生产，加快建设一批循环经济示范企业和示范园区。

六是优化产业集聚区发展环境。各级各部门要增强发展的紧迫感，加强组织领导，强化配合联动，提升运作能力，全面形成全省上下齐抓共管的强大合力。要树立重信守诺的政府形象，从小事、细节做起，改善整体形象，改善投资环境，提供发展软实力。对于招商过程中与企业约定好的事项，坚决落实好、兑现好。正确处理推动集聚区发展与维护群众合法权益的关系，既要保护投资者权益，也要从根本上维护群众利益。

3. 实现产业集聚区的产业从"点式扩张"向"链式发展"转变

目前，河南省产业集聚区的产业面临着主导产业带动能力不强、产业集聚区的产业创新驱动力不足等问题，这主要与该省产业集聚区产业的布局有关。由于河南省产业集聚区的产业呈现的是一种"点式扩张"模式，即整个产业集聚区的产业发展非常迅速，但产业之间没有形成配套、没有形成完善的产业链，从而增加了企业的运营成本，因此，河南省应重点打造"链式发展"的产业集群，推动产业集聚区的产业从上游初级加工向下游深加工和精加工转变升级，从分散的、互不关联的加工企业向精深加工企业转变，推动产业结构的优化与升级。

首先，培育壮大产业集群，围绕主导产业定位，重点引进关联度高、辐射力大、带动力强的龙头型、基地型项目，促进同类和关联企业、项目高效聚集，带动配套企业发展，发展各具特色的产业集群。其次，推动产城互动发展，统筹现有城区与产业集聚区功能布局，推动城区基础设施向产业集聚区延伸，加快完善配套产业集聚区道路、水、电、气、通信等基础设施，以城市功能完善促进产业集聚，以产业集聚增强吸纳转移人口的能力，促进城乡统筹发展。再次，推动创新发展，进一步完善政策支撑体系，提高产业集聚区要素聚集、自我积累和自主发展能力。强化管理体制的创新，支持在集聚区先行先试各项改革，扩大县域产业集聚区管理权限，形成统筹、高效、富有活力的管理体制；鼓励产业集聚区按照市场机制建立多元化融资渠道，支持公共部门与民营企业合作，加快产业集聚区的开发建设；对产业集聚区采取综合考核、竞赛晋级、政策挂钩、动态调整的管理模式，促进产业集聚区科学发展。最后，推动产业集聚区集约节约发展，提高产业集聚区投资强度和产出效益，创建一批国土资源节约集约产业集聚区，积极推进清洁生产，创建环境友好型产业集聚区。

4. 全面推进郑州航空港经济综合实验区建设，加快构建河南省经济核心增长极

首先是打造大枢纽。提升实验区的运载能力，全面推进济南至重庆、太原至合肥高铁的"米"字形快速铁路网建设，加快郑州铁路一级口岸和中远国际陆港建设,开通郑州至阿拉木图、莫斯科常态化的国际铁路货运班列,构建陆空高效衔接的多式联运的新优势。其次,发展大物流。鼓励实验区积极引进基地航空公司,拓展货运航线,加快推进智能骨干网国际航空货运枢纽、物流企业转运中心及重点物流园等项目建设,以便吸引更多的电子信息、食品、药品等物流企业在航空港集聚,进一步开辟新的中欧物流通道,发挥郑欧班列的带动作用,努力将郑州、洛阳打造成为丝绸之路经济带的重点节点城市。再次,培育大产业。加快郑州航空港区高端产业的聚集发展。紧抓航空港建设的机遇,发展电子商务、现代物流和交通网络、互联网和信息消费、金融结算等新兴业态,进而带动全省经济的发展,抓好实验区航空设备制造维修、电子信息、精密机床、生物医药重大项目集群式招商落地,建设重大战略合作项目,壮大智能手机等产业规模,不断夯实实验区发展的产业基础。最后是形成大都市。完善航空港区的配套设施,加快开发高品位城市综合服务区和商业地区,加快市政、生态和高品质公共服务设施的建设,构建绿色宜居生活环境和集约有序城市空间,让更多的人、更多的相关产业向实验区聚集,在实验区扎根。以实验区为战略突破口,抢占区域竞争制高点、创造竞争新优势,不断实现河南省经济社会发展的新跨越。

7.3 转变政府职能和创新承接产业转移模式,促进产业结构升级

在承接产业转移过程中,接受地政府扮演着一种十分重要的角色。发达国家和中国东部沿海地区的招商引资模式是由政策性

引资模式向服务性、环境性引资模式转变，这是值得河南省学习和推广的做法。在招商引资主体方面，政府与市场具有各自的优缺点。政府主体的优点是减少了在招商引资过程中的交易成本，缺点是增加了招商引资的管理成本。市场主体的缺点是不能获得完全的信息，因而增加了招商引资过程中的交易成本；优点是能够减少招商引资的管理成本。因此，在招商引资过程中，河南省要把握好政府主体和市场主体在招商引资过程中的定位，改变政府主体在招商引资过程中承担一切工作的功能定位。在招商引资过程中，政府主体应致力于优化投资环境、加大政策扶持力度以及为招商引资提供良好的公共服务，而不应该承担制定产业政策、审批投资项目等职责，把由市场主体承担的职能下放给市场，这样承接产业转移工作才能实现优化发展。因此，政府主体在承接产业转移方面，应从以下几个方面入手。

1. 政府承接产业转移的职能向完善公共服务方向转变

政府在承接产业转移职能上的转变，归结到一点，就是要建设公共服务型政府、责任型政府。服务型政府要求政府从企业的需求出发，为企业提供公共服务，以企业对公共服务的满意为最高出发点，以为企业提供服务为最终使命。这样，政府在承接产业转移过程中的地位和作用才会实现转变，才会从控制型政府转变为服务型政府，才会从权力型政府转变为责任型政府。政府主体承接产业转移的职能才会依靠市场机制调节，才会退出不存在市场失灵的领域。

对于河南省各级政府来说，在承接产业转移的过程中，应该放弃直接承担承接产业转移的任务，应该把这些职能下放给市场本身，通过为市场主体制定产业政策、完善法律法规，把经济工作的重点从直接抓项目、办企业等转向维护企业生产经营的软环境方面,如制定经济社会发展规划、构建公平的市场秩序等。总之,政府要从微观的经济活动转向宏观经济活动,为企业的生产经营活动提供更多的公共服务,主要做法如下。

其一,界定政府的管理权限,继续转变政府职能,实现政企分开。加大行政监察力度,改进政府工作方式,转变政府工作作风,保证政府工作人员依法、规范行政,打造勤政务实、法治和廉洁高效的服务型政府。深入推进行政管理体制改革,按照大部制改革的思路进行政府机构改革,加大机构整合力度,解决政府机构臃肿、效率低下、政出多门等相关问题;推行"阳光行政""一站式服务",提高政府机构的办事效率和服务水平,建立"首问负责制",增强政府工作的透明度,切实兑现各种承诺,努力打造"信用政府"。

其二,不断推进体制创新,持续深化行政审批制度改革。进一步下放投资审批权限,简化投资审批、核准和备案程序,优化工业项目落地审批流程,推进项目落地审批事项代办督办机制等;办好各地区行政服务,建立健全转移企业投诉快速反馈机制,切实为外来投资者做好产业推介和投资咨询服务,努力帮助转入企业解决生产经营中遇到的实际问题,保护外来投资者的合法权益,营造"亲商、重商、爱商、富商"的良好投资环境。

其三,不断完善市场经济体制,深化投融资、土地、劳动力、能源和资本等各项改革,加大市场秩序整顿,建立健全各种法律法规,规范投资领域的行政性收费,坚决制止"三乱"现象,营造公平、公正、良好的市场环境,为资源、信息、资本、技术和人才等市场要素的自由流动和优化配置创造条件。

其四，完善土地政策，努力解决建设用地瓶颈问题。坚持政府集中征地和统筹安排用地计划，推进工业园区土地的集约利用，确保工业园区重大项目建设用地的及时到位。根据产业承接区域和发展重点的不同，实行差别化土地政策。对于承接产业转移示范区重点区域，各级政府应在用地指标上有所倾斜，并给予相应的专项用地指标。同时，严把项目准入门槛，合理控制用地规模；做好城市和产业发展的总体规划，全面清理闲置土地，努力盘活土地存量，及时调整和修改相关用地标准，加强土地资源的管理和利用，提高土地使用效率。

其五，建立和完善产业承接重大项目跟踪制度、报告制度、协调制度、监管制度和回访制度，不断进行政策创新，狠抓项目管理，注重工作落实，促进重大项目的建设和实施。建立较为完善的信息共享、技术创新、信用评估等服务体系，推进政府服务承诺制度，进一步强化公共服务支撑，打造高效便捷的政府服务平台，提高行政服务效能。

2. 创新以市场化为中心的承接产业模式

产业转移在本质上是一种竞争性的市场行为，因此，承接产业转移应由企业按照一定的市场规律去实施，承接产业转移的方式应运用市场机制而不是行政干预的方式进行。无论从内容上还是从形式上看，市场化运作的承接产业方式承接产业转移的效率和结果都占有一定的优势；而以政府为主体的承接产业转移模式会导致管理成本增加、效率低下，最终影响承接产业转移的效果。因此，只要市场能够做到的，政府应让市场去做，政府只需作为监管方，以宏观调控的方式解决市场化运作不足导致的问题。

对于市场化的承接产业转移模式，最为重要的是要培育承接产业转移的市场主体，通过积极培育专业化的承接产业转移的社会中介组织，使产业转移向社会化、市场化方向发展，从而使政府从具体的项目负责中解脱出来，让政府主体的大量时间和资源专注于企业软环境、硬环境的建设，从而大力提高承接产业转移的效率。

3. 不断强化承接产业转移的软环境建设

软环境是相对于硬环境而言的，主要包括一国或地区的政策、法律、法规等内容。良好的投资软环境，对于降低企业的交易成本和提升企业的经济效益具有十分重要的作用。从发达国家和中国东部沿海地区的发展来看，良好的软环境是其承接产业转移的关键。良好的软环境，给予了企业生存和发展的土壤，给予了企业生存和发展的空间，企业能够在好的软环境下不断茁壮成长，最终从弱小走向强大。因此，目前河南省承接产业转移的关键是要进一步优化投资的软环境。而投资软环境的建设需要当前的政府进一步解放思想，实现从"单赢"到"多赢"思想的转变，不要因为改善投资软环境对部门利益有损害而不愿意解放思想，应从整个国家或地区总体的角度考虑问题。改善投资软环境对部门利益或许有一定的冲击，但对整个社会来讲，会有很大的促进作用。因而，当前河南省政府应树立开放的观念，不仅对国际和国内其他地区敞开胸怀，也要使省内各地区之间敞开胸怀，通过市场化的运作，使资本、劳动、技术等要素通过市场进行合理配置，最终通过承接产业转移推动本省产业结构的优化与升级。河南省政府在解放思想的过程中，要创造性地把国家的各项方针政策用活，将各类政策、法律、法规灵活运用于企业的生产经营活动中。

4. 完善基础支撑条件，加快培育发展新优势

强化基础支撑不仅有利于当前经济社会发展，也是提升综合竞争优势、推动长期可持续发展的关键，要突出重点，增加投资，弥补短板，释放潜力，强化载体体系支撑，坚持"四集一转"，完善产业配套，壮大产业集群，促进产业集聚区提质发展。经济技术开发区和高新技术开发区要用好平台，发挥优势，办出特色，提升水平。加快商务中心区和特色商业区建设，新开工100个、建成投用100个亿元以上产业项目。引导同一地域内的工业、服务业和农业发展载体融合发展，推进不同层级的载体互动发展、相邻地区的载体联动发展、新老载体耦合发展。强化信息化支撑。加快信息基础设施建设，实施"宽带中原"工程，抓好郑州国家级互联网骨干直联点建设，提升互联网安全支撑能力。推动4G技术规模商用，引进知名企业在豫布局数据基地。以物联网、云计算、移动互联网、有线电视数字化双向化、三网融合等为重点，培育发展新兴信息服务业态。实施两化深度融合示范工程，抓好农村信息化示范省建设，大力发展电子政务，推动民生和社会领域信息化应用。强化基础设施支撑。以提升现代综合交通枢纽地位为目标，加快航空港、铁路港、公路港、快速铁路网、高等级公路网"三港两网"建设。以提高水资源保障度、防洪除涝抗旱减灾能力和改善城乡生态为重点，加强中小河流和重要支流及低洼易涝区治理、病险水库水闸除险加固、大中型灌区续建配套和节水改造、滞洪区建设、山洪地质灾害防治等水利工程建设，完成河口村水库主体工程，争取出山店水库开工建设，建成南水北调中线工程河南段总干渠和配套工程，确保汛后一渠清水北送。加强能源基地建设，促进电源电网协调发展，推进农村电网改造升级。强化创新驱动。深化科技体制改革，增强科技创新引领支撑能力。突出企业创新主体地位，大力发展科技型中小企业，新培育高新技术企业200家以上，总数突破1100家。建设国家技术转移郑州中心、国家专利审查协作河南中心，开展省科技馆新馆建设前期调研论证。发展科技企业孵化器等创新服务平台，新建一批省级以上研发创新平台，建设培育高校协同创新中心。围绕产业链部署创新链，新建一批产业技术创新战略联盟，实施一批重大科技专项，突破一批关键核心技术和共性技术。完善科技成果转化、科技创新投融资、科技创新评价激励机制，支持创业投资基金发展，促进产学研结合、科技与金融结合、科技与经济结合。搞好与国内外科研机构的合作。加强知识产权运用和保护。

7.4 不断加大对技术的引进、吸收和创新，以创新促进产业结构升级

前文研究表明，承接产业转移能促进河南省产业结构的优化升级，而产业结构的优化升级能促进河南省经济的增长，因此河南省要积极承接产业转移，根据在承接产业转移过程中存在的问题，加大整改力度，采取适宜的策略措施，以技术推动创新，以创新引领产业结构的调整，使自身产业结构水平得到不断优化。根据前文实证分析可知，河南省在承接产业转移的过程中，主要存在技术的外溢效应不足、吸收能力不强等问题。因此，现阶段应做好以下几个方面的工作。

1. 发挥转移产业对技术溢出效应的作用

根据现有的统计资料，河南省在产业转移的过程中，就技术溢出效应而言，合资企业的技术溢出效应是最大的，而独资企业的技术溢出效应是最小的。为了发挥转移产业的技术外溢效应，通过技术外溢优化产业结构，河南省应通过企业内部治理方式的改善促进技术外溢效应的发挥，而要实现企业内部治理结构的改善，必须做到以下几点：一是根据自身的产业特点，找准产业定位，在合理定位的基础上，制定合理的技术战略，对于传统优势产业、劳动密集型产业、特色高新技术产业，制定相应的技术发展战略，通过技术外溢效应提升，使河南省不同层次产业实现产业结构优化。在传统优势产业方面：对于具有比较优势的先进制造业，如装备制造业、食品工业、汽车零部件制造业等传统优势产业，应通过信息化提高其档次和附加值，提高这类企业的市场竞争力；对于劳动密集型产业，应通过承接与劳动密集型产业相关的配套产业，推动劳动密集型产业的产业链条向两端延伸，向精深加工方面发展；对于特色的高新技术产业，如生物技术、电子信息、新材料等产业，通过科技成果的转化推动其发展壮大。二是通过设立研究中心的方法，实现技术的外溢效应对河南省产业结构的优化调整。河南省的企业目前普遍存在研发能力不足的问题，而企业研发能力不足也影响着该省产业结构的优化调整。通过建立研发机构，不但可以加快技术转移，而且可以弥补河南省在研发过程中研发经费不足的问题；通过设立研发中心，可以提升河南省研发水平。研发水平的提升造成的技术溢出效应对于河南省产业结构优化具有十分重要的促进作用。研发能力的提升，会进一步增强河南省自主创新能力，从而推动其产业结构的进一步优化与调整，产业结构的优化与调整又会吸引更多的产业向河南省转移，从而进一步推动产业结构的优化与升级。

2. 不断强化转移产业对技术的吸收能力

技术的吸收能力对产业结构升级起着非常关键的作用。如果一国或地区对转移产业缺乏相应的技术吸收能力，那么当地的产业就会出现引进再引进的无限循环局面，无法解决产业结构升级问题。因此，技术的吸收能力问题对于河南省产业结构的优化调整至关重要，而该问题与企业自身的技术水平和学习能力息息相关，也与一个地方的人力资源有着十分重要的联系。因此，河南省应不断提升技术的吸收能力，通过消化吸收提升自主创新能力，并通过自主创新实现产业结构的优化升级。在提升产业技术吸收能力的问题上，河南省要改变重引进轻吸收的局面，改变一味引进先进技术和高新技术，而不注重对先进技术和高新技术的吸收的方式，要通过引进、消化、吸收，实现产业结构不断优化。另外，要提升河南省的技术吸收能力，积极走校企联合的道路，通过充分发挥本省高校及科研机构的优势，把引进的技术消化、吸收，并在此基础上，实现技术的创新，从而优化企业的产业结构。通过校企联合，实现引进技术的吸收与创新，使引进技术向自主技术方向转变，最终推动河南省产业结构的优化调整。

3. 创新技术，发展拥有自主知识产权的高新技术产业

自主科技创新能力在一定程度上的缺乏，严重阻碍了河南省经济的进一步发展。因此，要进行技术创新，在构建和完善产业链的同时，同步构建与之相适应的创新链。首先，要建设以企业为主体、以市场为导向的技术创新体系，这是提高企业技术创新能力、增强企业核心竞争力的必然选择。其中包括企业技术创新研发中心，这是高新技术产业的摇篮；开放式的技术创新服务体系，这是高新技术产生的坚实后盾。其次，要加强政府的引导和鼓励，进一步完善市场机制，培育保护国内企业进行技术创新所必需的市场环境，鼓励和引导国内企业积极参与国际重大前沿技术的研究与开发，加大高新技术产业的国际交流与合作力度。开发行业共性技术、关键技术和前瞻技术，培育出一批充满活力的创新型企业，聚集一批高素质的创新型人才，创造一批具有自主知识产权的创新成果，打造一批国内外有影响力的自主品牌，尽快实现由产业链和价值链的中低端向高端的转移，努力实现由制造向创造的跨越。最后，更重要的是要推进高新技术成果产业化，因为只有这些成果转化成产品，被市场认同，才能带来真正的经济效益。

4. 建立产、学、研合作机制，依托智力密集优势，进行产业结构优化升级

为了优化产业结构，产业内部各企业应该与大学和研究机构加强联系，建立起相应的产、学、研合作机制，获得源源不断的高科技人才和最新的科研成果，使之作为企业技术创新的"营养基"，提高企业的技术创新能力。具体做法如下：为充分利用大学和研究机构智力资源密集的特点，将产业园区建立在大学和研究机构附近，并与它们保持密切的联系。产业园区不仅能充分利用大学的信息资源、图书资料和先进的实验室等条件，还能得到具有开发潜力的最新科研成果和源源不断的人才补充。高校和研究机构还可以制定宽松、灵活的政策和创造条件来鼓励教师和研究人员在产业园区创办自己的公司。另外，产业园区可根据公司的发展动向，不断向大学提供人才需求信息，使大学及时调整有关专业方向，培养市场急需人才，一定程度上扩大就业。产业园区有了源源不断的具有开发前景的科研成果和不断补充的人力资源，就会不断地提升自己的竞争力，形成高新技术产业集聚区，提高该地区高新技术产业的比重。这是产业结构高级化程度的一个重要标志（高志文、李莉，2011）。

同时，还可以通过建立网络的方式，加强产业园区与大学和研究机构之间的联系，形成产、学、研紧密结合的运行体系。通过这种方式使产业园区的企业同当地高校和研究机构建立定向联系，企业人员可以通过不定期地访问定向联系的高校和研究机构，向研究人员咨询他们遇到的技术问题，并第一时间知晓研究机构的最新研究成果。这将给企业带来发展的机遇与帮助。大学和科研机构则应鼓励它们的学生及员工去相关的企业考察，以熟悉企业的情况，也可以允许他们去当地的高新产业区做兼职或担当技术顾问，为企业提供技术支持，进一步完善产、学、研合作机制。

此外，政府还可以出台一系列的优惠政策，鼓励高校和研究机构与企业相结合，建设研究开发机构和实施产学研一体化，提升企业的自主创新能力。

7.5 着力加强人力资源的开发力度，促进产业结构升级

考虑到相应素质的人力资源和具有一定弹性的人力资源结构对产业结构调整的制约作用，河南省要加强人力资本投资力度，提升区域人力资本存量，吸引规模更大、技术水平更高的产业转移项目，加快产业结构优化升级步伐。

1. 构建多元化的人才培养模式

产品的知识含量与技术含量得到提升是产业结构升级的显著特征，此时产业呈现由劳动密集型向知识型转变的趋势，这种变化对劳动力、资本等生产要素提出了新的要求，即必须对当前产业结构升级中的生产要素（如劳动力）的知识进行更新与调整，尤其是当前对复合型人才的需求较大，必须改变当前单一的人才培养模式，为河南省承接更多的产业转移提供更多的复合型人才，推动河南省产业结构的优化和调整。

加快中小学校布局优化调整和建设步伐，启动二期学前教育三年行动计划，努力化解城镇"入园难""大班额"等问题。加快教育信息化，促进城镇优质教育资源与农村学校共享。推进城镇教师支持农村教育，探索吸引高校毕业生到村小学、教学点任教的新机制。推动高等院校转型发展，深入实施高校综合实力提升工程和基础能力建设工程。加快100所职业教育品牌示范院校和200所特色院校建设。逐步提高高职高专、中等职业学校生均财政拨款水平和特殊教育学校经费保障水平。做好困难家庭学生资助工作。落实好促进民办教育发展的政策，吸引社会资本投资教育事业。加强教师队伍建设，提高教师业务素质和师德水平。深化教育领域综合改革，提升办学水平。创新人才政策，优化干事创业环境，培育用好本地人才，积极引进国外、省外人才。

2. 构建与产业结构调整相适应的人力资源结构

目前，河南省三次产业结构呈现两头小、中间大的特点，即第一、第三产业较小，第二产业较大。要改变这种现状，必须大力培育与产业结构相适应的人力资源结构，针对第三产业份额较小的局面，鼓励更多的人才流向现代服务业，针对第二产业份额较大的局面,创造性地培养更多的创新型人才,鼓励更多的人才由传统产业向高新技术产业转移,最终通过人才结构的调整实现产业结构的调整。

3. 创新人才引进与产业结构调整协调机制

在省内人才不足以解决一些关键性的技术难题情况下,河南省应通过引智实现产业结构的优化和升级,即通过引进高层次人才,为一些关键性的产业提供技术咨询和知识咨询服务,实现产业结构由劳动密集型向技术密集型转变,最终实现产业结构的优化升级。在引智的问题上,应改变旧有观念,不断创新人才引进模式,通过建立和健全为高层次人才服务的"绿色通道",为本地企业提供急需人才。另外,通过建立专家社区、博士后流动站模式、校企合作模式,实现人才的共享。

围绕大型项目强化并实施高层次人才政策和海内外高层次人才集聚计划。建立人才引进的"部门—重点企业"联席会议制度,开展点对点推动企业、重点实验室人才引进工作。设立职业培训机构,分期分批对有意向提高技能、入区就业的劳动者进行基础知识、择业就业知识以及专业技术知识培训。大力实施人才工程,实现引进一批人才—成长一批企业—带动若干领域—提升产业发展—形成有利于科技创新的人才支撑体系。

7.6 优化产业转移的吸纳结构,提高承接产业的质量

随着经济和科技的发展,世界各国和各地区加快了产业结构

调整，产业结构得到不断的优化，产业结构的优化又加快了各国和各地区经济的快速发展。在当今世界产业结构不断优化调整的大好形势下，如果抓不住产业结构优化调整的大好形势，就很难通过产业结构的转型升级来促进当地经济的发展，也很难通过产业结构优化调整实现经济的赶超。对于河南省来说，应紧紧把握当今产业转移的大好形势，通过承接产业转移实现产业结构的优化升级。在承接产业转移的问题上，则应逐步提高产业接纳的层次，尽量控制对劳动密集型产业的引进，并在此基础上，把一些在河南省不具有竞争优势的产业转移到其他地区，如西部地区。具体做法如下。

1. 坚持做强工业，加快建设先进制造业大省

尊重市场规律，发挥比较优势，既加快对外开放、承接产业转移，又着力改造提升已有产业，建设以高加工度产业和高技术产业为主体、技术装备水平先进、集群化特征明显、人力资源得到充分利用的先进制造业大省，形成竞争力强、带动力强、吸纳就业能力强的工业体系。大力发展高成长性制造业。围绕发展电子信息、装备制造、汽车及零部件、现代家居、食品、服饰服装等高成长性制造业，重点抓好1000个基地型、龙头型项目建设，进一步做大总量、提升效益，增强对经济增长的支撑带动作用。积极培育战略性新兴产业。围绕培育壮大生物医药、节能环保、新能源、新材料、新能源汽车等战略性新兴产业，优化资源配置，加大政策支持，实施460个产业创新发展重大项目，带动相关产业发展，尽快形成战略支撑。改造提升传统支柱产业。综合运用延伸链条、技术改造、兼并重组、淘汰落后等手段，抓好600个重点技改项目建设，化解一批过剩产能，对冶金、建材、

化工、轻纺、能源等传统支柱产业进行脱胎换骨式的改造提升。

2. 坚持做大服务业，加快建设高成长性服务业大省

新一代互联网、云计算、大数据等信息技术的飞速发展，催生了多种新业态，拓展了大批新领域，为河南省提供了跨越式发展的新机遇。必须加快发展服务业，促进服务业发展提速、比重提高、水平提升，构建充分融入经济各领域和社会生活各方面、有效服务生产生活的现代服务业发展格局。大力发展高成长性服务业。围绕提升现代物流、信息服务、金融保险、文化旅游等高成长性服务业，支持建设一批配送中心、软件园区、电商产业园、金融集聚区、精品旅游景区，促进这些产业扩量提质，使之逐步成为带动服务业发展的主导力量。积极培育新兴服务业。大力支持科技研发、工业设计、教育培训、商务服务、健康服务、养老及家庭服务等新兴服务业发展，加快专业化第三方研发机构、高端商务服务业集群、区域性会展中心、健康服务产业基地、大型连锁养老机构、社区日间照料服务中心建设，逐步将这些产业培育成服务业发展生力军。改造提升传统服务业。引入现代管理理念和新型商业模式，支持电商服务平台建设，鼓励大型商贸企业建设网上商城，鼓励中小微企业开设网店。大力发展城市综合体、文化旅游地产、养老地产等新兴业态，促进房地产业持续健康发展，满足居民多层次住房需求。

3. 坚持做优农业，加快建设现代农业大省

按照稳粮、提效、转型的思路，全面落实强农、惠农、富农政策，集中力量建设粮食生产核心区，深入推进农业结构调整，加快提升农业发展水平。继续实施高标准粮田"百千万"建设工程。完善推进机制，加快高标准粮田建设和中低产田改造，持续推进农业综合开发、土地整理和复垦开发，力争新建高标准粮田900万亩，确保粮食总产稳定在1100亿斤以上，努力提高粮食质量。继续实施现代农业产业化集群培育工程。抓好现代肉牛、肉羊产业基地建设，扩大现代乳品产业化集群发展规模，促进猪禽养殖场集约化、标准化改造，加快花卉、苗木、林果等特色高效农产品生产基地建设，鼓励有条件的地区发展复合型现代畜牧业和高标准蔬菜、食用菌、优质粮油产业化集群，争取全年新建20个以上示范性农业产业化集群。启动实施都市生态农业发展工程。在城乡一体化示范区，以特色种植业、设施园艺业、生态休闲业、农产品加工和流通业为主体，发展新型都市农业业态，规划建设一批兼具城市"菜篮子"、生态绿化、休闲观光等功能的现代农业园区。着力构建新型农业经营体系。培育专业大户、家庭农场、农民合作社、农业企业等新型农业经营主体，开展农民专业合作组织发展创新试点，支持符合条件的农民合作社承担实施财政支农建设项目，有序推动土地承包经营权向新型农业经营主体流转，鼓励和引导工商资本到农村发展适合企业化经营的现代种养业。培养有文化、懂技术、会经营的职业农民。实施农业生产全程社会化服务试点，推行合作式、订单式、托管式等服务模式。完善现代农业技术体系和农业科技推广服务体系，加强优良品种繁育和推广，提高农业物质技术装备水平。加快气象现代化建设，搞好气象服务。大力发展农村金融，开展政策性农业保险试点，设立中原农业保险公司，提高农业生产抗风险能力。完善补贴制度，提高补贴精准性、指向性。强化生产源头治理和产销全程监管，确保农产品质量安全。有序推进新农村建设。以县为单元，按照产业、新农村、土地、公共服务和生态规划"五规合一"要求，编制修订完善新农村规划。加快农村基础设施建设，推进村庄环境与风貌整治，实施农村公路"乡村通畅"工程，新建改建农村公路6600公里、桥梁4万延米，改造农村危房12万户，新增大中型沼气工程100座，解决600万农村居民及师生饮水安全问题。

7.7 多策并举，全力促进工业经济稳中向好发展

在国内市场需求不足、外部市场趋紧、区域竞争加剧、全国工业增速放缓、自身结构性矛盾依然突出，且金融危机影响不断加深的大环境下，工业成为河南省国民经济的主要贡献力量，需要全省上下稳增长、转方式、促转型、努力提高经济增长的质量和效益。河南统计网关于2013年工业经济形势的分析总结得出，河南省工业经济的发展需要重点把握以下几个方面。

1. 以稳增长、调结构为首要任务，着力加强运行调节工作

政府是经济良好运行的主要推手之一，应开展公共平台服务，开展产业链上下游企业对接洽谈、项目签约、重点产品宣传推介等专题对接活动和产业转移对接洽谈活动，稳定工业增速。

2. 以承接产业转移为关键，不断增强工业发展集聚效应

河南省应不断加大实施大开放、大引进战略的力度，进一步拓展投资空间，加大招商引资力度，改善服务配套体系、承接产业转移的条件，提升重点企业、重点产业的产业聚集度，提升吸纳各类要素的能力和竞争力。以2013年数据为例，河南省工业总产值超亿元的企业占52.1%，完成总产值占92.2%。其中，累计产值超10亿元的有880家，较2012年增加190家，占全省工业单位数的比例为4.5%；完成工业总产值占全省工业总产值的比

例为46.4%。2013年1~11月，全省产业集聚区工业增加值同比增长18.2%，增速超过全省平均水平6.4个百分点；占全省的比例为47.2%，同比提高5.1个百分点。全省产业集聚区企业实现利润1634.6亿元，占全省工业总利润的41.9%，同比增长25.5%，高于全省平均水平12.5个百分点，对全省利润增长的贡献率达74.0%，拉动全省利润增长了9.6%。产业集聚区已经成为河南省工业经济增长的重要推动力量。

3. 坚持优化环境，形成支持企业发展的合力

政府和工业企业应该始终把发展工业环境建设放在突出位置，狠抓工作落实和作风建设，形成上下联动、协调配合的工作机制。政府应该重点建立完善监控预警机制、引导监理企业服务工作机制、市场化发展机制，提高经济运行调节、调度能力，以对工业发展起到重要的保障作用，有力地促进全省工业经济的发展。

7.8 全面深化改革，扩大开放，扩大招商引资规模

受国际金融危机持续影响，从2012年下半年起，以美国为首的发达国家开始呼吁制造业向本国回流。这直接或间接影响了包括中国在内的发展中国家招商引资和承接产业转移，使得中国国内各省区间招商引资的竞争也更加激烈。因此，河南省应着力做到以下几个方面。

1. 进一步深化经济体制改革

按照中央部署，结合本省实际，以经济体制改革为重点，努力推动重要领域、关键环节改革取得新进展。首先，深化国有企

业改革。支持省管企业股权多元和整体上市，大力发展混合所有制经济，鼓励非公有制企业参与国企改制重组和国有控股上市公司增资扩股，支持非国有资本参股国有资本投资项目。完善国有和国有控股企业法人治理结构，探索建立职业经理人制度，合理增加企业高管市场化选聘比例。深化企业内部三项制度改革，合理确定和严格规范管理人员薪酬、职务待遇和消费标准。支持混合所有制经济实行企业员工持股，形成资本所有者和劳动者利益共同体。深化投融资平台改革，探索国有资本授权经营体制改革，开展国有企业改组为国有资本投资运营公司试点。探索建立长效激励约束机制，强化国有企业经营投资责任追究。其次，大力发展非公有制经济。保证各种所有制经济依法平等使用生产要素、公开公平公正参与市场竞争、同等受到法律保护。继续实施促进民营企业、中小企业健康发展行动计划，制定非公有制企业进入特许经营领域具体办法，吸引民间资本进入交通、能源、市政设施、社会事业、养老及社区服务等领域。继续开展涉企收费专项清理工作，再取消和免征一批行政事业性收费。积极推进工商登记制度改革，由先证后照改为先照后证。扎实推进财税体制改革。推进政府和部门预决算公开工作，建立跨年度预算平衡机制，改进年度预算控制方式。清理整合专项转移支付项目，统筹整合专项资金，提高财政资金使用效益。清理规范税收优惠政策，全面落实营改增、资源税从价计征等改革政策。加强预算绩效管理，盘活财政存量资金。加强政府债务管理，提升投融资公司投融资能力、资产管理能力和风险防范能力。加大向社会购买公共服务力度。再次，促进金融改革发展。充分利用多层次资本市场、多种金融产品，继续推进企业上市融资和挂牌转让股份，加快建设区域性股权交易市场，做好永续债券、债贷组合和中小企业私募债业务试点，大力发展信托、委托贷款和承销中期票据、短期融资券、租赁等业务，支持在重点领域发起设立创业投资基金和产业投资基金。加快地方金融机构改革发展，力争新组建的省级银行开业运营、中原证券赴港上市，全面推进县级农信社组建为农商行，规范发展村镇银行，开展农村金融改革创新试点，支持具备条件的民间资本依法发起设立中小型银行等金融机构。优化小微企业融资环境，坚决打击非法集资，维护群众合法权益，防范和化解金融风险。最后，推进土地管理制度改革。加快农村集体建设用地和宅基地确权登记颁证工作。探索宅基地有偿退出机制，争取开展宅基地制度改革试点。在符合规划和用途管制前提下，开展农村集体经营性建设用地进入市场流转试点。深化"人地挂钩"试点工作。探索实行租让结合、分阶段出让的工业用地供应制度。加快户籍制度改革。

2. 进一步打造河南乃至中原地区的开放平台

首先，打造现代综合交通枢纽和物流中心。当前国际国内发展形势都在发生剧烈变化，剧变中有挑战也有机遇。对于河南这样的中部大省来说，要想变中取胜，就要发掘自身优势，抢占制高点，在新一轮发展中保持好的态势。河南省最大的优势是区位和交通，打造现代综合交通枢纽、形成现代物流中心，是今后发展的关键和命脉。交通兴则河南兴，交通衰则河南弱。打造现代综合交通枢纽首先要建设航空枢纽，建设航空枢纽首先要抓好货运国际枢纽，解决铁路、公路解决不了的问题。要以国际航空货运枢纽为核心，机、公、铁三网联合，配套集疏，打造现代综合交通枢纽，形成成本优势，以成本优势来带动发展、加快发展。

在铁路建设上，既要"咬定青山不放松"，锲而不舍，逐步深入，扎实推进"米"字形快速铁路网建设，又要推动郑欧返程班列常态化运行，促进铁路事业更好发展。在公路建设上，要抓好配套，与航空港形成联运集疏。同时，完善航空货运网络，提高城市公共服务能力，优化城市环境。

其次，利用郑州航空港经济综合实验区这一抓手，扩大招商引资规模。重点完善口岸建设，提高通关效率，形成便捷高效的通关效果；抓好郑州跨境贸易电子商务服务试点城市建设，形成规模化运营；继续挖掘、扩充、完善综合保税区功能，更好地发挥其作用；积极推进申报自由贸易区工作。抓住当前承接产业转移的重大机遇，加大项目引进和建设力度，进一步夯实实验区发展的产业基础。要突出招大引强，创新招商方式，优化招商环境，强化招商实效。搭建综合平台，增强服务配套能力。整合优化海关特殊监管区及各类口岸功能，加快综合保税区建设，推动综合保税区、出口加工区和保税物流中心实现物流联动。抓住国家建设丝绸之路经济带和新欧亚大陆桥的战略机遇，支持郑欧国际班列加密班次，加快郑州国际陆港规划建设。坚持改革创新，努力在创新用地和融资保障机制、海关监管模式和口岸建设机制等方面闯出新路子。抓好郑州跨境贸易电子商务服务试点，将先发优势变成竞争胜势。尽快完成E贸易商业平台二期建设，努力打造河南本土有影响力的大型跨境电子商务平台。加快进出口业务规模化运营，培育E贸易核心竞争优势。围绕四大类41项验收内容，建立规范的业务流程秩序，确保率先通过国家验收。再引进一批知名电商、网商与物流商，加快建设电子商务产业园区。

最后，坚持对外开放基本省策，以开放促改革、促转型、促发展。拓宽开放领域。加快服务业、农业、基础设施和社会事业等领域的开放，力争在银行保险、现代物流、电子商务、服务外包、文化旅游、科技、医疗、教育等领域引进一批战略合作项目。提升招商质量。坚持重落地、重投产、重实效、重带动，大力引进竞争力强、成长性好和关联度高的项目，大力引进先进的技术、人才、理念、机制、管理模式。积极争取跨国公司、央企、知名民营企业在豫设立地区总部和区域性研发、物流、销售、结算、后台服务中心。创新招商方式。强化产业链招商、集群招商、以商招商、中介招商、专业团队招商，注重发挥企业在招商中的主体作用和商会协会的桥梁作用。提高黄帝故里拜祖大典、河南投洽会等大型活动知名度，打造开放的招商品牌。优化开放环境。建立大通关机制，推进电子口岸建设，实现对全省进出口企业、生产制造园区、物流基地的通关流程全覆盖。开工建设郑州新郑综合保税区续建项目，推动有条件的省辖市设立海关特殊监管区域和海关、检验检疫机构。加快进口肉类指定口岸建设，做好郑州自由贸易试验区和药品、汽车指定口岸申报工作。完善招商引资信息公共服务体系、外来客商投诉综合服务平台。拓展外需市场。优化出口结构，扩大高新技术产品、机电产品出口，大力发展服务贸易。扩大先进技术设备、关键零部件、能源原材料进口规模。支持有条件的企业走出去。

7.9 找准定位，加快推进申请郑州自贸区建设的步伐

根据《关于积极申报郑州航空港自由贸易区的建议》的要

求，河南的规划不仅需要结合自身实际情况去定位，更关键的是要有自己的改革与创新点。郑州目前在很多政策体制上受到限制，比如外汇管理、转口贸易等方面。这些将随着自由贸易区的设立而不复存在。

1. 找准郑州自贸区的定位

河南省最大的优势是其为内陆省份，是中国重要的粮食大省，连通中亚、西亚和欧洲。郑州贸易区的定位需要发挥内陆省份的优势，扬长避短，打造一个内陆地区、中部地区的自贸区。《关于积极申报郑州航空港自由贸易区的建议》中指出，要在制定郑州航空港经济综合实验区发展战略中，明确向"自贸区"转型的路线图。充分利用国家赋予航空港区先行先试的政策，创新管理体制、机制，着手参照"自贸区"的要求与规范，逐步建立一套与国际接轨的新制度体系。尝试建立"法无禁止即自由"的管理原则，对行政审批制度大胆进行改革。

2. 郑州航空港经济综合实验区可先行示范

郑州航空港区虽已具备申报国家级自贸区的坚实基础，但河南省相应部门需要立即着手开展相关研究，做好申请的前期准备工作，做好优势整合与分步走相结合工作。

首先，优势整合。郑州航空港经济综合实验区先行先试，需要考虑整合郑东新区在金融、商贸服务等现代服务业上的优势；考虑整合郑州经济技术开发区"河南保税物流园区"跨境贸易电子商务试点项目及跨境电子商务交易平台的优势；最终以实验区（新郑综合保税区）为主，充分借助其空港优势、陆路交通联运优势、保税区通关便利优势等，规划郑州自贸区发展空间布局。

其次，分步走。第一步，首先依托实验区的政策优势，通过跨境贸易电子商务平台，将河南保税物流园区和新郑综合保税区各自功能紧密结合，创新管理办法和运营模式，打造郑州跨境电子贸易商务"特区"，促进现代贸易服务要素向郑州市集结。第二步，在已有工作的基础上，充分利用实验区先行先试的政策优势，同已经签订多边或者双边自贸协定的国家和地区，探索建立具有区域性特点的自贸园，园区内比照实行区域性自贸区的某些政策，搭建自贸区发展环境平台。第三步，整合郑东新区金融、证券、商贸等现代服务业和经济技术开发区河南保税物流园区，以实验区（新郑综合保税区）为重点，明确空间布局和功能定位以及创新点，向国家有关部门提出申报"郑州自贸区"总体方案。

第 8 章

结论及展望

产业转移是经济发展到一定阶段的产物,是经济全球化和区域一体化发展的必然结果,是一种客观存在的经济现象。产业转移是发达地区和经济落后地区实现产业结构优化和调整的一种途径,是经济落后地区跨越发展和产业升级的强大推力。根据有关产业转移对河南省产业结构的影响各方面的分析,可以得出如下结论。

8.1 主要研究结论

第一,河南省承接产业转移存在如下问题:受各地经济发展水平的影响,各地承接产业转移不均衡;承接转移产业多以第二产业为主,第三产业承接数量不断增多,第一产业增幅缓慢,三大产业承接不平衡;在承接产业转移过程中,注重对产业和资金的引进,轻学习和创新;在承接产业转移项目上的选择性较弱,承接产业层次低。

第二,河南省承接产业转移呈现如下特征:①承接项目的规模呈现不断壮大的发展趋势；②中原城市群承接作用明显；③承接产业以河南省优势产业居首；④承接的签约项目质量得到很大的提升；⑤承接项目进度监督力度大。另外，河南省在承接产业转移过程中，面临着有利环境和不利环境、机遇和挑战。面临的优势有：区位优势、交通优势、自然资源优势、劳动力资源优势、市场容量优势、市场辐射优势、空间优势、工业基础优势、政策优势。面临的劣势主要有：产业协作配套能力不强、物流成本过高、投资软环境有待改善、承接载体功能有限、劳动力结构有待优化。面临的机遇主要有：境外产业转出步伐加快、东部发达地区产业升级、中原经济区建设、郑州航空港经济综合实验区上升为国家战略。面临的挑战主要有：东部欠发达城市、中西部其他城市的竞争、生态环境保护的挑战。

第三，通过选取河南省1998~2012年统计数据，运用因子分析法，本研究对河南省承接产业转移的能力进行了分析，从河南省各地市承接产业转移引起的产业结构转换的视角，对河南省承接产业转移促进产业结构转换的速度进行了分析，验证了河南省通过承接产业转移促进产业结构优化升级的效果及其承接产业转移的承载力大小。实证结果表明：①产业结构的转换能力与地区的经济发展水平相关，经济发展的程度越高，产业结构的转换能力越强；②河南省各地市产业结构转换能力的分布存在差异，主要体现在中西部地区的产业结构转换能力较强，而北部、东部、南部地区的产业结构转换能力偏弱；③河南省承接产业转移的整体能力还不强。

第四，河南省以推动工业升级，全面发展第三产业，坚持做优农业、建设现代农业大省为目标，以推进三次产业结构的调整。通过对本省产业梯度系数的分析和本省"十二五"规划的要求，河南省选择将汽车、电子信息、装备制造、食品、轻工、煤炭、电力、建材、新能源、新能源汽车、生物、现代物流、金融、旅游等产业作为承接区域间产业转移的重点，将自身定位为国家大型煤炭基地、全国重要煤炭储配中心，重要的区域性大型火电基地和电力联网枢纽，中西部汽车制造和服务贸易中心，全国重要的大型动力装备制造基地，食品工业强省，现代家居和劳动密集型产品龙头企业、优势品牌的吸引基地，中国重要的建筑陶瓷产业基地，区域性金融中心，立足中原、面向全国、连通世界的现代物流中心，世界知名、全国一流的旅游目的地。河南省应以中原城市群、依中原城市群规划的四大产业带、产业集聚区为载体布局主导产业，优化产业转移结构，推动经济的快速发展。

第五，为了使承接产业转移推动产业结构的优化和调整，河南省应从不断改善投资环境、加强产业集聚区建设方面，转变政府职能和创新承接产业转移模式方面，不断加大对技术的引进、吸收和创新方面，着力加强人力资源的开发力度方面，优化产业转移的吸纳结构、全力推进工业经济发展、全面深化改革方面，扩大开放、加快申请郑州自贸区等方面提供政策保障。在不断改善投资环境方面，强调进一步完善体制机制在承接产业转移中的作用，进一步营造对外开放的市场环境，以市场化运作推动生产要素的跨区域流动，制定优惠的政策积极扶持比较优势产业。在加强产业集聚区建设方面，应强调以建设产业集聚区为载体，推动产业向河南省转移，提升产业集聚区的承载能力，实现产业集聚区的产业从"点式扩张"向"链式发展"转变。在转变政府职能和创新招商引资模式方面，全面推进郑州航空港经济综合实验区建设，加快构建中原经济核心增长极。强调完善政府招商引资的公共服务职能，创新以企业和中介为中心开展市场化招商引资模式，加强招商引资软环境建设，完善基础支撑条件，加快培育发展新优势。在加强技术的引进、吸收和创新方面，强调提高技术外溢效应，强化技术吸收能力，创新技术，发展拥有自主知识产权的高新技术产业。在加强人力资源的开发力度方面，构建多元化的人才培养模式，构建与产业结构调整相适应的人力资源结构，创新人才引进与产业结构调整协调机制。多策并举，全力推进工业经济稳中向好发展，以稳增长、调结构为首要任务，着力加强运行调节；以承接产业转移为关键，不断增强工业发展集聚效应；坚持优化环境，形成支持企业发展的合力。全面深化改革，扩大开放，提高招商引资规模，以经济体制改革为重点，努力推动重要领域、关键环节改革取得新进展；进一步打造河南乃至中原地区的开放平台。找准定位，加快推进郑州自贸区建设的步伐，河南省相应部门需要立即着手开展相关研究，做好申请的前期准备工作，做好优势整合与分步走相结合工作。

8.2 研究展望

对于承接产业转移和产业结构升级方面的研究，现有文献已经从不同的视角进行了分析，而将承接产业转移和产业结构结合起来进行研究，国内也有少数学者给予了分析，但许多学者对二

第8章 结论及展望

者关系的论证存在不完善的地方，这也是写作本书的意图。而对于二者关系的实证分析，各种方法在一些文献中比较零散，本书在现有文献的基础上，对各种实证方法进行了综合，并且以河南省为案例，利用河南省的数据，运用多种计量模型对河南省承接产业转移与产业结构之间的关系进行了验证。由于一些条件的限制，对二者之间关系的分析仍有许多继续研究的空间，主要集中在以下几个方面。

第一，在验证承接产业转移与产业结构之间的关系时，虽然选取了河南省的数据进行验证，但选择的数据是基于时间序列的数据，而没有选择面板数据进行验证，因而验证河南省承接产业转移与产业结构关系的时候，只是从总体上分析了河南省承接产业转移与产业结构之间的关系，而河南省各地市承接产业转移与产业结构之间是否存在相关关系，本研究未对之分析。这是本研究存在的不足之处。当然，现有文献对承接产业转移与产业结构之间关系的验证，也没有利用面板数据模型进行验证，这为继续验证二者之间的关系留下了空间。

第二，在验证河南省承接产业转移与产业结构之间的关系时，本研究选择的时间序列数据是1998~2012年的数据，时间序列数据太短。河南省承接产业转移对产业结构到底有多大的影响，可在今后的研究中，通过采集更多的时间序列数据来验证二者之间的关系。二者之间是否存在"断点"的突变现象，也是今后的研究需要进一步拓展的地方。

第三，在验证河南省承接产业转移与产业结构之间的关系时，河南省承接产业转移的变量仅仅用FDI数据来度量，而FDI的数据来源比较复杂，既包括国内的外来投资，又包括国外的外商投资。从 FDI 的来源地来说,到底有多少来源于东部地区,有多少来源于中国港澳台地区以及欧美等发达地区,是不够清楚的。如果能够分清楚 FDI 的来源,对于进一步了解 FDI 与产业结构之间的关系将有十分重要的意义。这也是将来进一步研究的方向。

参考文献

蔡昉、王德文、曲玥：《中国产业升级的大国雁阵模型分析》，《经济研究》2009年第9期。

陈飞翔：《外商直接投资与我国产业结构转换》，《上海经济研究》1999年第6期。

陈华：《中国产业结构变动与经济增长》，《统计与决策》2005年第6期。

陈建军：《产业区域转移与东扩西进战略——理论和实证分析》，中华书局，2002。

陈建军、胡晨光：《产业集聚的集聚效应》，《管理世界》2008年第6期。

陈建军：《中国现阶段的产业区域转移及其动力机制》，《中国工业经济》2002年第8期。

陈明森：《产业升级向外推动与利用外资战略调整》，科学出版社，2004。

陈延林：《外商直接投资对广东产业结构和技术进步的影响分析》，《华南师范大学学报》（社会科学版）2004年第1期。

陈有禄、罗秋兰：《西部地区承接东部产业转移问题探析》，《经济纵横》2007年第6期。

陈昭：《时序非平稳性ADF检验法的理论与应用》，《广州大学学报》（自然科学版）2008年第5期。

陈忠祥：《资源衰退型城市产业结构调整及空间结构优化研究——以宁夏石嘴山市为例》，《经济地理》2006年第1期。

程宏：《利用外资促进我国产业结构升级的新思路—外资技术溢出对我国产业结构高度化作用的思考》，《南方经济》2001年第4期。

崔新健：《外国直接投资下的产业结构升级》，《当代财经》2002年第10期。

戴宏伟、田学斌、陈永国：《区域产业转移研究——以"大北京"经济圈为例》，中国物价出版社，2003。

戴宏伟、田学斌、陈永国：《区域产业转移研究》，中国物价出版社，2003。

戴宏伟、王云平：《产业转移与区域产业结构调整的关系分析》，《当代财经》2008年第2期。

丁金刚：《产业转移的动因及趋势研究》，《经济师》2010年第2期。

杜义飞：《基于价值创造预分配的产业价值链研究》，电子科技大学博士学位论文，2005。

范德成、刘希宋：《产业投资结构与产业结构的关系分析》，《学术交流》2003年第1期。

方一平：《成渝产业带产业结构的相似性及其结构转换力分析》，《长江流域资源与环境》2000年第1期。

费希尔：《安全与进步的冲突》，中国人民大学出版社，1997。

冯登艳：《积极承接东部产业转移加快河南产业升级》，《中共郑州市委党校学报》2010年第3期。

高峰：《利用外资促进我国产业结构优化作用机理探讨》，《经济问题》2002年第11期。

高更和、李小建：《产业结构变动对区域经济增长贡献的演变研究》，《地理学报》2005年第5期。

高铁梅：《计量经济分析方法与建模》，清华大学出版社，2007。

高志刚：《基于主成份分析的区域产业结构转换能力评价——以新疆为例》，《生产力研究》2003年第1期。

高志文、李莉：《优化产业结构的路径选择》，《首都师范大学学报》（社会科学版）2011年第6期。

郭凡生、朱建芝：《西部开发与"西部理论"》，《科学管理研究》1985年第6期。

郭克莎：《外商直接投资对我国产业结构的影响研究》，《管理世界》2000年第2期。

郭万清：《由趋同走向趋异——90年代地区产业结构变动趋势分析》，《经济研究》1992年第12期。

郭秀君：《入世与中国国有专业外贸公司的发展》，《世界贸易组织动态与研究》2002年第6期。

何晓群：《多元统计分析》（第三版），中国人民大学出版社，2012。

何云、李新春：《企业跨地域扩张战略的初步研究——以广东工业类上市公司为例》，《管理世界》2000年第6期。

贺灿飞：《中国地区产业结构转换比较研究》，《经济地理》1996年第3期。

赫克歇尔、贝蒂·俄林：《区域贸易和国际贸易》，中译本，商务印书馆，1986。

赫荣亮、宋焕斌：《资源型城市产业结构转换能力研究》，《全国商情（经济理论研究）》2006年第2期。

洪银兴：《论我国产业结构的平衡态与高度化》，《上海经济研究》1988年第2期。

黄利春：《产业聚集、产业转移与产业升级》，《江苏商论》2011年第1期。

侯铁珊、陈丹：《外商直接投资对中国产业影响的实证分析》，《淮海工学院学报》2004年第2期。

纪玉山、吴勇民：《我国产业结构与经济增长关系之协整模型的建立与实现》，《当代经济研究》2006年第6期。

胡红梅：《国际产业转移与我国产业结构优化》，《探索》2006年第1期。

胡琦、许峥：《上海产业结构经济增长效应分析》，《上海经济研究》2004年第11期。

黄建康：《外商直接投资与我国产业结构调整的政策思考》，《现代经济探索》2000年第4期。

江曼：《河南承接东部产业转移问题与对策》，华中科技大学硕士学位论文，2009。

江世银：《四川实现产业结构优化升级的对策研究——基于承接产业转移的背景》，《理论与改革》2009年第5期。

江小涓：《吸引外资、对外投资和中国的全面小康目标》，

《国际贸易问题》2004年第1期。

姜霞：《湖北省承接产业转移的路径选择与政策取向研究》，武汉大学博士学位论文，2013。

蒋文军：《商业企业如何推行目标管理》，《中国商贸》1994年第5期。

蒋文军、孙宏军：《策应产业转移——欠发达地区中小企业快速发展的重要举措》，《经营管理者》2001年第7期。

蒋瑛琨、刘艳武、赵振全：《货币渠道与信贷渠道传导机制有效性的实证分析——兼论货币政策中介目标的选择》，《金融研究》2005年第5期。

勘柏明：《中国工业国际竞争力现状、因素及对策探讨》，《武汉大学学报》2000年第2期。

孔令承、刘芹：《试论我国实现产业结构升级的途径》，《企业经济》2002年第8期。

孔文：《利用外商直接投资调整产业结构中的矛盾分析》，《东北财经大学学报》1999年第3期。

雷良桃、黎实：《Panel-Data下Granger因果检验的理论和应用发展综述》，《统计与信息论坛》2007年第3期。

冷观、王禹：《引导外资优化我国产业结构的调控研究》，《上海经济研究》2002年第1期。

李锋：《国内外关于产业区域转移问题研究观点评述》，《经济纵横》2004年第6期。

李富有、邹晓清：《外商直接投资的区域差异及其产业结构转换研究》，《统计与信息论》2009年第3期。

李红梅：《21世纪中国产业结构调整的战略选择》，《首都师范大学学报》2000年第6期。

李家祥：《河南承接产业转移的区位优势与对策》，《经济导刊》2012年第2期。

李善民、钟良、于军威：《对东道国产业结构和产业组织的影响研究综述》，《湖南社会科学》2005年第2期。

李淑香：《河南省承接区域产业转移的实证研究》，河南大学硕士学位论文，2008。

李小建、覃成林、高建华：《我国产业转移与中原经济崛起》，《中州学刊》2004年第3期。

李晓莉：《河南省城镇化支撑体系研究》，河南大学博士学位论文，2008。

李雪：《外商直接投资的产业结构效应》，《经济与管理研究》2005年第1期。

李照心：《郑州第三产业发展问题研究》，郑州大学硕士学位论文，2012。

厉无畏：《产业发展的趋势研判与理性思考》，《中国工业经济》2002年第4期。

廖文龙、龚三乐：《产业转移对广西产业结构演化影响的实证分析》，《广西社会科学》2009年第10期。

林善炜：《经济全球化背景下我国农业保护的政策调整》，《福建理论学习》2002年第1期。

刘俊娟：《河南省三次产业结构分析及优化》，河南农业大学博士学位论文，2005。

刘楷：《中国地区产业结构调整及变动效益分析》，《中国工业经济》1998年第1期。

刘力：《产业转移与产业升级的区域联动机制——兼论广东区域经济协调发展模式》，《国际经贸探索》2009年第12期。

刘世欣：《产业转移与河南省工业化进程研究》，河南大学硕士学位论文，2009。

刘思峰、党耀国、方志耕：《灰色系统理论及其应用》，科学文献出版社，2007。

刘亚娟：《外国直接投资与我国产业结构演进的实证分析》，《财贸经济》2006年第5期。

刘岩：《对我国中西部地区承接产业转移的思考》，《生产力研究》2011年第3期。

刘耀彬、王启仿：《我国地区产业结构转换力及其结构效益分析》，《生产力研究》2005年第1期。

刘易斯：《国际产业转移论》，卢根鑫译，上海人民出版社，1997。

刘云刚：《大庆市资源型产业结构转型对策研究》，《经济地理》2000年第5期。

卢根鑫：《国际产业转移论》，上海人民出版社，1997。

卢根鑫：《试论国际产业转移的经济动因及其效应》，《上海社会科学院学术季刊》1994年第4期。

卢洪英：《重庆市的产业结构转换能力——与北京、天津、上海的比较研究》，《成都纺织高等沌河学校学报》2003年第3期。

卢中原：《产业结构与地区经济发展》，《经济研究参考》1996年第6期。

罗哲、邓生菊、关兵：《西部地区承接产业转移的能力分析与规模测度》，《甘肃社会科学》2012年第6期。

马汉武：《竞争：产业结构调整的基本途径》，《华东经济管理》1997年第6期。

马云俊：《产业转移、全球价值链与产业升级研究》，《技术经济与管理研究》2010年第4期。

毛蕴诗、李田、吴斯丹：《从广东实践看我国产业的转型、升级》，《产业经济》2008年第7期。

梅晓文、雷欧：《中部崛起的战略产业选择》，《南昌航空大学学报》（社会科学版）2007年第4期。

〔美〕艾伯特·赫希曼：《经济发展战略》，经济科学出版社，1997。

〔美〕库兹涅茨：《现代经济增长》，戴睿、易诚译，北京经济学院出版社，1989。

〔美〕罗斯托：《经济成长的阶段》，商务印书馆，1962。

〔美〕钱纳里：《工业化和经济增长的比较研究》，吴奇等译，上海三联出版社，1995。

倪懿璇、周蕾：《FDI与中国的产业升级相关性分析》，《金融观察》2004年第8期。

聂华林：《我国区际产业转移对西部产业发展的影响》，《兰州大学学报》2000年第9期。

彭文斌、周善伟：《反梯度视角下中部地区承接沿海产业转移的研究》，《当代经济管理》2012年第12期。

屈文燕：《河南省产业转移的SWOT分析》，《中州大学学报》2011年第2期。

任太增：《比较优势理论与梯级产业转移》，《当代经济研究》2001年第11期。

〔日〕筱原三代平：《产业结构与投资分配》，《经济研究》1957年第8期。

沈晓：《产业转移中企业和政府的行为决策研究》，南京理工大学硕士学位论文，2009。

石奇：《集成经济原理与产业转移》，《中国工业经济》2004年第10期。

史忠良：《新编产业经济学》，中国社会科学出版社，2007。

隋占东、马超群：《深圳市产业结构调整与优化的政策研究》，《湖南大学学报》2001年第12期。

宋锦剑：《论产业结构优化升级的测度问题》，《当代经济科学》2000年第3期。

谭介辉：《从被动接受到主动获取：论国际产业转变》，《世界经济研究》1998年6期。

谭理、刘辉煌：《论国际直接投资的产业结构升级效应》，《湖南财经高等专科学学报》2002年第18期。

滕光进，区和坚，刘兴政：《香港产业结构演变与城市竞争力发展研究》，《中国软科学》2003年第12期。

田素华：《外资对上海就业效应的实证分析》，《财经研究》2004年第3期。

万红燕：《产业结构调整与优化实证研究——以江西省为例》，《南昌航空大学学报》（社会科学版）2013年第3期。

汪斌：《国际区域产业结构分析导论》，上海人民出版社，2001。

汪斌：《国际区域产业结构分析导论——一个一般理论及其对中国的应用分析》，上海三联书店、上海人民出版社，2001。

王贵民:《承接产业转移与省域产业结构调整——基于资本要素的分析》,《经济研究导刊》2010年第18期。

汪红丽:《经济结构变迁对经济增长的贡献——以上海为例的研究1980－2000》,《上海经济研究》2002年第8期。

汪茂泰、钱龙:《产业结构变动对经济增长的效应:基于投入产出的分析》,《石家庄经济学院学报》2010年第2期。

王缉慈:《集群战略的公共政策及其对中国的意义》,《中外科技信息》2001年第11期。

王靖:《企业在珠三角产业转移中的作用研究》,《市场经济与价格》2010年第7期。

王俊鹏、陈玉和、黄茂生:《区域产业结构优化评价》,《市场论坛》2006年第3期。

王伶:《我国服务贸易的发展及国际竞争力的实证分析》,《黑龙江对外经贸》2007年第6期。

王洛林、江小涓、卢圣亮:《大型跨国公司投资对中国产业结构、技术进步和经济国际化的影响》(上),《中国工业经济》2000年第4期。

王洛林、江小涓、卢圣亮:《大型跨国公司投资对中国产业结构、技术进步和经济国际化的影响》(下),《中国工业经济》2000年第5期。

王楠:《东北经济区产业转移》,东北师范大学博士学位论文,2009。

王培县:《广西承接珠三角产业转移研究》,广西大学硕士学位论文,2005。

王述英:《当前产业结构调整的趋势》,《南开经济研究》2001

年第 6 期。

王先庆:《产业扩张》,广东经济出版社,1998。

王先柱、成祖松、王传斌:《产业转移、技术转移和自主创新耦合——以皖江城市带为例》,《当代经济管理》2013 年第 1 期。

王志乐:《跨国公司投资对我国经济的积极影响及带来的问题——关于跨国公司在华投资现状的调查报告》,《管理世界》1996 年第 3 期。

王作成、韩联伟、穆文龙、乔继明:《河南承接产业转移的重点选择及对策分析》,《中州学刊》2007 年第 5 期。

魏后凯:《外商投资区位研究的理论前沿及最新进展》,《上海行政学院学报》2001 年第 4 期。

魏后凯、贺灿飞、王新:《外商投资区位研究的理论前沿及最新进展》,《上海行政学院学报》2001 年第 4 期。

魏后凯:《西方区域经济发展理论》,《发展研究》1990 年第 5 期。

吴晓军、赵海东:《产业转移与欠发达地区经济发展》,《当代财经》2004 年第 6 期。

夏禹龙、刘吉、冯之浚、张念椿:《梯度理论与区域经济》,《科学学与科学技术管理》1983 年第 8 期。

谢江南:《欠发达地区产业承接的影响因素及模式选择研究——以永州为例》,湘潭大学硕士学位论文,2008。

徐春骐、周建、徐伟宣:《外商直接投资与我国三次产业技术进步相关关系研究》,《中国管理科学》2005 年第 2 期。

徐莉萍:《对西部产业结构的影响分析闭》,《科技创业月刊》2006 年第 7 期。

徐雅静、王品:《河南省区域经济增长与产业结构的偏离——份额分析》,《郑州轻工业学院学报》(社会科学版) 2012年第8期。

严薇、赵宏宇、夏恩君:《国际产业转移效应影响因素分析及理论模型构建》,《商业时代》2009年第30期。

徐忠海:《加入WTO对我国农业的影响及其对策》,《新疆农垦经济》2001年第1期。

杨公朴、夏大慰:《产业经济学教程》,上海财经大学出版社,2002。

羊绍武:《环境与资源双重约束下中国承接国际产业转移的对策分析》,《经济师》2008年第8期。

杨桃珍:《产业转移与中国区域经济梯度发展》,武汉大学硕士论文,2005。

杨治:《产业经济学导论》,中国人民大学出版社,1986。

姚君:《外商直接投资对产业结构升级的作用机制研究》,《经济与管理》2005年第4期。

叶燕:《产业转移与江西产业结构优化研究》,南昌大学硕士学位论文,2005。

〔英〕威廉·配第:《政治算术》,陈冬野译,商务印书馆,1978。

于淑艳、荣晓华:《辽宁产业结构转换能力比较分析》,《工业技术经济》2004年第4期。

于治贤:《苏联解体对亚洲一些国家经济的影响》,《东欧中亚研究》1993年第4期。

余冬晖:《重庆与东北产业结构比较及对重庆产业发展的启

示》,《吉林农业大学学报》2005年第5期。

翟松天:《中国东西部产业结构联动升级中的产业对接模式研究》,《青海师范大学学报》(哲学社会科学版)1999年第2期。

詹玉萍、于淑艳:《大连产业结构转换能力与转换速度分析》,《科技管理研究》2007年第1期。

张贵凯:《积极推进陕甘宁革命老区生态能源经济示范区建设加快陕北实现跨越式发展》,《西综合经济》2009年第3期。

张洪增:《论移植型产业成长模式及其缺陷——兼论对我国产业成长模式的借鉴》,《中共浙江省委党校学报》1999年第3期。

张靖:《FDI的流入与中国产业结构影响及对策》,《改革与战略》2001年第6期。

张可云:《区域大战与区域经济关系》,中国轻工业出版社,2001。

张仁枫、王莹莹:《承接产业转移视角的区域协同创新机理分析》,《科技进步与对策》2013年第1期。

张少军、李东方:《全球价值链模式的产业转移:商务成本与学习曲线视角》,《经济评论》2009年第2期。

张涛:《区域产业结构分类及其转换能力评价——以河南省为例》,《地域研究与开发》2001年第2期。

张文彤:《SPSS统计分析基础教程》,高等教育出版社,2004。

张玉英、张婷:《外商直接投资对我国产业结构调整的影响》,《湖北社会科学》2003年第2期。

张远峰、郭凤:《试论外商直接投资对产业结构升级作用的机理》,《浙江万里学报》2004年第3期。

张宗庆:《论我国产业结构调整面临的难题及对策》,《东南大学学报》（哲学社会科学版）2000年第4期。

赵楠：《服务外包与我国利用外资的地区均衡——基于服务外包运行机制的分析》，《财贸经济》2007年第9期。

赵张耀、汪斌：《网络型国际产业转移模式研究》，《中国工业经济》2005年第10期。

郑健壮、徐寅杰：《产业转型升级及其路径研究》，《浙江树人大学学报》2012年第4期。

郑胜利、黄茂兴：《从集聚到集群——祖国大陆吸引台商投资的新取向》，《世界经济与政治论坛》2002年第3期。

郑伟：《河南省各地市产业结构转换综合评价分析》，《湖北经济学院学报》2010年第7期。

郑燕伟：《产业转移理论初探》，《中共浙江省委党校学报》2000年第3期。

周冯琦：《中国产业结构调整的关键因素》，上海人民出版社，2003。

周英章、蒋振声：《我国产业结构变动与实际经济增长关系实证研究》，《浙江大学学报》（人文社会科学版）2002年第3期。

周振华：《产业政策的经济理论系统分析》，中国人民大学出版社，1991。

朱华友、孟云利、刘海燕：《集群视角下的产业转移的路径、动因及其区域效应》，《社会科学家》2008年第7期。

邹积亮：《产业转移理论及其发展趋向分析》，《中南财经政法大学学报》2007年第6期。

祖强：《沿江沿河开发的国际经验及其对江苏的启示》，《现代经济探讨》2003年第9期。

左莉:《产业转型中价值转化模型研究》,大连理工大学硕士学位论文,2002。

Abernethy and J. M. Utterback, Patterns of Industrial Innovation, Technology Review, 1978 (7): 40 – 47.

Aitken Brian J. and Ann E. Harrison, Do Domestic Firms Benefit from Direct Foreign Investment? American Economic Review, 1999 (3): 605 – 618.

Akamatsu K., A Historical Pattern of Economic Growth in Developing Countries, The Developing Economics Preliminary Issue, 1962 (1): 3 – 18.

Akamatus Kaname, A Theory of Unbalanced Growth in the World Economy, Weltwirtschaftliches Archive, 1961 (86).

Andrew C. Inkpen, Wang Pien, An Examination of Collaboration and Knowledge Transfer: China – Singapore Suzhou Industrial Park, Journal of Management Studies, 2006, 43 (4): 779 – 811.

Boldin Robert J., Leggett Keith, Strand Robert, Credit Union Industry Structure: An Examination of Potential Risks, Financial Services Review, 1998 (73): 207 – 215.

Cantwell J., Tolentino Pee, Technological Accumulation and Third World Multinationals University of Reading, Department of Economics, 1990.

Chao Chen, Robertsu, Do Cross – border Acquisitions of U. S. Targets Differ from U. S. Domestic Take over Targets? Globe Finance Journal, 2004, 8: 71 – 82.

Choi Jay Pil, Protectionist Response to Import Competition in Declining Industries Reconsidered, European Journal of Political Economy, 2001 (17): 193 – 201.

Clark C. G., The Conditions of Economic Progress, London: Macmillan, 1957: 253 – 258.

Claudia M. Buch, Gayle Delong, Cross – border Bank Mergers: What Lures the Rare Animal? Journal of Banking & Finance, 2004, 28: 2012 – 2077.

Colin Clark, The Conditions of Economics Progress, St. Martin's Press, 1957.

Cumings B., The Origins and Development of the Northeast Asian Political Economy: Industrial Sector, Product Cycle and Political Consequences, International Organization, 1984, 38 (4): 1 – 40.

Denison E., Trends in American Economic Growth, 1929 – 1982, Washington: Bookings Institution, 1985.

Dicken P., Global Transfer: The Internationalization of Economic Activity, New York: Guilford Press, 1992.

D. Needham, Economic Analysis and Industrial Structure, Holt, Rinehart and Winston, New York, 1969.

Dunning J. H., Multinational Enterprises and the Global Economy, Wokingham: Addison Wesley, 1993.

Dunning. J. H., The Paradigm of International Production, Journal of International Business Studies, 1988, (3): 2 – 31.

Eenson R. E., Westphal L., Technological Change and Technological Strategy, UNU/INTECH Working Paper, 1994, 12.

Fei B., Ranis G., A Theory of Economic Development, American Economic Review, 1961, 51: 533 – 565.

Finn R., Forsund and Lennart Hjalmarsson, Analyses of Industrial Structure: A Putty – clay Approach, Stockholm: Industrial Institute for Economic and Social Research; Distributed by Almqvist & Wiksell International, 1987.

Frank Neffke, Time – Varying Agglomeration Externalities in UK Countries between 1841 and 1971, Papers in Evolutionary Economic Geography, 2008.

Gereffi G., International Trade and Industrial Upgrading in Apparel Commodity Chain, Journal of International Economics, 1999 (48): 37 – 70.

George Z. Peng, Paul W. Beamish, Evolving FDI Legitimacy and Strategic Choice of Japanese Subsidiaries in China, Management and Organization Review, 2007, 3 (3): 373 – 396.

Giacomo Bonanno and Dario Brandolini, Industrial Structure in the New Industrial Economics.

Haddad M. and Harrison, Are Three Spillovers from Direct Foreign Investment: From Panel Data for Morocco, Morocco Journal, 1993 (42): 51 – 74.

Helpman E. A., Simple Theory of International Trade with Multinational Corporation, Journal of Political Economy, 1984 (92): 451 – 471.

Hoffmann W. G., The Growth of Industrial Economies, New York: Oceans Publications, 1958.

Humphrey J., Schmitz H., Governance in Global Value Chains, IDS Bulletin – Institute of Development Studies, 2001, 32 (3): 19 – 29.

Humphrey J., Schmitz H., How does Insertion in Global Value Chains Affect Upgrading Industrial Dusters, Regional Studies, 2002 (9): 1017 – 1027.

Isabel Faeth, Determinants of Foreign Direct Investment——A Tale of Nine Theoretical Models, Journal of Economic Surveys, 2009, 23 (1): 165 – 196.

John H. Dumming, Explaining the International Direct Investment Position of Countries towards A Dynamic or Developmental Approach, Review of World Economics, 1981, 117 (1): 30 – 64.

Jorgenson D., Rational Distributed Lag Functions, Econometrics, 1966, 34: 135 – 149.

Julan Du, Yi Lu, Zhigang Tao, Economic Institutions and FDI Location Choice: Evidence from us Multinationals in China, Journal of Comparative Economics, 2008, 36 (3): 412 – 429.

Kaplinsky R., Morris M. A., Handbook for Value Chain Research, Prepared for the IDRC, 2001: 38 – 39.

Kaplisky R., Spreading the Gains from Globalization: What Can be Learned from Value Chain Analysis, Journal of Development Studies, 2000, 37 (2): 117 – 146.

Klepper, Steven and Graddy, Elizabeth, The Evolution of New Industries and the Determinants of Market Structure, Journal of Economics, 1990, 21 (1): 27 – 44.

Kojima, Direct Foreign Investment: A Japanese Model of Multinational Business Operations, London Croom Helm, 1978.

Kugler M., The Sectoral Diffusion of Spillovers from Foreign Direct Investment, Mimeo, University of Southampton, August, 2001.

Lecraw D. J., Outward Direct Investment by Indonesian Firms: Motivation and Effects, Journal of International Business Studies, 1993, 24 (3): 589 – 600.

Marsili, Verspagen B., Technology and the Dynamics of Industrial Structures: An Empirical Mapping of Dutch Manufacturing, Industrial and Corporate Change, 2002, 11: 791 – 815.

Marston Richard C., The Effects of Industry Structure on Economic Exposure, Journal of International Money And Finance, 2001 (20): 149 – 164.

Martin C., Price Adjustment and Market Structure, Economics Letters, 1993 (41): 139 – 143.

Maurice J. G. Bun, Abderranhman EI Makhloufi, Dynamic Externalities, Local Industrial Structure and Economic Development: Panel Data Evidence for Morocco, Regional Studies: Tayor & Francis Journal, 2007, 41 (6): 823 – 837.

Michael Maccann, Cross – border Acquisitions: The UK Experience, Applied Economies, 2001, 33: 457 – 461.

Michael Peneder, Industrial Structure and Aggregate Growth, Structural Change and Economic Dynamics, 2003, 14: 427 – 448.

Mowery, Rosenberg N., The Influence of Market Demand upon Innovation: A Critical Review of Some Recent Empirical Studies,

Research Policy, 1979, 8 (2): 102 - 153.

Ojelanki Ngwenyama, Olga Mora wczynski, Factors affecting ICT Expansion in Emerging Economies: An Analysis of ICT Infrastruc - ture Expansion in Five Latin American Countries, Information Technology for Development, 2009, 15 (4): 237 - 258.

Ozawa T. , Castello S. , Toward an International Business Paradigm of Endogenous Growth Multinationals and Governments as Co - Endogenisers, International Journal of the Economics of Business, 2001, 8 (2): 211 - 228.

Pankaj Ghemawat, Robert E. Kennedy, Competitive Shocks and Industrial Structure: The Case of Polish Manufacturing, International Journal of Industrial Organization, 1999, 17: 847 - 867.

Pennings E. , Sleuwaegen L. , International Relation: Firm and Industry Determinants, Economics Letters, 2000 (67): 179 - 186.

Porter Michael, The Competitive Advantage of Nations, Free Press, 1990.

Qian Sun, Wilson Tong, Qiao yu, Determinants of Foreign Direct Investment across China, Journal of International Money and Finance, 2002, 21: 79 - 113.

Raul Prebisch, The Economic Development of Latin America and Its Principal Problems, Economic Bulletin for Latin America, 1962.

Ravi Ratanyake, Industry Concentration and Competition: New Zealand Experience, International Journal of Industrial Organization, 1999, 17: 1041 - 1057.

Robert Dekle, Kenneth Kletzer, Financial Intermediation, A-

参考文献

gency and Collateral and the Dynamics of Banking Crises: Theory and Evidence for the Japanese Banking Crises, Proceedings, 2002.

Rostow, The Stages of Economic Growth, Cambridge University Press, 1960.

R. Vernon, International Investment and International Trade in the Product Cycle, Quarterly Journal of Economics, 1996, (80): 190 - 207.

Solow R. M., A Contribution to the Theory of Economic Growth, Quarterly Journal of Economies, 1956, 70: 65 - 94.

Solow R. M., Technical Change and the Aggregate Production Function, Review of Economies and Statistics, 1957, 39: 213 - 320.

Storper M., The Transition to Flexible Specialization in Industry, Cambridge Journal of Economics, 1989 (13): 273 - 305.

Thomas Hutzschenreuler, Florian Gröne, Changing Vertical Integration Strategies under Pressure from Foreign Competition: The Case of US and German Multinationals, Journal of Management Studies, 2009, 46 (2): 269 - 307.

Utterback, James M., and Suarez F., Patterns of Industrial Evolution, Dominant Designs, and Firms' Survival, Sloan Working Paper, 1993: 79 - 92.

U. Walz, Transport Costs, Intermediate Goods, and Localized Growth, Regional Science and Trhan Fcnnnmic, 1996, 26: 6.

Vaseoneellos G. M., Kish R. J., Cross - border Mergers and Acquisitions: The European - US Experience, Journal of Multinational Financial Management, 1998, 8: 431 - 450.

W. Arthur Lewis, Economic Development with Unlimited Supplies of Labor, The Manchester School, 1954, 22 (2): 139 – 191.

Wheeler D. and A. Mody, International Investment Location Decision: The Case of U. S, Journal of International Economics, 1992, (33): 57 – 76.

Wilbur Chung, Mode, Size, and Location of Foreign Direct Investment and Industry Markups, Journal of Economic Behavior & Organization 2001, 45, 185 – 211.

William Arthur Lewis, The Evolution of International Economic Order, New Jersey Princeton University Press, 1978.

W. Leontief, The Structure of American Economy: 1919 – 1929, Harvard University Press, 1941.

Z. A. Tan, Product Cycle Theory and Telecommunications Industry Foreign Direct Investment, Government Policy, and Indigenous Manufacturing in China, Telecommunications Policy, 2002 (1 – 2): 17 – 30.

图书在版编目(CIP)数据

河南省产业结构优化升级研究：基于承接产业转移的视角/李纲，张曦编著. —北京：社会科学文献出版社，2014.7
 ISBN 978 - 7 - 5097 - 5991 - 2

Ⅰ.①河… Ⅱ.①李…②张… Ⅲ.产业结构优化 - 研究 - 河南省②产业结构升级 - 研究 - 河南省 Ⅳ.①F127.61

中国版本图书馆 CIP 数据核字（2014）第 090824 号

河南省产业结构优化升级研究
——基于承接产业转移的视角

编　　著／李　纲　张　曦

出 版 人／谢寿光
出 版 者／社会科学文献出版社
地　　址／北京市西城区北三环中路甲29号院3号楼华龙大厦
邮政编码／100029

责任部门／人文分社 (010) 59367215　　　　责任编辑／韩莹莹
电子信箱／renwen@ ssap. cn　　　　　　　　责任校对／李若卉
项目统筹／宋月华　韩莹莹　　　　　　　　　责任印制／岳　阳
经　　销／社会科学文献出版社市场营销中心 (010) 59367081　59367089
读者服务／读者服务中心 (010) 59367028

印　　装／扬州古籍线装产业有限公司
开　　本／787mm×1092mm　1/16　　　　印　张／17.5
版　　次／2014年7月第1版　　　　　　　字　数／202千字
印　　次／2014年7月第1次印刷
书　　号／ISBN 978 - 7 - 5097 - 5991 - 2
定　　价／79.00元

本书如有破损、缺页、装订错误，请与本社读者服务中心联系更换
　版权所有　翻印必究